U0576526

全本全注全译丛书

中华经典名著

王秀梅◎译注

诗经 下

雅颂

中华书局

下册

雅

雅

"雅"是产生于周朝王畿一带的乐调。朱熹《诗集传》说:"雅者,正也,正乐之歌也。其篇本有大小之殊,而先儒说又各有正变之别。以今考之,正小雅,燕飨之乐也。正大雅,会朝之乐、受釐陈戒之辞也。"根据朱说,"雅"有大小之分,大约与表演场合及官方、民间规模的不同有关,燕飨时奏小雅,朝会时奏大雅。惠周惕《诗说》则认为:"大小二雅,当以音乐别之,不以政之大小论也,如吕有大小吕。"可为一说。

小雅

《小雅》共七十四篇,大多产生于西周后期及东周初年。作者有上层贵族,也有下层平民。诗的内容广泛而丰富,多方面描写了当时的社会生活,暴露和抨击了当时社会政治的腐败与黑暗,还有一些农事、祭祀、宴饮赠答及感时述怀之作。

鹿鸣

【题解】

这是周王宴会群臣宾客的一首乐歌。《毛诗序》说:"《鹿鸣》,燕群臣嘉宾也。既饮食之,又实币帛筐篚以将其厚意,然后忠臣嘉宾得尽其心矣。"较切合诗意。诗以鹿鸣起兴。鹿是一种温驯的动物,它见到食物会呼唤同伴,以此兴起君有美酒佳肴召群臣嘉宾欢会宴饮。宴会上鼓瑟吹笙欢迎客人,为客人送上礼物,国君谦逊地向客人垂询治国兴邦的大道理,表示礼贤下士。又赞美客人明道理、善治民,是君子学习的楷模,向他们敬酒。最后宾主尽欢,宴会在君臣融洽的气氛中结束。后来《鹿鸣》也成为贵族宴会或举行乡饮酒礼、燕礼等宴会的乐歌。曹操曾把此诗的前四句直接引用在他的《短歌行》中,以表达求贤若渴的心情。及至唐、宋,科举考试后举行的宴会上,也歌唱《鹿鸣》之章,称为"鹿鸣宴",可见此诗影响之深远。

呦呦鹿鸣^①，　　　　　　鹿儿呦呦不停叫，
食野之苹。　　　　　　　呼唤同伴吃苹草。
我有嘉宾，　　　　　　　我有嘉宾满客厅，
鼓瑟吹笙。　　　　　　　为他鼓瑟又吹笙。
吹笙鼓簧，　　　　　　　为他吹笙又鼓簧，
承筐是将^②。　　　　　　捧上礼物满竹筐。
人之好我，　　　　　　　各位宾朋都爱我，
示我周行^③。　　　　　　讲明道理指方向。

【注释】

①呦呦(yōu)：鹿鸣叫的声音。

②承：双手捧着。将：送。

③示：告诉。周行：大路。此处指处事应遵循的正确道理。

呦呦鹿鸣，　　　　　　　鹿儿呦呦不停叫，
食野之蒿。　　　　　　　呼唤同伴吃蒿草。

我有嘉宾，	我有嘉宾满客厅，
德音孔昭①。	谈吐高雅道理明。
视民不恌②，	示人宽厚不轻薄，
君子是则是效③。	君子学习好楷模。
我有旨酒④，	我有美酒献宾朋，
嘉宾式燕以敖⑤。	嘉宾畅饮乐盈盈。

【注释】

①德音：符合道理的话。孔：很。昭：明。

②视：同"示"。不恌（tiāo）：不轻薄。

③则：法则，榜样。效：仿效。

④旨酒：甜美的酒。

⑤燕：安。敖：舒畅快乐。

呦呦鹿鸣，	鹿儿呦呦叫不停，
食野之芩。	呼唤同伴吃野芩。
我有嘉宾，	我有嘉宾满客厅，
鼓瑟鼓琴。	为他鼓瑟又弹琴。
鼓瑟鼓琴，	琴瑟合奏声优美，
和乐且湛①。	人人沉浸欢乐中。
我有旨酒，	我有美酒献宾朋，
以燕乐嘉宾之心。	快乐永驻客心中。

【注释】

①湛（dān）："媅"的借字，非常快乐。

四牡

【题解】

这是一位周朝臣子,因王事出使在外,长期奔波,不能归家,而写了这首思家的诗。此诗交互使用赋和兴两种手法,叙其事,抒其情,写诗人的所见所想:马车的高速奔驰、王事的没完没了、道路的曲折遥远、对家乡和父母的思念,表达了奔波在外的辛劳和不能在父母身边奉养的遗憾。以鸟的自由飞翔,降落灌木丛中歇脚,联想到自己服役的劳苦和宿无定所,还不如鸟儿自由自在。读了此诗,宛如看到了这位官员风尘仆仆在途中奔走的画面,重现了那个时代官员生活的一个情景。《毛诗序》说:"《四牡》,劳使臣之来也。有功而见知,则说(悦)矣。"说这是君主慰劳出使臣子的诗,与诗意不符。诗中明言"是用作歌",表明诗的作者是使臣自己,而不是君主。方玉润说此诗的主旨是"勤王事也",也不全面。

四牡骓骓①,　　　　　　四马驾车奔跑忙,
周道倭迟②。　　　　　　大道曲折向远方。
岂不怀归③?　　　　　　难道我不思家乡?
王事靡盬④,　　　　　　国家公事办不完,
我心伤悲。　　　　　　让我心中多悲伤。

【注释】

①四牡:指驾车的四匹雄马。骓骓(fēi):奔跑不停貌。

②周道:大道。倭迟:即"逶迤",道路迂回长远。

③怀归:思归。

④靡盬(gǔ):没有止息,没完没了。

四牡骓骓，　　　　　　四马驾车把路赶，
啴啴骆马①。　　　　　　黑鬃白马气喘喘。
岂不怀归？　　　　　　　难道我不思家乡？
王事靡盬，　　　　　　　国家公事办不完，
不遑启处②。　　　　　　哪有片刻能休闲。

【注释】

①啴啴（tān）：马疲惫喘息貌。骆马：白马黑鬣。

②不遑：无暇。启处：安居休息。

翩翩者雏①，　　　　　　鹁鸪翩翩在飞翔，
载飞载下②，　　　　　　飞上飞下多欢畅，
集于苞栩③。　　　　　　落在丛生柞树上。
王事靡盬，　　　　　　　国家公事办不完，
不遑将父④。　　　　　　没有空闲把父养。

【注释】

①翩翩：飞行貌。雏（zhuī）：鹁鸪。或以为祝鸠。或以为鸽子。

②载飞载下：上下飞翔。载，语助词。

③集：落。苞栩：丛生的柞木。

④将：养。

翩翩者雏，　　　　　　　鹁鸪翩翩空中翔，
载飞载止，　　　　　　　飞飞停停嬉戏忙，
集于苞杞①。　　　　　　落在丛生杞树上。

王事靡盬，　　　　　　国家公事没个完，
不遑将母。　　　　　　没有空闲将母养。

【注释】

①杞：灌木，又名枸杞。

驾彼四骆，　　　　　　四马驾车马儿壮，
载骤骎骎①。　　　　　奔驰不停赶路忙。
岂不怀归？　　　　　　难道我不思家乡？
是用作歌②，　　　　　编了这首歌儿唱，
将母来谂③。　　　　　以此怀念我亲娘。

【注释】

①骤：疾驰貌。骎骎(qīn)：马奔驰貌。
②是用：是以，所以。
③谂(shěn)：思念，怀念。

皇皇者华

【题解】

　　这是一首使臣出去查访民间情况，自述其尽心尽职，努力工作，不辞劳苦的诗。这位使臣在外奔忙，访问咨询各种情况，周密思虑，尽心尽职，充满自信乐观的情绪，以此可见周朝盛世气象。《毛诗序》说："《皇皇者华》，君遣使臣也。送之以礼乐，言远而有光华也。"《郑笺》："言臣出使能扬君之美，延其誉于四方，则为不辱命也。"此着眼点在扬君之美,延誉四方,与诗意不全相符。方玉润《诗经原始》说:"此遣使臣之诗。""夫天下至大,朝廷至远,民间疾苦,何由周知? 惟赖使者悉心访察以告天子。故膺兹选者,凡修废举坠之在所当议,边防水利之在所当筹,兴利除害之在所当酌,遗逸耆旧之在所当询者,莫不殷殷致意。上之德欲其宣,下之情欲其达,故不可以不重也。诗曰'咨诹',又曰'咨谋',曰'咨度'、曰'咨询'者,意固各有所在,非徒叶韵而已。"对诗的解释比较全面。

皇皇者华①,	花儿开得多鲜艳,
于彼原隰②。	高原洼地都开遍。
骁骁征夫③,	率领人马去出差,
每怀靡及④。	担心办事不圆满。

【注释】

①皇皇:鲜明貌。华:花。

②原:高的平原。隰(xí):低湿之地。

③骁骁(shēn):众多貌。

④每:经常。怀:顾虑,担心。靡及:不及,不到。

我马维驹①,	我的马儿真雄骏,
六辔如濡②。	六条缰绳多柔韧。
载驰载驱,	扬鞭策马快快跑,
周爰咨诹③。	广泛访问多咨询。

【注释】

①驹:《释文》:"驹,本亦作骄。"马高六尺为骄。

②辔:马缰绳。一车四马,每马一条缰绳,外加控制车马方向的两
条缰绳,共六条缰绳,故言"六辔"。濡:有光泽貌。

③周爰咨诹(zōu):广泛地咨询访问,征求意见。周,周遍,广泛,全
面。爰,于。咨,访问。诹,了解情况。

我马维骐①,　　　　　　　我的马儿多骏健,
六辔如丝②。　　　　　　　六条缰绳如丝匀。
载驰载驱,　　　　　　　　扬鞭策马速速奔,
周爰咨谋③。　　　　　　　广泛咨询多访问。

【注释】

①骐:青黑色的马。

②如丝:像织丝一样协调。

③谋:商议。

我马维骆,　　　　　　　　雪白马儿黑鬃扬,
六辔沃若①。　　　　　　　六条缰绳韧又光。
载驰载驱,　　　　　　　　扬鞭策马迅速奔,
周爰咨度②。　　　　　　　周全询问细掂量。

【注释】

①沃若:柔润有光泽。

②度(duó):斟酌,掂量。

我马维骃①,　　　　　　　马儿黑白毛相间,

六辔既均② 。　　　　　　六条缰绳均和颤。
载驰载驱，　　　　　　策马扬鞭迅速跑，
周爰咨询③ 。　　　　　　细心询访多探讨。

【注释】

①骃(yīn)：毛色黑白相间的马。

②均：调和。

③询：探究询问。

常棣

【题解】

　　这是一首写兄弟宴饮之乐的诗。周代是以家庭伦理关系为本位的社会，兄弟关系是其中重要的一方面。全诗八章，从各个方面论述了"凡今之人，莫如兄弟"的血浓于水的道理。在生死关头，在危难时刻，在外侮面前，只有兄弟才会挺身而出，相互帮助，而朋友则多在和平安定时才表现出更多的友情。诗中所讲的现象，在生活中也是常见的，因此能引起读者共鸣。此诗用抒情和说理相间的手法，反复讲述兄弟要友爱的道理，并运用比兴手法，加强诗的感染力。如首章以"常棣之华，鄂不韡韡"起兴，以花萼、花蒂同根共荣，比喻兄弟利益相关。第三章"脊令在原，兄弟急难"，以鸟类的友爱比喻兄弟急难时要相互救助，加强了诗的感染力。关于诗的作者，《毛诗序》说："《常棣》，燕兄弟也。闵管、蔡之失道，故作《常棣》焉。"《郑笺》："周公吊二叔之不咸，而使兄弟之恩疏，召公为作此诗，而歌之以亲之。"认为诗的作者是召公。方玉润《诗经原始》说："此诗，《左传》富辰谓召穆公作，《国语》富辰又以为周文公诗。唯韦昭云：'周公作《常棣》之篇，以闵管、蔡而亲兄弟。其后周室既衰,厉王无道,骨肉恩缺,亲亲礼废,宴兄弟之乐绝。故召穆公思周德之不类,而合其宗族于成周,复作《常棣》之歌以亲之。'是诗为周公作,穆公特重歌之耳。且诗云'丧乱既平',则明是诛管、蔡后语,非周公境地则不合,断断不可移于他人兄弟上去。召穆公为周族歌之,尚可曰诵先芬以戒后哲,若他兄弟歌此,岂能切乎?"方氏认为此诗为周公所作,召公只是"重歌之"而已。

常棣之华①,	棠棣之花真鲜艳,
鄂不韡韡②。	花萼花蒂紧相连。
凡今之人,	你看如今世上人,
莫如兄弟。	没人能比兄弟亲。

【注释】

①常棣(dì):木名,一作"棠棣",又名郁李。

②鄂:通"萼",即花萼。不(fū):花托。韡韡(wěi):鲜明的样子。

死丧之威①,	生老病死最可怕,
兄弟孔怀②。	只有兄弟最关心。
原隰裒矣③,	聚土成坟在荒原,
兄弟求矣。	只有兄弟来相寻。

【注释】

①威:通"畏"。

②孔:甚。怀:思念。

③原:高平之地。隰(xí):低湿之地。裒(póu):聚集。

脊令在原①,　　　　　　　鹡鸰飞落在高原,

兄弟急难。　　　　　　　　兄弟急忙来救难。

每有良朋②,　　　　　　　虽然有些好朋友,

况也永叹③。　　　　　　　你遭难时只长叹。

【注释】

①脊令:鸟名,即"鹡鸰",亦名雝渠。《郑笺》:"雝渠,水鸟。而今在
　原,失其常处,则飞则鸣求其类,天性也。犹兄弟之于急难。"原:
　平原。

②每:虽。

③况:增加之意。永:长。

兄弟阋于墙①,　　　　　　兄弟在家虽争吵,

外御其务②。　　　　　　　外侮面前定携手。

每有良朋,　　　　　　　　虽然也有好朋友,

烝也无戎③。　　　　　　　时间久了也难助。

【注释】

①阋(xì):争斗。墙:墙内,家庭之内。

②外:墙外。务:通"侮"。

③烝:久,长久。一说为发语词。戎:帮助。

丧乱既平,　　　　　　　　丧乱之事既平定,

既安且宁。　　　　　　　　日子平安又宁静。

虽有兄弟,　　　　　　　　这时虽有亲兄弟,

不如友生^①。　　　　　　朋友表现更热情。

【注释】

①友生：朋友。生，语助词。

傧尔笾豆^①，　　　　　　杯子盘子摆上来，
饮酒之饫^②。　　　　　　又是饮酒又吃菜。
兄弟既具^③，　　　　　　兄弟团聚在一起，
和乐且孺^④。　　　　　　和和乐乐多亲爱。

【注释】

①傧(bìn)：陈列。笾(biān)：竹制器具，用来盛水果、干肉等。豆：
　木制盛肉器。
②饫(yù)：酒足饭饱。
③具：通"俱"，到齐。
④孺：相亲。

妻子好合，　　　　　　夫唱妇随妻子好，
如鼓瑟琴。　　　　　　琴瑟合鸣同到老。
兄弟既翕^①，　　　　　　兄弟感情也融洽，
和乐且湛^②。　　　　　　全家聚合乐陶陶。

【注释】

①翕(xī)：合，聚合。
②湛(dān)：喜乐。

宜尔室家①，　　　　　　家庭和乐多兴旺，

乐尔妻帑②。　　　　　　妻子儿女喜洋洋。

是究是图③，　　　　　　精打细算多商量，

亶其然乎④？　　　　　　道理确实是这样。

【注释】

①宜：安。

②帑（nú）：通"孥"，儿女。

③究：深思。图：考虑。

④亶（dǎn）：确实。然：这样。

伐木

【题解】

　　这是一首宴请亲朋故旧的乐歌。每章都由伐木起兴，说明友情、亲情的可贵，提倡大家都要相互关心，相互帮助，常来常往。我国古代非常重视朋友，把它列入五伦（君臣、父子、兄弟、夫妇、朋友）之内，认为朋友可帮助你明白道理、增进德行、增长学业。朋友之间的情谊是高尚的、神圣的、人生不可缺失的。诗中还言及诸父、诸舅、兄弟，方玉润《诗经原始》说："盖兄弟亲戚中，皆有友道在焉。朋友不离乎兄弟亲戚，亲戚兄弟自可以为朋友。所贵乎朋友者，心性相投，道义相交耳。故首章统言朋友之交，当可质诸神明，始终不渝。如嘤鸣友声，虽使神之听之，亦终和且平。"认为友情可存在亲情之中，亲情中也有友情。《毛诗序》更认为重视亲朋故旧能使民德归于淳厚。它说："《伐木》，燕朋友故旧也。自天子至于庶人，未有不须友以成者。亲亲以睦，友贤不弃，不遗故旧，则民德归厚矣。"

伐木丁丁，　　　　　伐木之声叮叮叮，
鸟鸣嘤嘤。　　　　　群鸟鸣叫声嘤嘤。
出自幽谷，　　　　　鸟儿来自深山谷，
迁于乔木。　　　　　飞来落在高树丛。
嘤其鸣矣，　　　　　鸟儿嘤嘤鸣不停，
求其友声①。　　　　为了寻求友与朋。
相彼鸟矣，　　　　　看它只是一群鸟，
犹求友声。　　　　　还有嘤嘤求友声。
矧伊人矣②，　　　　何况我们是人类，
不求友生③？　　　　哪能无友度一生？
神之听之，　　　　　神灵听到我的话，
终和且平④。　　　　也给人类降和平。

【注释】

①友声：同类的声音。

②矧（shěn）：况且。伊人：是人，这人。

③友生：朋友。

④终：既。

伐木许许，　　　　　锯木之声呼呼响，
酾酒有藇①。　　　　新滤美酒醇又香。
既有肥羜②，　　　　烧好肥嫩小羔羊，
以速诸父③。　　　　快请叔伯尝一尝。
宁适不来④，　　　　宁可有事他不来，
微我弗顾⑤。　　　　非我礼节不周详。

於粲洒扫⑥，	屋内洁净又清爽，
陈馈八簋⑦。	八盘美食摆席上。
既有肥牡，	既有肥嫩小羔羊，
以速诸舅⑧。	快请长辈来尝尝。
宁适不来，	宁可有事他不来，
微我有咎⑨。	不叫别人说短长。

【注释】

①酾(shī)酒：滤酒。有藇(xù)：即"藇藇"，形容酒美。

②羜(zhù)：羊羔。

③速：召，请。诸父：同姓长辈。

④宁：宁可。适：凑巧。

⑤微：非。顾：念。

⑥於(wū)：叹美词。粲：鲜明洁净。

⑦馈(kuì)：食物。簋(guǐ)：盛食品的器具。

⑧诸舅：指异姓长辈。

⑨咎：过错。

伐木于阪①，	伐木来到山坡上，
酾酒有衍②。	酒杯斟满快要淌。
笾豆有践③，	盘儿碗儿端上桌，
兄弟无远④。	兄弟相亲莫相忘。
民之失德，	人们为啥失情谊，
干糇以愆⑤。	多因招待不周详。
有酒湑我⑥，	家中有酒拿出来，

无酒酤我⑦。　　　　　　没酒赶快出去买。

坎坎鼓我，　　　　　　　鼓儿敲得咚咚响，

蹲蹲舞我⑧。　　　　　　翩翩起舞袖高扬。

迨我暇矣⑨，　　　　　　乘我今天有空暇，

饮此湑矣。　　　　　　　饮此美酒心欢畅。

【注释】

①阪：斜坡。

②有衍：即"衍衍"，盛满的样子。

③笾（biān）豆：笾和豆是古代盛食物的两种容器。践：陈列。

④无远：不要疏远，别见外。

⑤干糇（hóu）：干粮。此处指粗劣食物。愆：过错。

⑥湑（xǔ）：滤酒。我：语尾助词，犹"兮"，即今之"啊"。

⑦酤：买酒。

⑧蹲蹲（cún）：当作"墫墫"，跳舞的样子。

⑨迨：趁着。

天保

【题解】

这是臣子祝颂君主的诗。《毛诗序》说："《天保》，下报上也。君能下下以成其政，臣能归美以报其上焉。"周克商之后，周的统治者认为他们的政权是受命于天，鉴于殷商灭亡的教训，他们"畏天之威"，"敬天之命"，奉行德政，以安抚百姓，国家日益安定。这时产生一些歌颂上天、歌颂君主的诗歌。此诗一、二、三章，反复吟咏"天保定尔"，热情歌颂上天降福赐禄，表达对君主的忠心和对上天的虔诚，这反映了周人的天命

观。此诗一个奇妙之处,为了歌功颂德,竟连用了九个"如"字:"如山如阜""如冈如陵""如川之方至""如月之恒""如日之升""如南山之寿""如松柏之茂"用来歌颂和祝福君主,可见诗人想象力的丰富。后来"天保九如"就成为祝颂之词。

天保定尔①,	上天保佑您安宁,
亦孔之固②。	王位牢固国昌盛。
俾尔单厚③,	让您国力加倍增,
何福不除④?	何种福禄不相赐?
俾尔多益⑤,	让您财富日丰盈,
以莫不庶⑥。	没有什么不盛兴。

【注释】

①保:保护。定:平安。尔:指国君。

②亦:又。孔:甚。固:巩固。

③俾:使。单厚:马瑞辰《毛诗传笺通释》:"单者,亶之假借。⋯⋯亶之本义为多谷,引伸之为信厚。⋯⋯单、厚同义,皆为大也。"

④除:赐予。

⑤多益:多富,即富有。

⑥庶:众多。

天保定尔,	上天保佑您安宁,
俾尔戬穀①。	享受福禄享太平。
罄无不宜②,	所有事情无不宜,
受天百禄③。	受天百禄数不清。

降尔遐福④，　　　　　　给您福气长久远，
维日不足⑤。　　　　　　整日享用用不尽。

【注释】

①戬（jiǎn）：吉祥，幸福。榖：善。

②罄（qìng）：尽，指所有的一切。

③百禄：百福。百，言其多。

④遐福：远福，即久长、远大之福。

⑤维日不足：言因福之多而广远，日日享福也享受不完。

天保定尔，　　　　　　上天保佑您安宁，
以莫不兴①。　　　　　　没有什么不兴盛。
如山如阜②，　　　　　　福瑞宛如高山岭，
如冈如陵③。　　　　　　绵延就像冈和陵。
如川之方至④，　　　　　又如江河滚滚来，
以莫不增⑤。　　　　　　没有什么不日增。

【注释】

①兴：兴盛。

②阜（fù）：高丘。

③陵：丘陵。

④如川之方至：朱熹《诗集传》："川之方至，言其盛长之未可量也。"
　　川，蔡邕曰："众流注海曰川。"

⑤增：增加。

吉蠲为饎^①，	吉日沐浴置酒食，
是用孝享^②。	敬献祖先供祭享。
禴祠烝尝^③，	春夏秋冬四季忙，
于公先王^④。	献祭先公和先王。
君曰卜尔^⑤，	先祖传话"祝愿你，
万寿无疆。	寿无止境万年长"。

【注释】

①吉蠲(juān)：指吉日斋戒沐浴。蠲，清洁。为饎(chì)：置办酒食。饎，酒食。

②孝享：献祭。孝，祭祀。

③禴(yuè)祠烝尝：四时祭祖的名称。春曰祠，夏曰禴，秋曰尝，冬曰烝。

④于公先王：指献祭于先公先王。朱熹《诗集传》："公，先公也。谓后稷以下至公叔祖类也。先王，太王以下也。"

⑤君曰：即尸传达神的话。君，指先公先君的神灵。祭祀时，由活人扮演先君的神主，也叫"尸"，尸可代表神讲话。卜：付，给予。或以为"报"。

神之吊矣^①，	神祇感动来降临，
诒尔多福^②。	赐您福禄和鸿运。
民之质矣^③，	您的人民多质朴，
日用饮食^④。	饮食满足就算行。
群黎百姓^⑤，	黎民百官心一致，
遍为尔德^⑥。	普遍感激您恩情。

【注释】

①吊:至,指神灵、祖考降临。一说训"淑",即善。

②诒:送,赠给。

③质:质朴,诚实。

④日用饮食:以日用饮食为事,形容人民质朴之状态。

⑤群黎:民众,指普通劳动人民。百姓:贵族,即百官族姓。

⑥为:读"讹",即感化。为,繁体为"爲",与"譌"因形近而误。马瑞
　辰《毛诗传笺通释》:"为,当读如'式讹尔心'之讹。讹,化也。"

如月之恒①,	您像上弦月光明,
如日之升。	您像太阳正东升。
如南山之寿,	您像南山永长寿,
不骞不崩②。	永不亏损不坍崩。
如松柏之茂,	您像松柏永繁茂,
无不尔或承③。	福寿都由您继承。

【注释】

①恒:陈奂《诗毛氏传疏》释为"月上弦之貌"。

②骞:亏损。崩:崩溃。

③或承:即"是承"。承,继承,承受。

采薇

【题解】

这是一位戍边兵士在服役归来途中写下的诗篇。诗的写作时代已
不可考,有人认为是周懿王时的作品。诗中表达了久戍不归的思家之

苦,追忆了在战场上同仇乱忾、英勇杀敌的战斗场面,最后描写归途中所见到的情景及内心的伤感之情。《毛诗序》说:"《采薇》,遣戍役也。文王之时,西有昆夷之患,北有玁狁之难。以天子之命,命将率遣戍役,以守卫中国。故歌《采薇》以遣之,《出车》以劳还,《杕杜》以勤归也。"此诗创造出了千古称颂的佳句:"昔我往矣,杨柳依依。今我来思,雨雪霏霏。""依依"二字写尽了杨柳的风貌,给人以无限的遐想,而且景中含情,情景交融,是用任何词汇都无法替代的。《世说新语·文学》篇记载了这样一个故事:有一天谢安和他的子弟们聚会,他提出一个问题:《诗经》中哪个句子最优美? 他的侄子谢玄回答说:"昔我往矣,杨柳依依。今我来思,雨雪霏霏。"可见古人对此诗评价之高。"杨柳依依"的意象一经创造出来,便成为千古不朽的名句。方玉润《诗经原始》说:"此诗之佳,全在末章:真情实景,感时伤事,别有深情,非可言喻。"是很中肯的。此诗另一成功处,是创造了"以乐景写哀,以哀景写乐"的美学境界。王夫之《姜斋诗话》说:"昔我往矣,杨柳依依。今我来思,雨雪霏霏。以乐景写哀,以哀景写乐,一倍增其哀乐。"征人有幸生还,本应兴高采烈,但想起离家时柳枝轻飏,回来时已不知是几年后的雨雪纷飞时光,不知家已经变成了什么样子,怎能不伤心悲痛呢!

采薇采薇[①],　　　　　采薇菜呀采薇菜,
薇亦作止[②]。　　　　　薇菜已经发了芽。
曰归曰归,　　　　　　说归家呀道归家,
岁亦莫止[③]。　　　　　一年又快过完啦。
靡室靡家[④],　　　　　没有妻子没成家,
玁狁之故[⑤]。　　　　　因和玁狁把仗打。
不遑启居[⑥],　　　　　没有空暇难休息,
玁狁之故。　　　　　　要和玁狁去厮杀。

【注释】

①薇（wēi）：野豌豆苗，嫩苗可吃。

②作：生，指薇冒出地面。止：语气词。

③莫：同"暮"。

④靡（mǐ）：无，没有。

⑤狎狁（xiǎn yǔn）：也作"猃允"，我国古代北方少数民族。秦汉时
称"匈奴"，隋唐时称"突厥"，也统称"北狄"。

⑥不遑（huáng）：无暇，没有时间。启：跪。居：坐。

采薇采薇，	采薇菜呀采薇菜，
薇亦柔止。	采那薇菜柔嫩芽。
曰归曰归，	说归家呀道归家，
心亦忧止。	愁思不已乱如麻。
忧心烈烈^①，	忧心忡忡如火烧，
载饥载渴。	又饥又渴日难熬。
我戍未定，	驻地不定常调动，
靡使归聘^②。	让谁来把家书捎。

【注释】

①烈烈：形容忧心如焚的境况。

②聘：探问。

采薇采薇，	采薇菜呀采薇菜，
薇亦刚止。	薇菜枝芽已变老。
曰归曰归，	说归家呀道归家，

岁亦阳止^①。　　　　　转眼又过半年了。

王事靡盬^②，　　　　　公家差事没个完，

不遑启处^③。　　　　　想要休息难上难。

忧心孔疚^④，　　　　　心情痛苦似油煎，

我行不来！　　　　　不知能否把家还！

【注释】

①阳止：指夏历四月以后。

②靡盬(gǔ)：没有休止。

③启处：同"起居"。

④孔：很。疚(jiù)：痛苦。

彼尔维何^①？　　　　　那盛开的是何花？

维常之华^②。　　　　　那是美丽棠棣花。

彼路斯何^③？　　　　　那辆战车是谁的？

君子之车。　　　　　将军作战坐着它。

戎车既驾，　　　　　战车驾起要出发，

四牡业业^④。　　　　　四匹壮马把车拉。

岂敢定居？　　　　　出征怎敢图安定？

一月三捷。　　　　　一月多胜把敌杀。

【注释】

①尔：通"苶"，花盛开的样子。

②常："常棣"的省称，植物名，即郁李。

③路：辂，高大的车，也叫"戎车"。

④业业：高大雄壮的样子。

驾彼四牡，	驾车四匹大公马，
四牡骙骙①。	马儿强壮又高大。
君子所依，	将军指挥立车上，
小人所腓②。	士兵隐蔽也靠它。
四牡翼翼③，	四匹壮马向前行，
象弭鱼服④。	士兵持箭拿雕弓。
岂不日戒⑤？	无时无刻不戒备，
狁孔棘⑥！	军情紧急抗狁。

【注释】

①骙骙(kuí)：马强壮的样子。

②腓(féi)：隐蔽。

③翼翼：行动整齐熟练的样子。

④象弭(mǐ)：两端用象牙装饰的弓。鱼服：用鲨鱼皮制作的箭袋。

⑤日戒：每天戒备。

⑥孔棘：非常紧急。

昔我往矣，	昔日从军上战场，
杨柳依依①。	杨柳依依好春光。
今我来思，	今日归来路途上，
雨雪霏霏②。	大雪纷纷满天扬。
行道迟迟，	道路泥泞走得慢，
载渴载饥。	又渴又饥苦难当。

我心伤悲，   我心伤感悲满腔，

莫知我哀！   谁人知我痛断肠。

【注释】

①依依：形容柳枝茂盛而随风飘动的样子。

②霏霏(fēi)：雪花纷飞飘落的样子。

出车

【题解】

这是一位武士自述他跟随统帅南仲出征及凯旋的诗。当时西周面临的敌人，北有猃狁，西有昆夷，为了王朝的安定，周王朝曾多次派兵征讨。以南仲为统帅的这次征讨，取得了辉煌的战果。诗人以满腔热情歌颂了南仲的赫赫战功，同时也表达了自己身历其境的艰辛困苦和胜利后的喜悦之情。方玉润《诗经原始》说："此诗以伐猃狁为主脑，西戎为余波，凯还为正意，出征为追述，征夫往来所见为实景，室家思念为虚怀。"概括了诗的整体架构。接着方氏又分述各章内容，他说："其首二章，先叙出军车旅之盛，旌旐飞扬，仆夫况瘁，已将大将征伐声势赫赫写出，惊心动魄，照人耳目。次又言王之命仲，仲之承王，愈加郑重。义正词严，声灵百倍，早使敌人丧胆，猃狁慴服。故不烦一镞一矢，但城朔方而边患自除。非'赫赫南仲'上承天子威灵，下同士卒劳苦，何能收功立效之速如是哉？"接着他又叙述三、四、五章的内容："不但此也，方议回军，复事西戎。故以得胜王师加诸一隅亡虏，更不待衄刃而自解矣。此尤见南仲恩威并著，谋国远略有非他将所能及者。然当其将还未还时，征夫往来，景物变迁，故觉可感，即其室家，抚景怀人，宁无怨思？总以王事多难，简书迫我，故不敢顾私情而辞公义耳。迨至今而春回日暖，草长莺飞,采蘩妇子,祁祁郊外,而壮士凯还,则执讯获丑,献俘天子,归功大帅。"可谓言简意赅,将诗的内容概括无余。但诗中有些句子有仿效的痕迹,如第四章套用《采薇》中的诗句,第五章运用了《草虫》中的句子等,使有的章节显得不太自然流畅。

我出我车,	我乘着我的战车,
于彼牧矣①。	来到那城郊野外。
自天子所②,	打从天子的住地,
谓我来矣③。	派遣我到这里来。
召彼仆夫④,	唤来御车众武士,
谓之载矣。	快把武器来装载。
王事多难,	国家危难的时刻,
维其棘矣⑤。	事情紧急莫等待。

【注释】

①于:往,到。牧:郊外。

②所:地方,处所。

③谓:使。

④仆夫:御夫,驾车的人。

⑤维:发语词。棘:通"亟",紧急。

我出我车,	我乘着我的战车,
于彼郊矣。	来到那城郊野外。
设此旐矣①,	车上飘着龟蛇旗,
建彼旄矣②。	牦牛尾旗竖起来。

彼旟旐斯③，　　　　　还有壮观鹰隼旗，
胡不旆旆④？　　　　　无不猎猎迎风摆。
忧心悄悄⑤，　　　　　忧虑战事心不安，
仆夫况瘁⑥。　　　　　仆夫憔悴身累坏。

【注释】

①旐(zhào)：绘有龟蛇图形的旗帜。

②旄(máo)：用牦牛尾做装饰的旗帜。

③旟(yú)：绘有鹰隼图形的旗帜。斯：语助词。

④旆旆(pèi)：旗帜飞扬的样子。

⑤悄悄：忧愁的样子。

⑥况瘁(cuì)：憔悴的样子。

王命南仲①，　　　　　王命将军为南仲，
往城于方②。　　　　　往那北方去筑城。
出车彭彭③，　　　　　战车行驶声隆隆，
旂旐央央④。　　　　　军旗招展色鲜明。
天子命我，　　　　　天子给我下命令，
城彼朔方。　　　　　到那朔方去筑城。
赫赫南仲⑤，　　　　　威名赫赫我南仲，
狎狁于襄⑥。　　　　　将那狎狁扫出境。

【注释】

①南仲：周宣王时大将，亦作"南中"。

②城：筑城。方：指朔方，北方。

③彭彭：盛多的样子。

④旂(qí)：绘有双龙图形并有铃的旗帜。央央：鲜明的样子。

⑤赫赫：声名显赫。

⑥襄：除。

昔我往矣，　　　　　　往昔北征离家乡，

黍稷方华①。　　　　　　黍稷发花扬清香。

今我来思，　　　　　　如今队伍转回来，

雨雪载涂②。　　　　　　大雪飘飘化泥浆。

王事多难，　　　　　　国家多灾又多难，

不遑启居。　　　　　　日日忙碌不得安。

岂不怀归？　　　　　　难道不想回家转？

畏此简书③。　　　　　　只因军令难违反。

【注释】

①方：正。华：开花。

②载涂：满路。涂，同"途"。

③简书：写在竹简上的文书。此指周王的命令。

喓喓草虫①，　　　　　　草丛蝈蝈喓喓叫，

趯趯阜螽②。　　　　　　田间野地蚱蜢跳。

未见君子，　　　　　　未曾看见南仲面，

忧心忡忡。　　　　　　忧心忡忡愁思绕。

既见君子，　　　　　　如今见到南仲面，

我心则降③。　　　　　　心情平静不焦躁。

赫赫南仲，　　　　　　　　威名赫赫我南仲，

薄伐西戎④。　　　　　　　　早把西戎来清剿。

【注释】

①喓喓(yāo)：虫鸣声。

②趯趯(tì)：跳跃的样子。阜螽(zhōng)：蚱蜢。

③降：下，指放心。

④薄：语助词，含有勉励之意。

春日迟迟①，　　　　　　　　春天到来白日长，

卉木萋萋②。　　　　　　　　草木茂盛色苍苍。

仓庚喈喈③，　　　　　　　　黄莺喳喳枝头唱，

采蘩祁祁④。　　　　　　　　采蘩姑娘采摘忙。

执讯获丑⑤，　　　　　　　　审问俘虏记战绩，

薄言还归。　　　　　　　　　胜利归来回家乡。

赫赫南仲，　　　　　　　　　威名赫赫我南仲，

狝狁于夷⑥。　　　　　　　　平定狝狁国运昌。

【注释】

①迟迟：日长的样子。

②卉(huì)：草。萋萋：茂盛的样子。

③仓庚：黄莺。喈喈：鸟鸣声。

④祁祁：众多的样子。

⑤执：捕获。讯：审问。丑：指敌人。

⑥夷：平定。

杕杜

【题解】

这是一位妇女思念长久在外服役丈夫的诗。丈夫久久不归,她的思念从秋到春,从春到秋,似乎永无尽头。王先谦《诗三家义集疏》引《盐铁论·徭役》篇云:"古者无过年之繇,无逾时之役。今近者数千里,远者过万里,历二期不还,父母愁忧,妻子咏叹。愤懑之恨,发动于心;慕积之思,痛于骨髓。此《杕杜》《采薇》之诗所为作也。"正确地概括了诗的主题。诗的前三章首二句,以物起兴,也暗点出季节。杕杜结实是秋季,杕杜生叶是春季,枸杞结果又是秋季,可见时间已过了两个秋季。钟惺曰:"诗以物纪时,妙笔,后人不能。"第三章说檀木战车已经破败,可见行役之久。离别愈久则思念愈深,曰"我心伤悲",曰"忧我父母",忧愁步步加深。在无奈时,就只有求助于神灵了。所以,卒章说到占卜,虽然占卜结果是吉卦,说"征夫迩止",即近期就会回来,但征人到底是否归来,却成了永远的悬念。

有杕之杜①,	一株棠梨生路旁,
有睆其实②。	累累果实挂枝上。
王事靡盬,	国家战事无休止,
继嗣我日③。	服役日子又延长。
日月阳止④,	时光已到十月底,
女心伤止⑤,	女人心里多悲伤,
征夫遑止⑥。	征人有空应还乡。

【注释】

①杕(dì)之杜:独生的棠梨树。女子自喻。

②有睆(huǎn)：犹"睆睆"，果实众多貌。

③继嗣：继续。指归期延长。

④阳：指农历十月。止：语气词。

⑤女心伤止：这里套用《七月》"女心伤悲"之句，意指征夫的妻子内心悲伤。

⑥遑：闲暇。

有杕之杜，　　　　　　　　一株棠梨生路旁，
其叶萋萋。　　　　　　　　树叶繁茂苗壮长。
王事靡盬，　　　　　　　　国家战事无休止，
我心伤悲。　　　　　　　　我的心里真悲伤。
卉木萋止，　　　　　　　　野草树木又葱绿，
女心悲止，　　　　　　　　女人心里多忧伤，
征夫归止。　　　　　　　　望那征人早还乡。

陟彼北山，　　　　　　　　登上北山高山坡，
言采其杞①。　　　　　　　采集枸杞红红果。
王事靡盬，　　　　　　　　国家战事无休止，
忧我父母。　　　　　　　　担心父母心伤悲。
檀车幝幝②，　　　　　　　檀木战车已破败，
四牡痯痯③，　　　　　　　四匹战马也疲惫，
征夫不远！　　　　　　　　征人也应快回归！

【注释】

①杞：枸杞。

②檀车:指行役之车。檀木坚硬,古人用以制车。故名"檀车"。幝
幝(chǎn):破蔽之貌。表示行役日久,车亦破败不堪。《释文》引
《韩诗》作"綷綷",缓貌。或以为车缓行的样子。
③痯痯(guǎn):疲病貌。

匪载匪来①,	未见征战人归来,
忧心孔疚。	忧心忡忡苦苦想。
期逝不至②,	归期已过不见回,
而多为恤③。	为此使我更心伤。
卜筮偕止④,	既用龟筮又占卜,
会言近止⑤,	都说归期不太长,
征夫迩止!	征人不久即回乡!

【注释】

①匪载匪来:言征夫不载于车,亦不归来。载,此处指车。

②逝:往。不至:不到来。

③多:俞樾读"多"为"祇"。祇,适也。恤:忧思。

④卜筮:以甲骨占曰卜,以蓍草占曰筮。偕:俱,此言卜筮齐用。

⑤会言近止:此言综合卜筮的结果,都说征夫已近。会,合。

鱼丽

【题解】

这是一首描写贵族燕飨宾客的诗。《毛诗序》说:"《鱼丽》,美万物盛多能备礼也。文、武以《天保》以上治内,《采薇》以下治外。始于忧

勤,终于逸乐。故美万物盛多可以告于神明矣。"说明这是祭祀宗庙和神明之后,君臣宴饮的乐歌。诗中赞美宴会的食物丰盛,尤其赞美鱼的品种丰富,这与祈祷万物丰收有关,从而也可看出贵族阶层的奢华生活。后来这首诗就成为通用的燕飨之歌。

鱼丽于罶①,	鱼儿钻入了鱼篓,
鲿鲨②。	有鲜美的鲿和鲨。
君子有酒,	君王宴会备有酒,
旨且多③。	味道香醇种类多。

【注释】

①丽(lí):通"罹",遭。罶(liǔ):捕鱼用的竹笼。

②鲿(cháng):黄颊鱼。鲨:又名鲅(tuó),鱼小,体细长。《孔疏》引陆机云:"鱼狭而小,常张口吹沙。"

③旨:味美。多:指酒多。

鱼丽于罶,	鱼儿钻入了鱼篓,
鲂鳢①。	有鲜美的鲂和鳢。
君子有酒,	君王宴会备有酒,
多且旨。	美酒多多味清香。

【注释】

①鲂(fáng):今名鳊鱼。鳢(lǐ):今名黑鱼。体黑鳞细。

鱼丽于罶,	鱼儿钻进了鱼篓,

鰋鲤[1]。	有肥美鲇鱼锦鲤。
君子有酒，	君王宴会备有酒，
旨且有[2]。	甜香美酒样样有。

【注释】

①鰋(yǎn)：鲇鱼。

②有：充足，富有。

物其多矣[1]，	食品如此丰盛啊，
惟其嘉矣[2]！	又是这样甘美啊！

【注释】

①物：指宴席所陈饭肴。

②嘉：美好。

物其旨矣，	食品如此甜美啊，
惟其偕矣[1]！	又是这样齐备啊！

【注释】

①偕：齐备。

物其有矣，	食品如此丰富啊，
惟其时矣[1]！	又是这样应时啊！

【注释】

①时：时鲜，即应季食品。

南陔

白华

华黍

南有嘉鱼

【题解】

　　这也是一首贵族燕飨宾客之歌。方玉润《诗经原始》说："此与《鱼丽》意略同。但彼专言肴酒之美，此兼叙宾主绸缪之情。"此歌也为当时燕飨宾客通用的乐歌。

南有嘉鱼①，　　　　　　　　南方出产鲜鱼美，
烝然罩罩②。　　　　　　　　群鱼游动摆摆尾。
君子有酒，　　　　　　　　君王筵席有美酒，
嘉宾式燕以乐③。　　　　　　贵宾欢乐频举杯。

【注释】

①南：指南方长江、汉水等河川。嘉鱼：美鱼。
②烝然：众多的样子。罩罩：众鱼在水中摇尾游动之貌。

③式:语助词,无实义。燕:宴饮。

南有嘉鱼,　　　　　　　南方出产鲜美鱼,
烝然汕汕①。　　　　　　鱼群游动水中戏。
君子有酒,　　　　　　　君王宴会有美酒,
嘉宾式燕以衎②。　　　　贵宾欢饮乐无比。

【注释】

①汕汕:鱼游水之貌。
②衎(kàn):乐。

南有樛木①,　　　　　　南方有树枝条弯,
甘瓠累之②。　　　　　　甜味葫芦爬枝干。
君子有酒,　　　　　　　君王宴会有美酒,
嘉宾式燕绥之③。　　　　贵宾喝着心舒展。

【注释】

①樛(jiū)木:弯曲的树木。《毛传》:"木下曲曰樛。"
②瓠(hù):葫芦,蔓生。
③绥:安。

翩翩者鵻①,　　　　　　鹁鸪翩翩空中翔,
烝然来思②。　　　　　　四面八方集树上。
君子有酒,　　　　　　　君王宴会有美酒,
嘉宾式燕又思③。　　　　贵宾欢饮劝满觞。

【注释】

①翩翩:鸟飞翔貌。隹(zhuī):鹁鸪。一说斑鸠。

②烝:众。思:语气词。下同。

③又:与"侑"通,指劝酒。

南山有薹

【题解】

这是一首祝福周王得贤人的诗。《毛诗序》说:"《南山有薹》,乐得贤也。得贤则能为邦家立太平之基矣。"《郑笺》:"兴者,山之有草木以自覆盖,成其高大。喻人君有贤臣以自尊显。"正确地指出每章首二句的比兴含义。钱天锡《诗牖》云:"此诗五章举草木各有伦类。薹也莱也,附地者也,故曰'邦家之基';桑也杨也,叶之沃若者也,故曰'邦家之光';杞也李也,多子者也,故曰'民之父母';栲杻也,枸楰也,耐久者也,故曰'眉寿''黄耇'。其取材之相当,非直叶韵而已。"每章后四句都是歌功颂德和祝寿之词。朱熹《诗集传》说:"此亦燕飨通用之乐。……所以道达主人尊宾之意,美其德而祝其寿也。"朱氏认为这是燕飨宾客上下通用的乐歌,不是单指向周王祝福。

南山有薹①,	南山头上莎草青,
北山有莱②。	北山坡上藜蒿绿。
乐只君子③,	那些快乐的君子,
邦家之基④。	就是国家的根基。
乐只君子,	那些快乐的君子,
万寿无期!	祝福长寿永无期!

【注释】

①臺:草名。即"薹",又名莎草,可制蓑衣和笠等。

②莱:藜草,嫩叶可食用。

③乐:快乐,开心。只:语气词,无实义。君子:指贤人。

④基:根本。

南山有桑,	南山头上桑树长,
北山有杨。	北山坡上杨树壮。
乐只君子,	那些快乐的君子,
邦家之光①。	就是国家的荣光。
乐只君子,	那些快乐的君子,
万寿无疆!	祝福万寿永无疆!

【注释】

①光:荣耀。

南山有杞①,	南山长满茂密杞,
北山有李。	北山遍布繁茂李。
乐只君子,	那些快乐的君子,
民之父母②。	民众尊敬如父母。
乐只君子,	那些快乐的君子,
德音不已③!	令名美誉传不已!

【注释】

①杞:木名,即枸杞。

②民之父母:意指其爱民如子,则民尊之如父母。

③德音:令闻,美誉。已:止。

南山有栲①,	南山栲树多强壮,
北山有杻②。	北山杻树真兴旺。
乐只君子,	那些快乐的君子,
遐不眉寿③。	怎不长寿永健康。
乐只君子,	那些快乐的君子,
德音是茂④!	美好声名四方扬!

【注释】

①栲:木名,又叫山樗。

②杻(niǔ):木名,又叫檍。

③遐:何,怎么。眉寿:老人眉毛中有毫毛秀出,叫秀眉。此指高寿。

④茂:盛。

南山有枸①,	南山枸檵长得旺,
北山有楰②。	北山苦楸遍地长。
乐只君子,	那些快乐的君子,
遐不黄耇③。	怎不长寿永健康。
乐只君子,	那些快乐的君子,
保艾尔后④!	保佑子孙永绵长!

【注释】

①枸(jǔ):木名,一名枸檵(gǔ),今名羊桃。

②楰(yú):木名,又名苦楸,今名女贞。

③黄耇(gǒu):高寿。黄,指人老头发白后变黄。耇,老,长寿。

④保:安。艾:养。

由庚

崇丘

由仪

蓼萧

【题解】

此诗是写诸侯朝见周天子时,歌颂天子的诗。西周初年,国势昌盛,诸侯纷纷来朝,表示归附。周王也设宴招待,这就是在宴会上歌颂周王的诗。《毛诗序》说:"《蓼萧》,泽及四海也。"是说周天子的恩德遍及九州之外。朱熹《诗集传》说:"诸侯朝于天子,天子与之燕,以示慈惠,故歌此诗。"也是说天子表示慈惠。方玉润则认为是天子宴诸侯,诸侯歌颂天子之诗。《诗经原始》说:"此盖天子宴诸侯而美之之词耳。然美中寓戒,而因以劝导之。"细读此诗,我们只看到歌颂和祝福,并没有劝导之意,从诗的语气来看,也是诸侯歌颂天子。吴闿生《诗义会通》说:"据词当是诸侯颂美天子之作。"这个判断是比较正确的。也有研究者认为,从诗的内容看,这首诗可能是由民间情歌改制而成。诗的每一章都有"既见君子"如何如何,其情调与《野有蔓草》《草虫》之类颇为相近,解作情人相见,似亦可通。

蓼彼萧斯①，	香蒿长得高又长，
零露湑兮②。	叶上露珠晶晶亮。
既见君子，	既已见到周天子，
我心写兮③。	我的心情真舒畅。
燕笑语兮④，	一边燕饮边谈笑，
是以有誉处兮⑤。	因此大家喜洋洋。

【注释】

①蓼(lù)：长大貌。萧：香蒿。斯：语气词，犹"兮"。

②零露：落露。《毛传》："零，落也。"湑(xǔ)：清莹貌。

③写(xiè)：同"泻"，倾吐。

④燕：燕饮。《郑笺》："天子与之燕而笑语。"

⑤誉处：安乐。

蓼彼萧斯，	香蒿长得高又长，
零露瀼瀼①。	叶上露珠浓又亮。
既见君子，	既已见到周天子，
为龙为光②。	感到宠信又荣光。
其德不爽③，	您的德行洁无瑕，
寿考不忘④。	祝您长寿永无疆。

【注释】

①瀼瀼(ráng)：露水盛多貌。

②龙、光：荣耀。龙，通"宠"。

③不爽：不差。

④不忘:没有止期。忘,"亡"的假借。

蓼彼萧斯,	香蒿长得高又长,
零露泥泥①。	叶上露珠润又亮。
既见君子,	既已见到周天子,
孔燕岂弟②。	快乐非凡心悦畅。
宜兄宜弟③,	如同兄弟情义浓,
令德寿岂④。	美德无瑕寿且长。

【注释】

①泥泥:露湿貌。

②孔燕:非常快乐。岂弟(kǎi tì):和乐平易。

③宜兄宜弟:形容关系和睦,犹如兄弟。宜,适宜。

④令德寿岂:此颂君子既有美德,又长寿快乐。令德,美德。岂,同
"恺",快乐。

蓼彼萧斯,	香蒿长得高又长,
零露浓浓①。	叶上露珠浓又浓。
既见君子,	既已见到周天子,
鞗革冲冲②。	精致马勒饰黄铜。
和鸾雍雍③,	鸾铃悦耳响叮咚,
万福攸同④。	万般福祉归圣躬。

【注释】

①浓浓:同"瀼瀼",露盛多貌。

②鋚(tiáo)：铜制马勒的装饰。革："勒"的借字，指马勒。冲冲：下垂摇摆之貌。《毛传》："冲冲，垂饰貌。"

③和：车轼上的小铃。鸾：马镳（马衔的两端）上的铃。雍雍：和谐的铃声。

④攸：所。同：会聚。

湛露

【题解】

这是周王宴请诸侯的诗。《毛诗序》说："《湛露》，天子燕诸侯也。"《诗经原始》说同。《左传·文公四年》记载："卫甯武子来聘，公与之宴，为赋《湛露》及《彤弓》。不辞，又不答赋。使行人私焉。对曰：'臣以为肆业及之也。昔诸侯朝正于王，王宴乐之，于是乎为赋《湛露》，则天子当阳，诸侯用命也。'"这段话的意思是说，卫国的甯武子出使到鲁国，鲁文公设宴招待他，还为他赋《湛露》这首诗。甯武子没有辞谢，也没有赋诗回答。鲁文公让行人私下探问是为什么，甯武子回答说："下臣以为文公是在练习而演奏的。从前诸侯在正月到京师朝贺天子，天子设宴奏乐，这时赋《湛露》，天子坐在朝堂上，诸侯要听从天子的命令。"因为这是天子为诸侯设宴时才能赋的诗，甯武子不敢承受这样的大礼，所以他就没有回答。可见这首诗是天子宴请诸侯时才演奏的乐曲。诗的第一章说夜饮之兴，第二章说夜饮之所，第三章赞美与宴者之美德，第四章赞美与宴者之仪容。

湛湛露斯①，	早晨露珠重又浓，
匪阳不晞②。	太阳不出不蒸发。
厌厌夜饮③，	如此盛大的晚宴，

不醉无归。　　　　　　　不喝一醉不回家。

【注释】

①湛湛:露水浓重的样子。斯:语气词。

②晞(xī):干。

③厌厌:安乐貌。夜饮:即晚宴。

湛湛露斯,　　　　　　　早晨露珠重又浓,
在彼丰草①。　　　　　　挂在丰茂草丛中。
厌厌夜饮,　　　　　　　如此盛大的晚宴,
在宗载考②。　　　　　　设在宗庙真隆重。

【注释】

①丰草:茂盛的草。

②宗:宗庙。载:则。考:成。朱熹《诗集传》:"考,成也。"

湛湛露斯,　　　　　　　早晨露珠重又浓,
在彼杞棘①。　　　　　　洒在枸杞酸枣丛。
显允君子②,　　　　　　光明正大的君子,
莫不令德③。　　　　　　个个都有好名声。

【注释】

①杞:枸杞。棘:酸枣树。

②显:光明。允:诚信。

③令德:美德。

其桐其椅^①，　　　　　高大椅树和梧桐，
其实离离^②。　　　　　结的果实一重重。
岂弟君子，　　　　　　和乐宽厚的君子，
莫不令仪^③。　　　　　处处表现好仪容。

【注释】

①桐、椅：皆木名。

②离离：果实多而下垂貌。

③令仪：美好的容止、威仪。

彤弓

【题解】

　　这首诗是写天子赐彤弓于有功诸侯，并设宴招待他们。"彤弓"实际上是一种权力的象征，诸侯受赐，以示其有代天子征伐的权力。诸侯能得到天子赐的彤弓，也是莫大的光荣。周平王东迁，因晋文侯迎立有功，赐给他彤弓一，彤矢百。周襄王时，晋文公有献楚俘之功，也受彤弓之赐。在颁赐典礼之后，天子还要设宴招待受赐诸侯和与会的诸侯，礼节非常隆重，这首诗就记述了这种礼仪的过程。《毛诗序》说："《彤弓》，天子锡有功诸侯也。"古今无异议。第一章言赐弓而缄之。"受言藏之"，说明很郑重，不是轻赍滥赏。后文的"受言载之""受言櫜之"，都是指子孙后代永藏之意。"一朝缄之"，是说赐弓和缄之同在一朝。每章三、四句天子赞美诸侯，显示天子的平易谦和及对诸侯的爱护之情。言"右之"，即"侑之"，指劝诸侯饮酒。言"酬之"，可能天子对客人还有赠品。至此，宴会就算告一段落。

彤弓弨兮^①，	红色雕弓松了弦，
受言藏之^②。	诸侯受命珍重藏。
我有嘉宾^③，	我有这些尊贵客，
中心贶之^④。	心中实在很舒畅。
钟鼓既设，	钟鼓乐器已设好，
一朝飨之^⑤。	一早设宴摆酒飨。

【注释】

①彤弓：朱红色的弓。弨（chāo）：弓弦松弛。《毛传》："弨，弛貌。"
　严粲《诗缉》："赐弓不张。"

②受：读作"授"。言：指王命。

③嘉宾：这里指接受赏赐彤弓的诸侯。

④贶（kuàng）：《毛传》："贶，赐也。"又，马瑞辰说："中心贶之，正谓
　中心善之。"

⑤一朝：一个早晨。飨：大饮宾。朱熹《诗集传》："一朝飨之，言其
　速也。"

彤弓弨兮，	红色雕弓松了弦，
受言载之^①。	诸侯受命家中藏。
我有嘉宾，	我有这些尊贵客，
中心喜之。	内心深处实欢畅。
钟鼓既设，	钟鼓乐器已设好，
一朝右之^②。	一早设宴劝酒忙。

【注释】

①载：装载。

②右：通"侑"，劝酒。

彤弓弨兮，	红色雕弓松了弦，
受言櫜之①。	诸侯受命收橐囊。
我有嘉宾，	我有这些尊贵客，
中心好之。	内心深处喜洋洋。
钟鼓既设，	钟鼓乐器已设好，
一朝酬之②。	一早设宴敬酒忙。

【注释】

①櫜（gāo）：弓櫜，装弓的袋子，这里是动词。

②酬：敬酒。

菁菁者莪

【题解】

《毛诗序》说："《菁菁者莪》，乐育材也。君子长育人材，则天下喜乐之矣。"方玉润《诗经原始》说："此诗当是君临辟雍，见学校人材之盛，喜而作此。或即以燕飨群材，亦未可知。总之，不离育材者近是。"此诗用比兴手法，反复吟咏对于君子长育人材的欢愉之情，同时也描述了青年学子见到君子的欢乐。这首诗春秋时期即被引用，《左传·文公三年》记载："公如晋，及晋侯盟。晋侯飨公，赋《菁菁者莪》。"后人每用"菁莪"二字比喻乐育贤才。如朱熹《白鹿洞赋》："广青衿之疑问，乐菁莪之长育。"王十朋《和燕河南府秀才送周光宗》："菁莪各成材，龙虎威标名。"杨万里《题浏阳县柳仲明致政云居山书院》："向来有子中文科，泮宫弹琴咏菁莪。"刘基《送赵元举之奉化州学正》："泮水紫芹香可揽，倚看衿佩乐菁莪。"可见此诗影响之深远。也有研究者认为这是一首情歌,表现女子与君子相见、获得君子厚赐后的喜悦心情。

菁菁者莪①,	茂密繁盛抱娘蒿,
在彼中阿②。	长在陵谷的中央。
既见君子,	已经见到那君子,
乐且有仪③。	心情快乐有榜样。

【注释】

①菁菁:茂盛的样子。莪(é):莪蒿,又名萝蒿。亦称抱娘蒿。今名茵陈。

②中阿(ē):即"阿中"。《毛传》:"阿中也。大陵曰阿。"即大土山。

③仪:法式,榜样。

菁菁者莪,	茂密繁盛抱娘蒿,
在彼中沚①。	长在水中沙洲上。
既见君子,	已经见到那君子,
我心则喜。	我的心中喜洋洋。

【注释】

①沚:水中小沙洲。

菁菁者莪,	茂密繁盛抱娘蒿,
在彼中陵①。	长在不平的丘陵。
既见君子,	已经见到那君子,

锡我百朋②。　　　　　　　赠我贝币千百朋。

【注释】

①中陵:《毛传》:"中陵,陵中也。"陈奂《诗毛氏传疏》:"中阿,阿中。
　中沚,沚中。中陵,陵中。皆倒字以就韵。"

②锡:赐,赠。朋:上古以贝为货币,五贝或十贝一串,两串为"朋"。

泛泛杨舟①,　　　　　　　荡漾水面杨木舟,
载沉载浮②。　　　　　　　随着波涛任漂流。
既见君子,　　　　　　　　已经见到那君子,
我心则休③。　　　　　　　我的心里乐无忧。

【注释】

①泛泛:漂浮不定的样子。杨舟:杨木做成的舟。

②载:或。

③休:喜。

六月

【题解】

　　这是记述和赞美宣王时代尹吉甫北伐猃狁取得胜利的诗。周自厉
王时,政治腐败,国势日衰,周边异族乘机入侵,其中北方猃狁的威胁最
大。宣王即位以后,开始讨伐猃狁,令南仲驻兵,加强防守,又派尹吉甫
深入敌地,与猃狁正面作战,取得胜利,保证了周王室的安定,号称"宣
王中兴"。此诗是一首较为完整的叙事诗,第一章讲猃狁入侵,形势紧
急,宣王急令出征。第二章讲操练军马,准备军服器械,尹吉甫佐天子

出兵。第三章讲吉甫指挥的军队士气高昂,而又严肃谨慎,决心打败猃狁,定国安邦。第四章讲猃狁气焰嚣张,周军勇敢应敌。第五章讲周军打击侵略者的战斗场面,一直把敌人赶到大原,这样的战果,是由于能文能武的尹吉甫的正确指挥。第六章尾声,写尹吉甫凯旋,接受赏赐,宴请宾客,周之名臣,以孝行著称的张仲也到场庆贺。这场战争,在《汉书·韦玄成传》记载说:"周室既衰,四夷并侵,猃狁最强。……至宣王而伐之。诗人美而颂之曰:'薄伐猃狁,至于太原。'"说的就是这首诗。

六月栖栖①,	六月出兵奔不歇,
戎车既饬②。	战车修整准备齐。
四牡骙骙③,	四匹雄马肥又壮,
载是常服④。	军用装备载车上。
猃狁孔炽⑤,	猃狁气焰特嚣张,
我是用急⑥。	我军急行去打仗。
王于出征⑦,	周王号令去征讨,
以匡王国⑧。	拯救王国保我王。

【注释】

①六月:盛夏之月。古代兵法,一般六月不出兵。因边事紧急,不得已才六月出兵。栖栖:往来不停,匆忙貌。

②戎车:兵车。饬:整治,修理。

③骙骙(kuí):马强壮的样子。

④常服:指将领作战和兵车出征时通常的装备。

⑤猃狁:古代北方的游牧民族。孔:非常。炽:本义为火烈,引申为气焰嚣张。

⑥是用:是以,因此。急:紧急。指急忙出兵。

⑦王于出征：或训"于"为"曰"。一说语助词。

⑧匡：扶正，救助。

比物四骊①，　　　　　选好四匹黑色马，

闲之维则②。　　　　　马技娴熟守规章。

维此六月，　　　　　　在这六月炎热天，

既成我服③。　　　　　披挂整齐上战场。

我服既成，　　　　　　披挂整齐上战场，

于三十里④。　　　　　急行卅里赴边疆。

王于出征，　　　　　　跟着周王去出征，

以佐天子。　　　　　　辅助天子保家邦。

【注释】

①比：齐同，这里有挑选、统一的意思。物：指马。骊：纯黑色的马。

②闲：娴习，熟练。则：规则，法度。

③服：指出征的装备，戎服，军衣。

④于三十里：指日行三十里。《毛传》："师行三十里。"于，往。

四牡修广①，　　　　　四匹雄马体高长，

其大有颙②。　　　　　头大体壮气势昂。

薄伐狎狁③，　　　　　猛烈出击讨狎狁，

以奏肤公④。　　　　　建立战功威名扬。

有严有翼⑤，　　　　　将帅严谨兵纪强，

共武之服⑥。　　　　　同心协力保边防。

共武之服，　　　　　　同心协力保边防，

以定王国。　　　　　　　　　安定王国民安康。

【注释】

①修广：指战马体态高大。修，长。广，大。

②有颙（yóng）：犹"颙颙"，大头貌，形容马高头大。

③薄伐：讨伐。

④奏：为。肤公：大功。

⑤有严有翼：即"严严翼翼"，威严谨慎的样子。

⑥共：通"恭"，奉行，恭谨。一说为共同之意。服：事。

狁狁匪茹①，　　　　　　　　狁狁凶残非软弱，

整居焦获②。　　　　　　　　焦获整顿备战忙。

侵镐及方③，　　　　　　　　目标镐地和方地，

至于泾阳④。　　　　　　　　已经深入到泾阳。

织文鸟章⑤，　　　　　　　　我军飞鸟旗帜扬，

白旆央央⑥。　　　　　　　　白色飘带鲜又亮。

元戎十乘⑦，　　　　　　　　大型战车有十辆，

以先启行⑧。　　　　　　　　向敌开战勇难挡。

【注释】

①匪：非。茹：一说茹训"柔"，此句言狁狁不弱。

②整：整顿师旅。居：居住。焦获：古时泾水流域一大泽薮，地在今
陕西泾阳西北。

③侵镐及方：《郑笺》："镐也，方也，皆北方地名。"朱熹《诗集传》：
"方，疑即朔方也。"

④泾阳：泾水北岸。水北曰阳。或以为地名。陈奂《诗毛氏传疏》：

"甘肃省平凉西南有汉泾阳故城,或即此地。"

⑤织文:指士兵衣服背后的标识、徽号。织,为"识"的假借。鸟章:旗帜上绘有鸟隼的图案。

⑥白:通"帛"。斾(pèi):旗下端的飘带。央央(yīng):鲜明貌。

⑦元戎:大战车。

⑧启行:指冲开敌阵。

戎车既安①,	我们兵车很安全,
如轻如轩②。	上下高低都稳健。
四牡既佶③,	四匹雄马步伐齐,
既佶且闲。	步伐齐整性驯良。
薄伐狝狁,	猛烈出击讨狝狁,
至于大原④。	直击大原敌胆丧。
文武吉甫⑤,	文韬武略尹吉甫,
万邦为宪⑥。	万国效法好榜样。

【注释】

①安:安稳。指备好车马。

②如轻(zhì)如轩:车顶前低后高曰"轻",前高后低曰"轩",轻轩有或上或下之意,此处是形容车在高低不平的道路上行走的状态。

③佶(jí):整齐貌。《毛传》:"佶,正也。"

④大原:地名,在今甘肃之平凉。

⑤吉甫:即周宣王时大臣尹吉甫,他能文能武,故称"文武吉甫"。

⑥宪:榜样。

吉甫燕喜①,	宴请吉甫喜洋洋,

既多受祉②。	终得天子多重赏。
来归自镐，	"我从镐地回家乡，
我行永久③。	出征日子实在长。"
饮御诸友④，	斟满美酒敬好友，
炰鳖脍鲤⑤。	蒸鳖脍鲤佳肴香。
侯谁在矣⑥？	出席酒宴还有谁？
张仲孝友⑦。	孝友张仲也在场。

【注释】

①燕：宴饮。喜：欢喜，高兴。

②既：终。祉：福。

③我行永久：此指出征时间已很久。

④御：进献。诸友：诸位朋友。

⑤炰（páo）鳖：清蒸甲鱼。一说炰为烹煮。

⑥侯：维，发语词。

⑦张仲：人名，当时大臣。具体情况已不可考。孝友：指孝于亲，友于弟，这里是称颂其品德。

采芑

【题解】

这是叙述和赞美周宣王时方叔南征荆蛮的诗。《毛诗序》说："《采芑》，宣王南征也。"此篇和《六月》着眼点不同，《六月》写尹吉甫北伐猃狁取得胜利的全过程，而此篇是出征前的一篇檄文。诗中没有写交战的内容，重点是赞美军容、军纪、军威，并预示将来的胜利。方玉润说："观其全诗，题既郑重，词亦宏丽。如许大篇文字，而发端乃以采芑起兴,何能相称?盖此诗非当局人作,且非王朝人语,乃南方诗人从旁得睹方叔军容之盛,知其克成大功,歌以志喜。"可备一说。诗何以以采芑起兴?陈奂说:"芑菜之可采,以喻国家人材养蓄之以待足用,凡军士起于田亩,故诗人假以为兴。"(《诗毛氏传疏》)解释得合乎情理。诗的第一、二章,写周军南征声势大,兵士多,士气高,将帅强。第三章以猛禽比喻南征士卒的勇猛神速,训练有素,军纪严明。这样的军队一定会战无不胜,无坚不摧。第四章赞美方叔的谋略和周军的威势震慑了荆蛮,荆蛮闻风丧胆。方玉润说:"前三章皆言车马、旗帜、佩服之盛,而进退有节,秋毫无犯,禽鸟不惊,是王者师行气象。然非大帅统率有方,何能如是严肃乎?故每章皆言'方叔率止',以见节制之严耳。末乃大声疾呼,如雷震蛰,唤醒蛮荆敢抗王师?再以猃狁之事摄之,故不觉其畏威而来服也。"全诗写了一场不战而屈人之兵的战例。

　　薄言采芑①,　　　　　　采集鲜嫩苦荬菜,
　　于彼新田②,　　　　　　在那去年开垦田,
　　于此菑亩。　　　　　　在这初垦的菑田。
　　方叔莅止③,　　　　　　方叔亲临到前线,
　　其车三千④,　　　　　　战车排开有三千,
　　师干之试⑤。　　　　　　兵甲齐备正待战。
　　方叔率止⑥,　　　　　　方叔率领将南征,
　　乘其四骐,　　　　　　四匹骏马多雄健,
　　四骐翼翼⑦。　　　　　　步伐整齐勇向前。
　　路车有奭⑧,　　　　　　将军大车真光鲜,
　　簟笰鱼服⑨,　　　　　　鱼纹箭袋和竹帘,
　　钩膺鞗革⑩。　　　　　　繁缨鞗勒金光闪。

【注释】

①芑(qǐ):苦荬菜。

②新田:开垦第二年的田。《毛传》:"田一岁曰菑,二岁曰新田,三
　岁曰畬。"

③方叔:人名,周宣王时朝廷大臣,曾受命南征荆蛮。莅:临。止:
　语气词,犹"矣"。

④其车三千:极言方叔率军之多。

⑤师:指士兵。干:盾,指武器。

⑥率:即"帅",统帅。

⑦翼翼:整齐的样子。

⑧路车:大车,指将帅乘坐的车。有奭(shì):赤貌。一说显赫貌。

⑨簟茀(diàn fú):遮蔽车厢后面的竹席。鱼服:鲨鱼皮制成的箭
　袋。一说饰有鱼纹的箭袋。

⑩钩膺:又叫"樊缨"或"繁缨",是马胸前的皮带,有丝缘为饰的即
　樊缨。《毛传》:"钩膺,樊缨也。"钩,青铜饰物。膺,胸。皮带在
　马胸前,所以称钩膺。鞗(tiáo)革:皮制铜饰的马勒,即马笼头。

薄言采芑,	采集鲜嫩苦荬菜,
于彼新田,	在那去年开垦田,
于此中乡①。	在这处处乡村间。
方叔莅止,	方叔亲临掌帅权,
其车三千,	战车排开有三千,
旂旐央央②。	龟蛇龙旗光闪闪。
方叔率止,	方叔统军向战场,
约𫐐错衡③,	车毂衡梁饰花样,
八鸾玱玱④。	八只鸾铃叮当响。

服其命服，	赐封官服穿身上，
朱芾斯皇⑤，	红色蔽膝真辉煌，
有玱葱珩⑥。	葱绿佩珩响叮当。

【注释】

①中乡：即"乡中"，犹今言"村中"。

②旐：画有蛟龙的旗。旟：画有龟蛇的旗。央央：鲜明的样子。

③约轵(qí)：车毂上的装饰，以皮革为之，因是套于车毂上的，所以叫"约"。约，缠束，捆缚。《毛传》："轵，长毂之轵也，朱而约之。"错衡：涂有金色文饰的车衡。衡，古代车辕前端的横木。涂金为文饰叫"错"。

④鸾：鸾铃。玱玱(qiāng)：鸾铃声。

⑤朱芾(fú)：朱色的蔽膝。皇：通"煌"，光辉貌。

⑥有玱：即"玱玱"，佩玉之声。葱珩(héng)：葱绿色的佩玉。葱珩为爵位高者所佩。珩，佩玉的一种，上端如磬状而小。

鴥彼飞隼①，	迅疾飞翔猛鹰隼，
其飞戾天②，	一飞直冲上云天，
亦集爰止③。	休息下落在树颠。
方叔莅止，	方叔受命来前线，
其车三千，	统领战车有三千，
师干之试。	兵甲齐备正待战。
方叔率止，	方叔率军上前线，
钲人伐鼓④，	钲人鼓人把令传，
陈师鞠旅⑤。	列队静听总动员。

显允方叔⑥，　　　　　　方叔赏罚明又信，
伐鼓渊渊⑦，　　　　　　鼓声咚咚声震天，
振旅阗阗⑧。　　　　　　军容整齐应鼓点。

【注释】

①鴥(yù)：鸟疾飞貌。隼：鹞鹰之类的猛禽。

②戾：达，至。

③爰：而。止：止息，休栖。

④钲(zhēng)人伐鼓：此句是言钲人击钲，鼓人击鼓，互言而省文。
　击钲则止，击鼓则进。钲人，古代行军掌管鸣钲击鼓的人。钲，
　古代乐器。

⑤陈：陈列。师：指军队。鞠旅：指誓师。鞠，告。旅，军队。

⑥显允：明信，指号令明，赏罚信。

⑦渊渊：鼓声。

⑧振旅：整训师旅。振，整。阗阗(tián)：鼓声，一说军队齐步行
　进声。

蠢尔蛮荆①，　　　　　　荆南蛮子太愚蠢，
大邦为雠②。　　　　　　竟同大国结仇怨。
方叔元老③，　　　　　　方叔本是我元老，
克壮其犹④。　　　　　　远大计谋能施展。
方叔率止，　　　　　　　方叔率军去南征，
执讯获丑⑤。　　　　　　审问俘虏记战功。
戎车啴啴⑥，　　　　　　战车奔驰声隆隆，
啴啴焞焞⑦，　　　　　　隆隆声响军威重，

如霆如雷。	如同霹雳如雷鸣。
显允方叔，	方叔赏罚信又明，
征伐猃狁，	已经征服那猃狁，
蛮荆来威⑧。	南楚风闻皆心惊。

【注释】

①蠢：愚蠢，无知的举动。蛮荆：对南方部族的蔑称。或以为指南
　方楚人。

②大邦：大国，指周王朝。

③元老：年长功高的老臣。

④克壮其犹：指谋略远大。克，能。壮，宏大。犹，谋略。

⑤执：俘获。讯：审问。丑：指敌人。

⑥嘽嘽(tān)：兵车行进声。

⑦焞焞(tūn)：原意为光明，此处形容兵车声势之盛。

⑧蛮荆来威：犹"蛮荆是威"，即"威服蛮荆"之意。来威，来，语中助
　词，含有"是"义，用于动宾倒装句。

车攻

【题解】

　　这是叙述周宣王朝会诸侯，在东都举行田猎的诗。《毛诗序》说：
"《车攻》，宣王复古也。宣王能内修政事，外攘夷狄，复文、武之竟土，修
车马，备器械，复会诸侯于东都，因田猎而选车徒焉。"方玉润认为讲"宣
王复古"是正确的，后面的"数语反嫌其赘而无当于义"，"盖此举重在会
诸侯，而不重在事田猎。不过藉田猎以会诸侯，修复先王旧典耳。昔周
公相成王，营洛邑为东都以朝诸侯。周室既衰，久废其礼。迨宣王始举

行古制,非假狩猎不足慑服列邦。故诗前后虽言猎事,其实归重'会同有绎'及'展也大成'二句"。即目的在于会合诸侯,通过田猎向诸侯展示自己的权威。故诗以出猎起,以会同收。诗的第一章写宣王东狩,备好车马。第二三章写前往甫、敖狩猎,极力铺叙车马旌旗之盛。第四章写诸侯前来合猎。第五六章写射手御手技艺之精。第七章写猎后景象,营地静谧,队伍警觉,猎物丰富。诗中佳句"萧萧马鸣,悠悠旆旌",以马的嘶鸣声、旗帜的飘动貌,衬托出营地的静谧和队伍的整肃。这种表现手法,对后世诗歌创作影响很大,许多诗人以此得到启发,如王籍的"蝉噪林逾静,鸟鸣山更幽",杜甫的"落日照大旗,马鸣风萧萧",都脱胎于此。第八章写猎后归来,赞美宣王。全诗一气呵成,首尾呼应,脉络分明,是一首优秀的长篇叙事诗。

我车既攻①,	我的猎车已修固,
我马既同②。	我的马匹步调同。
四牡庞庞③,	四匹雄马神气昂,
驾言徂东④。	驾着猎车奔向东。

【注释】

①攻:通"巩",意为固,指田猎的车已修理坚固、完好。

②同:齐一,指选毛色、体力、速度齐同的马。

③庞庞:马雄壮貌。

④驾言:驾,驾车。言,语助词。徂东:往东。东,指镐京之东的洛阳一带。

田车既好①,	猎车既已修理好,
四牡孔阜②。	四匹雄马壮又高。

东有甫草③，　　　　　　　　东方圃田草繁茂，
驾言行狩④。　　　　　　　　驾着猎车去冬狩。

【注释】

①田车：用于打猎的车。

②孔阜：非常强壮。

③甫草：圃田之草。甫，甫田。也作"圃田"，地名，在今河南开封中
　牟西。一说甫田即大田。

④行狩：行狩猎之事。狩，通常指冬天打猎，这里特指放火烧田
　打猎。

之子于苗①，　　　　　　　　宣王带领去狩猎，
选徒嚣嚣②。　　　　　　　　士卒报数声音高。
建旐设旄③，　　　　　　　　扬起龟蛇牛尾旗，
搏兽于敖④。　　　　　　　　围捕禽兽在郑敖。

【注释】

①之子：此子，代指宣王。苗：打猎。朱熹："苗，狩猎之通名也。"

②选：通"算"，清点的意思。徒：步卒。嚣嚣：声音嘈杂貌。

③旐：画着龟蛇的旗子。旄：装饰牦牛尾的旗。

④搏兽：搏，搏杀。《文选·东京赋》《水经·济水》注、《后汉书·安
　帝纪》注等，引此诗皆作"薄狩"。薄，发语词。敖：地名，在河南
　荥阳境内。

驾彼四牡，　　　　　　　　　诸侯驾着四匹马，
四牡奕奕①。　　　　　　　　四马从容又轻快。

赤芾金舄^②，　　　　　　朱红蔽膝金色靴，

会同有绎^③。　　　　　　会同打猎有气派。

【注释】

①奕奕：马行迅疾而从容貌。

②赤芾：红色蔽膝。金舄（xì）：用金属装饰的厚底鞋。或以为金色

　的木底鞋。

③会同：会合诸侯。这是诸侯朝见天子的专称。《孔疏》："会者交

　会，同者同聚。"有绎：犹"绎绎"，陈列有次序貌。

决拾既佽^①，　　　　　　扳指臂鞴穿戴齐，

弓矢既调^②。　　　　　　劲弓利箭也完备。

射夫既同^③，　　　　　　弓箭手们齐集聚，

助我举柴^④。　　　　　　拣拾猎物堆一堆。

【注释】

①决拾既佽（cì）：言射箭时的装束已收拾利索。决，射箭套在右拇

　指上的象骨套子，俗称"扳指"，用以保护手指。拾，皮革制成的

　护臂，套在左臂上，又叫"臂鞴"。佽，便利，顺手。《毛传》：

　"利也。"

②调：调和，指弓之强弱与箭之轻重都已协调。

③射夫：弓箭手。指参加会同的诸侯。同：会合成对，指比赛者找

　到对手。

④举：收拾。柴（zì）：通"胔"，指射死的禽兽。一说"柴"训"积"，指

　禽兽的积尸。

四黄既驾①,　　　　　四匹黄马已驾好,
两骖不猗②。　　　　　两边骖马不偏倚。
不失其驰③,　　　　　四马奔驰步协调,
舍矢如破④。　　　　　箭出每发必破的。

【注释】

①四黄:指驾车的四匹黄马。

②两骖:驾在车两旁的马叫"骖马"。不猗:不偏斜。猗,通"倚"。

③不失其驰:指马驰驱有法,不逾其矩。

④舍矢:放箭。如破:而破。破,中的,指穿透目标物。

萧萧马鸣①,　　　　　战马嘶鸣声萧萧,
悠悠旆旌②。　　　　　竿竿旌旗悠悠飘。
徒御不惊③,　　　　　步卒驭手人机警,
大庖不盈④。　　　　　猎物堆满君王庖。

【注释】

①萧萧:马鸣声。

②悠悠:旗帜飘动貌。

③徒:步卒。御:驾车的人。

④大庖:国君的厨房。不盈:不,通"丕",甚也,指厨房中堆满了猎物。又朱熹《诗集传》说:"不盈,言取之有度,不极欲也。……是以获虽多而君庖不盈也。"也通。

之子于征①,　　　　　君王猎罢归京城,

有闻无声②。　　　　　　只闻车马无人声。

允矣君子③，　　　　　　这位诚信好君主，

展也大成④！　　　　　　会同取得大成功！

【注释】

①于征：于，往。征，行，此处指田猎归来。

②有闻无声：能听见车马行进声，但无士卒喧哗之声。

③允：信。或曰大。

④展：诚然，的确。大成：成大功。

吉日

【题解】

　　这是一首写周宣王打猎并宴会宾客的诗。《毛诗序》说："《吉日》，美宣王田也。能慎微接下，无不自尽以奉其上。"《孔疏》曰："作《吉日》诗者，美宣王田猎也。以宣王能慎于微事，又以恩意接及群下，王之田猎能如是，则群下无不自尽诚心以奉事其君上焉，由王如此，故美之也。"《左传·昭公三年》记载："郑伯如楚，子产相，楚王享之，赋《吉日》。既享，子产乃具田备。"亦可证此诗为田猎之诗。诗中记叙了周宣王在西都的一次田猎活动，这种田猎活动和《车攻》藉田猎以会诸侯，修复先王旧典的用意不同，这是每年都在畿内举行的常典，但也有显示国家文武功业的目的。此诗在田猎的场面描写上较《车攻》为细。特别是对群臣驱众兽于天子左右，以待天子发射的情景，细致入微，曲尽人情。

吉日维戊①，　　　　　　戊辰吉祥日子好，

既伯既祷②。　　　　　　既祭马祖又祈祷。

田车既好，	田猎车辆已备齐，
四牡孔阜。	四匹雄马壮又高。
升彼大阜，	驱车登上大土丘，
从其群丑③。	追逐群兽快快跑。

【注释】

①吉日：吉利的日子。戊：此处指戊辰日。古人认为戊日是刚日，适合外事活动，如巡狩、盟会、出兵等。

②伯：马祖。祷：告祭求福。因田猎用马，故祭马祖。《毛传》："伯，马祖也。重物慎微，将用马力，必先为之祷其祖。祷，祷获也。"

③从：追逐。群丑：这里指兽群。

吉日庚午，	庚午吉祥日子好，
既差我马①。	打猎马匹已选齐。
兽之所同②，	寻找野兽聚居地，
麀鹿麌麌③。	鹿儿成群堪称奇。
漆沮之从④，	驱逐漆沮水边兽，
天子之所⑤。	赶到天子射猎区。

【注释】

①差（chāi）：选择。

②同：聚集。

③麀（yōu）鹿：母鹿，这里泛指母兽。麌麌（yǔ）：兽众多。

④漆沮：古二水名。在今陕西省境内。朱熹《诗集传》："漆沮，水名。在西都畿内泾、渭之北，所谓洛水。"

⑤所：地方。

瞻彼中原①，　　　　　　遥望原野漫无边，
其祁孔有②。　　　　　　地方广大物富有。
儦儦俟俟③，　　　　　　奔跑慢走野兽多，
或群或友④。　　　　　　成群结队四处游。
悉率左右⑤，　　　　　　都要赶到天子处，
以燕天子⑥。　　　　　　乐得天子显身手。

【注释】

①中原：即"原中"，平旷之地，原野之中。
②祁：大。一说指原野广大，或以为指兽。有：丰富。
③儦儦(biāo)：疾走貌。俟俟(sì)：缓行等待貌。
④或群或友：指三二成群。《毛传》："兽三日群，二日友。"
⑤悉：尽。率：驱。
⑥燕：乐。

既张我弓①，　　　　　　我们弓弦已拉开，
既挟我矢②。　　　　　　弓箭也已拿在手。
发彼小豝③，　　　　　　一箭射死小野猪，
殪此大兕④。　　　　　　奋力射死大犀牛。
以御宾客⑤，　　　　　　野味用来待宾客，
且以酌醴⑥。　　　　　　共吃佳肴同饮酒。

【注释】

①张我弓：拉开弓。

②挟我矢：用手指挟持搭上弓的箭，准备发射。

③豝(bā)：母猪。

④兕(sì)：野牛。

⑤御：进，指将猪牛烹熟进献宾客。

⑥酌醴：酌饮美酒。醴，甜酒。

鸿雁

【题解】

这是写周王派遣使者到各处救济流民的诗。周厉王时，政治黑暗，万民离散。周宣王中兴，派使者到四方安抚难民。使者四方奔走，为使流民居有定所，督促他们筑墙造屋，工作非常辛劳，有时还受到误解，因此作了这样一首诗，自诉他们的辛苦和不被人理解的苦恼。但也有人认为这是流民自叙悲苦的诗，如朱熹说："流民以鸿雁哀鸣自比而作此歌也。"（《诗集传》）但多数研究者不同意朱熹的看法。方玉润就认为此诗为使臣所作。他说："'之子于征'者，使臣自相谓也。'劬劳于野'，则尚无定所。但觉满目疮痍，莫非可矜之人，而就中鳏寡尤为可哀，则不能不急为安抚……故以鸿飞肃肃无依为比。"这首诗对后世影响很大，"哀鸿"一词从此便成为流民的代名词。

鸿雁于飞①，	大雁飞翔向远方，
肃肃其羽②。	展起双翅沙沙响。
之子于征③，	使臣受命出远门，
劬劳于野④。	四野奔波苦又忙。
爰及矜人⑤，	救济那些穷苦人，
哀此鳏寡⑥。	鳏寡更使人哀伤。

【注释】

①鸿雁:大雁。于:语助词。

②肃肃:鸟拍翅膀的声音。

③之子:指周王派出救济难民的使者。于:往。征:远行。

④劬(qú)劳:辛苦劳累。野:野外。

⑤爰:乃。矜人:穷苦的人。

⑥哀:怜悯。鳏(guān)寡:泛指无依无靠的穷苦老人。鳏,老而无
妻。寡,老而无夫。

鸿雁于飞,	大雁飞翔向远方,
集于中泽①。	停息落在泽中央。
之子于垣②,	使臣督促筑屋垣,
百堵皆作③。	众人筑起百堵墙。
虽则劬劳,	虽然大家很劳苦,
其究安宅④。	终究从此有住房。

【注释】

①集:停息。中泽:即"泽中"。

②垣:墙。

③百:泛指多。堵:指墙。作:修筑。

④究:终究。一说解为穷,指穷困的人。安宅:安居。

鸿雁于飞,	大雁飞翔向远方,
哀鸣嗷嗷①。	嗷嗷哀鸣声凄凉。
维此哲人②,	唯有这些明理人,

谓我劬劳。	说我辛苦说我忙。
维彼愚人，	唯有那些愚昧者，
谓我宣骄③。	说我为了自标榜。

【注释】

①嗷嗷:鸟哀鸣声。

②哲人:明理之人。

③宣骄:显示标榜。

庭燎

【题解】

　　这是一首记述周王早晨视朝前与报时官对话的诗,反映这是一位勤于朝政的王者。研究者认为周宣王前后的幽王、厉王皆为无道之主,不可能勤于视朝,所以诗中记述的可能是宣王的事。《齐风·鸡鸣》与这首《庭燎》,都是问答体,内容都是讲勤于早朝的,可称为姊妹篇。《鸡鸣》是妻子催促丈夫赶快起床去上朝,主题是讽刺士大夫贪图享乐,懒于朝政。《庭燎》则是君臣之间的问答,主题是赞美周王勤于朝政。前者如一出喜剧,后者则是一出正剧,风格迥异。可见《诗经》表现形式的多种多样。

夜如何其①?	现在夜色啥时光?
夜未央②,	夜色还早无晨光,
庭燎之光③。	庭中火烛明又亮。
君子至止④,	诸侯大臣快来到,

鸾声将将⑤。	好像车铃叮当响。

【注释】

①夜如何其:夜到什么时分了。其,语尾助词。

②未央:未尽。

③庭燎:庭院中燃起的大火把。朱熹《诗集传》:"庭燎,大烛也。诸侯将朝,则司烜(掌取火之官,有大事,供大烛庭燎)以物百枚并而束之,设于门内。"

④君子:指上朝的诸侯大臣等人。

⑤鸾:鸾铃,古代车马所佩的铃。将将(qiāng):通"锵锵",铃声。

夜如何其?	现在夜色啥时光?
夜未艾①,	夜色还早无晨光,
庭燎晣晣②。	庭中火烛明晃晃。
君子至止,	诸侯大臣快来到,
鸾声哕哕③。	好像车铃响叮当。

【注释】

①未艾:未尽。

②晣晣(zhé):明亮貌。

③哕哕(huì):鸾铃声。

夜如何其?	现在夜色啥时光?
夜乡晨①,	夜色将尽露晨光,
庭燎有辉②。	庭中火烛仍明亮。

君子至止，	诸侯大臣快到来，
言观其旂③。	看见旌旗在飘扬。

【注释】

①乡晨：近晨，将亮。乡，向。

②有辉：犹"辉辉"，光明貌。一说火光暗淡貌。朱熹《诗集传》："火气也。天欲明而见其烟光相杂也。"

③旂（qí）：旗上绘有蛟龙，杆头有铃，为诸侯仪仗。

沔水

【题解】

这首诗比较难解，《毛诗序》说："《沔水》，规宣王也。"《郑笺》："规者，正圆之器也。规主仁恩也，以恩亲正君曰规。《春秋传》曰：'近臣尽规。'"朱熹《诗集传》认为是"忧乱之诗"。方玉润不同意"规宣王"及"忧乱"之说，他认为："宣王初政，多乱定归来之诗，后皆美词，无所谓忧乱也。其朝周、召二公辅政，几复成、康之旧，何谗之有？然诗前云'念乱'，后言'谗兴'，分明乱世多谗，贤臣遭祸景象，而岂宣王世乎？此诗必有所指，特错简耳。"方氏之说很有道理。全诗共三章，每章八句，但第三章只有六句，明显少了前两句。另外诗中也找不出和宣王有关系的事，所以"规宣王"之说也不成立。但从诗的内容看，是说世道动乱不安，劝诫亲朋好友要警惕谗言中伤。方氏所说"乱世多谗，贤臣遭祸"大体不错，但时代不可确指。

沔彼流水①，	条条河流水弥漫，
朝宗于海②。	东流归海成汪洋。

鴥彼飞隼③，	空中鹰隼迅疾飞，
载飞载止。	或而高飞或下降。
嗟我兄弟④，	可叹我的兄和弟，
邦人诸友。	可叹朋友和同乡。
莫肯念乱⑤，	动乱现实无人管，
谁无父母？	谁人没有爹和娘？

【注释】

①沔(miǎn)：水流涨满貌。

②朝宗于海：诸侯朝见天子。春见曰"朝"，夏见曰"宗"，这里借指河水流向大海。

③鴥(yù)：鸟疾飞的样子。

④嗟：嗟叹。"嗟"字贯下两句，意即嗟叹我的兄弟及国人、诸友。

⑤念：思考。

沔彼流水，	条条河流水弥漫，
其流汤汤①。	浩浩荡荡向东方。
鴥彼飞隼，	空中鹰隼迅疾飞，
载飞载扬②。	或而平飞或高翔。
念彼不迹③，	想那不尊法纪者，
载起载行④。	坐立不安我彷徨。
心之忧矣，	内心忧愁又神伤，
不可弭忘⑤。	无法消除无法忘。

【注释】

①汤汤(shāng)：荡荡，水大流急貌。

②飞、扬：随意飞翔。

③不迹：不循法度。

④载起载行：或起或行，因忧思而坐立不安貌。

⑤弭忘：终止。弭，止。忘，亡，已。

鴥彼飞隼，	空中鹰隼迅疾飞，
率彼中陵①。	沿着山陵在翱翔。
民之讹言②，	人们不停传谣言，
宁莫之惩③。	没法制止实荒唐。
我友敬矣④，	告我朋友须警惕，
谗言其兴⑤。	谗言勃兴将人伤。

【注释】

①率：循，沿着。

②讹言：欺诈之言，即谣言。

③宁莫之惩：宁，乃。一说训"何"。惩，制止。指谣言不能止息。

④敬：警戒，警惕。

⑤谗言其兴：谗言如此兴盛。其，如此。朱熹疑此诗三章每章当为
　八句，卒章脱前两句。

鹤鸣

【题解】

《鹤鸣》一诗是写什么的呢？其说不一。有人认为这是一篇运用比

喻手法抒发引用贤才主张的诗。全诗用鹤、鱼、檀树、他山之石等事物比喻贤人,希望这些贤才能得到朝廷任用。《毛诗序》说:"《鹤鸣》,诲宣王也。"《郑笺》:"诲,教也。教宣王求贤人之未仕者。"方玉润认为此诗是"讽宣王求贤山林也",对宣王用"诲"和"教"是不恰当的,而应当用"讽"字,即用托词委婉劝说。他说:"夫诗人之于宣王,何教之而何诲之耶? 盖讽之以求贤士之隐于山林者耳。诗人平居,必有一贤人在其意中,不肯明荐朝廷,故第即所居之园实赋其景。使王读之,觉其中禽鸟之飞跃,树木之葱蒨,水石之明瑟,在在可以自乐。即园中人令闻之清远,出处之高超,德谊之粹然,亦一一可以并见。则即景以思其人,因人而慕其景,不必更言其贤,而贤已跃然纸上矣。其词意在若隐若现、不即不离之间,并非有意安排,所以为佳。"(《诗经原始》)沈德潜《说诗晬语》说:"《鹤鸣》本以诲宣王……难于显陈,故以隐语为开导。"王夫之《夕堂永日绪论》说:"《小雅·鹤鸣》之诗,全用比体……不道破一句,三百篇中创调也。"有人认为这是描写小园风光的,可作为最早的中国田园诗看待。如陈子展《诗经直解》说:"《鹤鸣》,似是一篇《小园赋》,为后世田园山水一派诗之滥觞。"朱熹则认为"此诗之作,不可知其所由,然必陈善纳诲之词也",都可备一说。

鹤鸣于九皋①,	九曲沼泽白鹤叫,
声闻于野。	声音响亮传四郊。
鱼潜在渊,	鱼儿潜伏深水里,
或在于渚②。	时而游在浅水沼。
乐彼之园,	我爱美丽大花园,
爰有树檀③,	檀树长得高又高,
其下维萚④。	树下落叶随风飘。
他山之石⑤,	他乡山上有宝石,

可以为错⑥。　　　　　　　可把玉石来琢磨。

【注释】

①鹤:一种水鸟,古代多用来比喻隐居的贤人。九:不是确指,形容
　　多。此指沼泽极其曲折。皋(gāo):沼泽。

②渚:水中小洲。

③树檀:檀树。这里用来比喻贤人。

④萚(tuò):枯落的枝叶。这里用来比喻小人。

⑤他山之石:这里用来比喻别国的贤人。

⑥错:琢玉的磨石。

鹤鸣于九皋,　　　　　　九曲沼泽白鹤叫,
声闻于天。　　　　　　　声音响亮达云霄。
鱼在于渚,　　　　　　　鱼儿游在小洲旁,
或潜在渊。　　　　　　　时而潜入深水港。
乐彼之园,　　　　　　　我爱美丽大花园,
爰有树檀,　　　　　　　檀树长得高又高,
其下维榖①。　　　　　　树下有楮矮又小。
他山之石,　　　　　　　他乡山上有宝石,
可以攻玉②。　　　　　　同样可把玉石雕。

【注释】

①榖(gǔ):楮树,树皮可造纸。这里用来比喻小人。

②攻:加工,雕刻。

祈父

【题解】

这首诗写士兵抱怨长官不合理的调动部队,使自己久役不能归养父母。这个士兵本属于王畿内部队或宫廷卫队的一员,祈父则调他远征,使之久役,有家难归,故役者怨而作此诗。《毛诗序》说:"《祈父》,刺宣王也。"《郑笺》:"刺其用祈父,不得其人也。官非其人则职废。祈父之职,掌六军之事,有九伐之法。"认为刺宣王用人不当。

祈父①!	你这主管军政的祈父!
予王之爪牙②。	我本是守卫王家的武士。
胡转予于恤③?	为何调我到苦难之地?
靡所止居④!	害我没有安定的住所!

【注释】

①祈父:西周执掌封畿兵马的高级武官,即司马。

②爪牙:保卫国王的武士。《孔疏》曰:"鸟用爪,兽用牙,以防卫己身。此人自谓'王之爪牙',以鸟兽为喻也。"在古代,"爪牙"本为中性词,后来才用于贬义。

③转:辗转,此处指频繁地轮换调动。恤:忧,指忧患的境地。

④靡:无。

祈父!	你这主管军政的祈父!
予王之爪士①。	我本是守卫王家的卫士。
胡转予于恤?	为何调我到苦难之地?

靡所底止^②！　　　　　　　　害我没有止息的地方！

【注释】

①爪士：即爪牙之士。

②底（zhǐ）止：即"定止"，犹"止息"。

祈父！　　　　　　　　　　你这主管军政的祈父！

亶不聪^①。　　　　　　　　实在是愚蠢透顶。

胡转予于恤？　　　　　　　为何调我到苦难之地？

有母之尸饔^②。　　　　　　让我有父母不能供奉。

【注释】

①亶（dǎn）：诚，确实。

②尸：陈，陈列。饔（yōng）：熟食。《毛传》："尸，陈。熟食曰饔。"《郑笺》："己从军，而母为父陈馔饮食之具，自伤不得供养也。"

白驹

【题解】

这首诗，今人一般都认为是一首留客惜别，或别友思贤的诗。而清人方玉润则认为："此王者欲留贤士不得，因放归山林而赐以诗。其好贤之心可谓切，而留贤之意可谓殷，奈士各有志，难以相强。何哉？观其初则欲絷白驹以永朝夕；继则更欲縻以好爵，而不暇计贤者之心不在是也；终则知其不可留，而惟冀其毋相绝，时惠我以好音耳。诗之缠绵亦云至矣。"（《诗经原始》）这一说法比较切合诗意，因诗中要封这位贤人为公为侯，这是只有君王才能做到的事。诗的前三章写主人竭力殷勤挽留客人,后一章写客人走后,主人还是希望客人能常寄佳音,毋绝友情。这首诗对后代也产生了一定影响,文人们在诗文中常引用"白驹"来代指志行高洁的人。如曹摅《思友人》"感时歌蟋蟀,思贤咏白驹",骆宾王《幽絷书情通简知己》"穴疑丹凤起,场似白驹来",李白《送杨少府赴选》"空谷无白驹,贤人岂悲吟"等等。

皎皎白驹①,	光亮皎洁小白马,
食我场苗②。	吃我园中嫩豆苗。
絷之维之③,	拴好缰绳绊住脚,
以永今朝④。	就在我家过今朝。
所谓伊人⑤,	所说那位贤德人,
于焉逍遥⑥。	请在这儿尽逍遥。

【注释】

①皎皎:洁白的样子。

②场:菜园。

③絷(zhí):绊。用绳绊住马脚。维:系。拴住马缰绳。

④永:延长。今朝:今天。

⑤伊人:这人。指乘白驹而去的贤人。

⑥于焉:在这里。

皎皎白驹,	光亮皎洁小白马,
食我场藿①。	吃我园中嫩豆叶。
絷之维之,	拴好缰绳绊住脚,
以永今夕。	就在我家度今宵。

所谓伊人，　　　　　　所说那位贤德人，
于焉嘉客？　　　　　　在此做客乐陶陶。

【注释】

①藿(huò)：豆叶。

皎皎白驹，　　　　　　光亮皎洁小白马，
贲然来思①。　　　　　快速来到我的家。
尔公尔侯，　　　　　　为公为侯多高贵，
逸豫无期②。　　　　　安逸享乐莫还家。
慎尔优游③，　　　　　悠闲自在别过分，
勉尔遁思④。　　　　　不要避世图闲暇。

【注释】

①贲(bēn)然：马快跑的样子。贲，通"奔"。思：语助词。

②逸豫：安逸享乐。

③慎：谨慎。优游：悠闲自得。

④勉：劝。遁：逃避。

皎皎白驹，　　　　　　光亮皎洁小白马，
在彼空谷。　　　　　　空旷山谷自为家。
生刍一束①，　　　　　一束青草作饲料，
其人如玉。　　　　　　那人如玉美无瑕。
毋金玉尔音②，　　　　走后别忘把信捎，
而有遐心③。　　　　　有意疏远非知交。

【注释】

①生刍(chú)：喂牲畜的青草。

②金玉：作动词用，宝贵、爱惜的意思。

③遐心：疏远我的心。

黄鸟

【题解】

对此诗的主题，说法很多，有说这是入赘者自道其苦的诗，有的说是流亡者思归的诗(或说游子思归)，还有说是讽刺民风不醇厚的。《毛诗序》则说："《黄鸟》，刺宣王也。"仔细推敲诗的内容，似乎前三种说法皆通，而第二种说法更切合诗意。

黄鸟黄鸟①，	黄鸟啊黄鸟，
无集于穀②，	不要落在楮树上，
无啄我粟③。	不要啄我粟米粮。
此邦之人，	这个地方的人们，
不我肯穀④。	对我实在不善良。
言旋言归⑤，	还是回去快回去，
复我邦族⑥。	返回我家返故乡。

【注释】

①黄鸟：黄雀。喜吃粮食。

②穀：楮树。

③粟：谷子，去糠叫"小米"。

④穀(gǔ)：善，善良。

⑤言：语助词，犹"乃"。旋、归：即还归。

⑥复：返回。邦族：邦国家族。

黄鸟黄鸟，　　　　　　　　黄鸟啊黄鸟，

无集于桑，　　　　　　　　不要落在桑树上，

无啄我粱①。　　　　　　　不要啄我红高粱。

此邦之人，　　　　　　　　这个地方的人们，

不可与明②。　　　　　　　信义对他没法讲。

言旋言归，　　　　　　　　还是回去快回去，

复我诸兄③。　　　　　　　回到兄弟的身旁。

【注释】

①粱：粟类。

②明："盟"之借字，这里有信用、结盟之意。

③诸兄：邦族中诸位同辈。

黄鸟黄鸟，　　　　　　　　黄鸟啊黄鸟，

无集于栩①，　　　　　　　不要落在柞树上，

无啄我黍②。　　　　　　　不要啄食我黍粱。

此邦之人，　　　　　　　　这个地方的人们，

不可与处③。　　　　　　　不能和睦相来往。

言旋言归，　　　　　　　　还是回去快回去，

复我诸父④。　　　　　　　回到叔伯的身旁。

【注释】

① 栩:柞树。

② 黍:即黍子。又称黄米。

③ 与处:共处,相处。

④ 诸父:族中长辈,即伯、叔之总称。

我行其野

【题解】

这是一首弃妇诗,写一个远嫁的女子被丈夫弃逐的悲愤心情。她被丈夫遗弃,踏上回娘家的路,诗中"我行其野"的反复吟唱,仿佛使我们看到这位遭弃的女子独行于野,心中充满悲凉的情景。此诗与《邶风·谷风》《卫风·氓》《小雅·谷风》都是写弃妇遭遇的,它们从不同角度反映了那个时代下层妇女的一些生活境况。也有人认为此诗是写入赘女婿被弃逐的遭遇,可备一说。

我行其野,	走在旷野荒凉路,
蔽芾其樗①,	路边椿树枝叶疏。
昏姻之故,	只因婚姻的缘故,
言就尔居②。	我才与你同居住。
尔不我畜③,	你不好好善待我,
复我邦家④。	只有回到我故土。

【注释】

① 蔽芾(fèi):叶初生的样子。樗(chū):臭椿树,不材之木,喻所托
非人。

②言：乃。

③畜：爱。一训"养"。

④复：返回。

我行其野，	走在旷野荒凉路，
言采其蓫①。	采那蓫叶多辛苦。
昏姻之故，	只因婚姻的缘故，
言就尔宿②。	才到你家同住宿。
尔不我畜？	你不好好善待我，
言归斯复③。	只有回归我家族。

【注释】

①蓫（zhú）：草名，俗名羊蹄菜。《毛传》以为"恶菜也"。

②宿：与上章"居"字同意。

③言归斯复：言、斯，皆语助词。归、复，即归回。

我行其野，	走在旷野荒凉路，
言采其葍①。	采那葍根聊果腹。
不思旧姻②，	你全不思往日情，
求尔新特③。	追求新欢太可恶。
成不以富④，	不是她家比我富，
亦祇亦异⑤。	因你变心的缘故。

【注释】

①葍（fú）：多年生蔓草，根可食，饥荒之年，可以御饥。《毛传》所谓

"恶菜也"。

②旧姻：旧日婚姻。

③特：匹，配偶。

④成："诚"之借，确实。

⑤祇：只。异：异心。

斯干

【题解】

这是赞颂周王新建宫殿落成的诗。《毛诗序》说："《斯干》，宣王考室耶。"《郑笺》："考，成也。德行国富，人民殷众而皆佼好，骨肉和亲。宣王于是筑宫庙，群寝既成而衅之，歌《斯干》之诗以落之，此之谓成室。宗庙成，则又祭先祖。"

上五章作者以生动的描写和精确的构思，记述了宫殿建筑所处的环境，细致地描绘了营筑过程以及宫室的外观和庭堂，宫室之美尽现目前。下四章，祝祷主人居住新宫的美好前景：子孙繁盛，世代兴旺，为君为王，事业辉煌。诗的前部分是实写，后半部分是预祝之辞，是虚写，虚实结合，构思精巧。

秩秩斯干①，	流水清清的溪涧，
幽幽南山②。	幽幽静静的南山。
如竹苞矣③，	苍翠的绿竹片片，
如松茂矣。	茂盛的青松连绵。
兄及弟矣，	同宗同祖的兄弟，
式相好矣④，	相互友爱心相连，
无相犹矣⑤。	绝不算计和欺骗。

【注释】

①秩秩:水清而流动的样子。斯:此。干:通"涧"。

②幽幽:深远貌。南山:即陕西境内的终南山。

③如:有。苞:植物丛生的样子,与下"茂"字意同,皆言草木茂盛。

④式:发语词,无实义。

⑤犹:欺诈。《广雅》:"犹,欺也。"

似续妣祖①,	承传先祖的大业,
筑室百堵②,	建造宫室千百间。
西南其户③。	门户向西或向南,
爰居爰处④,	居住稳定又安全,
爰笑爰语。	有说有笑合家欢。

【注释】

①似续:继承。似,通"嗣"。妣:本是亡母之称,这里泛指女性先
　祖。祖:指男性先祖。

②百堵:形容筑宫室之多。堵,墙。

③西南其户:言门户有向西开者,有向南开者。形容宫室众多。

④爰:于是。

约之阁阁①,	绞紧夹板阁阁响,
椓之橐橐②。	用力夯土声囤囤。
风雨攸除③,	从此不忧雨和风,
鸟鼠攸去,	鸟兽老鼠都跑净,
君子攸芋④。	君子住此才安定。

【注释】

①约:捆扎,这里是指用绳索捆扎、固定筑墙板。阁阁:捆扎筑墙板发出的声音。

②椓:击打,指打土墙。橐橐(tuó):打土墙的声音。

③攸:所,是。除:去,消除。

④芋:"宇"的假借字。屋宇。这里有庇覆、居住之意。

如跂斯翼①,　　　　　　　新宫端正如企立,
如矢斯棘②。　　　　　　　墙壁整齐像箭疾。
如鸟斯革③,　　　　　　　屋顶犹如鸟展翼,
如翚斯飞④,　　　　　　　辉煌就像锦鸡飞,
君子攸跻⑤。　　　　　　　君王登阶心欢喜。

【注释】

①跂(qǐ):踮起脚跟站着。一说通"企",耸立。翼:端正的样子。

②如矢斯棘:房屋整齐如急箭射出的直线。棘,通"急"。一说指棱角。

③革:"翮"的假借字,翅膀。这里当作动词解,有展翅之意。

④如翚(huī)斯飞:此句是形容宫殿色彩辉煌。翚,雉类鸟,即锦鸡。

⑤跻:登。

殖殖其庭①,　　　　　　　庭院宽敞又平整,
有觉其楹②。　　　　　　　楹柱笔直又高耸。
哙哙其正③,　　　　　　　白天宽敞又光明,
哕哕其冥④,　　　　　　　夜里昏暗又幽静,

君子攸宁⑤。　　　　　　　君子住此才安宁。

【注释】

①殖殖：平正的样子。《毛传》："殖殖，言平正也。"

②有觉：即"觉觉"，高大直立的样子。

③哕哕：通"快快"，宽敞明亮的样子。正：指白昼。

④哕哕(huì)：幽暗的样子。冥：黑夜。

⑤宁：安。指安居。

下莞上簟①，　　　　　　　蒲席上面铺竹席，
乃安斯寝②。　　　　　　　才能安稳地寝息。
乃寝乃兴③，　　　　　　　早点睡来早点起，
乃占我梦。　　　　　　　　占卜我梦啥信息。
吉梦维何④？　　　　　　　吉祥梦是怎样的？
维熊维罴⑤，　　　　　　　那是梦见熊和罴，
维虺维蛇⑥。　　　　　　　梦见虺蛇也吉利。

【注释】

①莞(guān)：通"萑"，蒲草的一种，可织席。这里指蒲席。簟(diàn)：竹席。

②乃安斯寝：安居于此寝室中。一说安睡。

③兴：起床。

④维何：是什么。维，是。

⑤罴(pí)：哺乳动物，似熊而大。

⑥虺(huǐ)：蛇类动物。

大人占之^①：	太卜占梦是这样：

大人占之^①：　　　　　太卜占梦是这样：

维熊维罴，　　　　　　熊罴出现最吉祥，

男子之祥^②；　　　　预示男孩将生降；

维虺维蛇，　　　　　　如果梦见大小蛇，

女子之祥。　　　　　　那是女孩的征象。

【注释】

①大人：太卜，占梦之官。

②祥：本义为福，这里指吉祥之兆。朱熹《诗集传》："熊罴，阳物在
　山，强力壮毅，男子之祥也。虺蛇，阴物穴处，柔弱隐伏，女子之
　祥也。"

乃生男子^①，　　　　如果生的是男孩，

载寝之床^②。　　　　让他睡在床铺上。

载衣之裳^③，　　　　给他穿套好衣裳，

载弄之璋^④。　　　　让他玩弄白玉璋。

其泣喤喤^⑤，　　　　他的哭声真洪亮，

朱芾斯皇^⑥，　　　　朱红服饰很辉煌，

室家君王^⑦。　　　　将是诸侯或君王。

【注释】

①乃：如果。一说于是。

②载：则，就。

③裳：下裙。古制上曰衣，下曰裳。

④璋：一种玉器，形如半圭。古代贵族朝聘、祭祀等典礼所用的玉

　制礼器。

⑤喤喤:形容婴儿哭声之洪亮。

⑥朱芾:天子或诸侯的服饰。天子纯朱色,诸侯黄朱色。斯皇:犹
　"煌煌",色彩辉煌。

⑦室家君王:指所生男孩非王即侯。

乃生女子,　　　　　　　　如果生的是女孩,
载寝之地①。　　　　　　　给她铺席睡在地。
载衣之裼②,　　　　　　　给她包副小襁褓,
载弄之瓦③。　　　　　　　让她玩弄瓦纺锤。
无非无仪④,　　　　　　　慎言慎语行柔顺,
唯酒食是议⑤,　　　　　　料理家务和餐饮,
无父母诒罹⑥。　　　　　　勿让父母多担心。

【注释】

①载寝之地:男寝于床,女寝于地,有阳上阴下之义。

②裼(tì):包小儿的小被,即褓衣。

③瓦:陶制的纺锤。为女子劳动工具,故亦为女性的象征物。

④无非无仪:指妇人不要议论家中的是非,说长道短。一说"仪"通
　"议"。

⑤议:商量,考虑。

⑥诒:给予。罹:忧。

无羊

【题解】

这是一首歌颂牛羊繁盛的诗。全诗如一曲悠扬的牧歌,将牛羊放牧及归家的场面描绘得细致入微。同时由牧及人,仅寥寥八字,就把牧人披着蓑衣、戴着斗笠、背着干粮的形象生动地显现出来。最后一章写牧人之梦,表现了古老的民俗信仰和对美好生活的追求。不是亲身放牧或亲见此情景的人绝写不出这样逼真、生动、传神的诗篇。

谁谓尔无羊?	谁说你们没有羊,
三百维群①。	三百一群遍山冈。
谁谓尔无牛?	谁说你们没有牛,
九十其犉②。	大牛就有九十头。
尔羊来思,	羊群山坡走下来,
其角濈濈③。	尖角弯角紧紧挨。
尔牛来思,	牛群山坡走下来,
其耳湿湿④。	双耳轻轻在摇摆。

【注释】

①三百:不是确指,言羊之多。维:为。

②犉(rún):黄毛黑唇的大牛。

③濈濈(jí):众多聚集而不相触貌。《毛传》:"聚其角而息濈濈然。"

④湿湿(chì):牛反刍时耳动的样子。

或降于阿①,	有的牛羊下了坡,

或饮于池,	有的池边把水喝,
或寝或讹②。	有的走动有的卧。
尔牧来思③,	牧人也已归来了,
何蓑何笠④,	戴着斗笠披着蓑,
或负其糇⑤。	干粮袋儿也背着。
三十维物⑥,	牛羊毛色几十种,
尔牲则具⑦。	祭牲齐备品种多。

【注释】

①阿:小山坡。

②讹:动。《毛传》:"讹,动也。"

③牧:指牧人。

④何:同"荷",披,戴。

⑤糇(hóu):干粮。

⑥三十:虚数,泛言多。物:指牛羊毛色。

⑦牲:指供祭祀和食用的牛羊。具:齐备。

尔牧来思,	牧人也已归来了,
以薪以蒸①,	拣来树枝做柴草,
以雌以雄。	打来雌鸟和雄鸟。
尔羊来思,	羊群也已归来了,
矜矜兢兢②,	挨挨挤挤相依靠,
不骞不崩③,	不奔不散未减少。
麾之以肱④,	牧人手臂挥一挥,
毕来既升⑤。	牛羊进圈不再跑。

【注释】

①薪：粗柴枝。蒸：细柴枝。

②矜矜：坚强。兢兢：小心谨慎。《毛传》："矜矜兢兢，以言坚强也。"余冠英解释为"谨慎坚持，唯恐失群的样子"。

③骞(qiān)：亏损。崩：溃散。

④麾：挥动。肱(gōng)：手臂。

⑤既：完全。升：进入羊圈。

牧人乃梦，	牧人做梦真稀奇，
众维鱼矣①，	梦见蝗虫变成鱼，
旐维旟矣②。	龟蛇旗变鹰隼旗。
大人占之③：	占梦先生来推断：
众维鱼矣，	梦见蝗虫变成鱼，
实维丰年；	预兆丰年庆有余；
旐维旟矣，	龟蛇旗变鹰隼旗，
室家溱溱④。	人丁兴旺更可喜。

【注释】

①众："螽(zhōng)"的假借字，指蝗虫。一说指众多。

②旐(zhào)：画有龟蛇的旗。一说通"兆"，亦众多之意。旟(yú)：画有鹰隼的旗。

③大人：占梦的人。

④溱溱(zhēn)：旺盛的样子。

节南山

【题解】

这是周朝大臣家父斥责执政者尹氏的诗。诗中控诉了尹氏的暴虐，指斥上天不公，让坏人执政祸害百姓。希望周王追究尹氏罪恶，要任用贤人，使万邦安居乐业。诗人在尹氏权力中天、人们都慑于其淫威不敢作声时，挺身而出，写诗直斥尹氏邪恶，表现了忧国忧时、直言敢谏的精神。这说明在任何时代都有仁人志士为国分忧，黑暗势力是不会长久的。《毛诗序》说："《节南山》，家父刺幽王也。"也不无道理。

节彼南山①，	高耸峻峭终南山，
维石岩岩②。	层岩累累陡又险。
赫赫师尹③，	赫赫有名尹太师，
民具尔瞻④。	民众都在把你看。
忧心如惔⑤，	满心忧愤如火烧，
不敢戏谈⑥。	不敢议论不敢聊。
国既卒斩⑦，	国家已经颓亡了，
何用不监⑧！	为何还不睁眼瞧！

【注释】

①节彼：即"节节"，高峻的样子。南山：终南山，在今陕西西安南。

②岩岩：山石堆积的样子。

③赫赫：权势显赫。师尹：太师尹氏。《毛传》："师，大师，周之三公也。尹，尹氏，为大师。"

④具：通"俱"，都。尔瞻：即"瞻尔"，看着你。

⑤惔（tán）：火烧。

⑥戏谈：随便谈论。

⑦卒：尽，完全。斩：断绝。

⑧监：察看。

节彼南山，	高耸峻峭终南山，
有实其猗①。	山上斜坡广又宽。
赫赫师尹，	赫赫有名尹太师，
不平谓何。	办事不公为哪端。
天方荐瘥②，	上天不断降灾难，
丧乱弘多。	国家动乱百姓亡。
民言无嘉，	民怨沸腾无好话，
憯莫惩嗟③。	还不扪心自思量。

【注释】

①有实：即“实实”，广大的样子。猗：通“阿”，指山坡。

②荐：屡次。瘥(cuó)：瘟疫疾病。这里引申为灾难。

③憯(cǎn)：曾，还。惩：惩戒，警戒。嗟：语尾助词。

尹氏大师，	尹太师啊尹太师，
维周之氐①。	你是国家的柱石。
秉国之均②，	国家权柄手中握，
四方是维③。	天下太平你维持。
天子是毗④，	天子靠你来辅佐，
俾民不迷⑤。	人民靠你解迷惑。
不吊昊天，	可叹上天太不公，

不宜空我师⑥。　　　　　　　百姓不该受困穷。

【注释】

①氐(dǐ)：通"柢"，根本。

②均：同"钧"，本义指制陶器的转盘，这里代指国家政权。

③四方：全国。维：维系。

④毗(pí)：辅佐。

⑤俾(bǐ)：使。

⑥空：困穷。师：民众。《毛传》："空，穷也。"《郑笺》："不宜使此人居尊官，困穷我之众民也。"

弗躬弗亲①，　　　　　　　从不亲身理朝政，

庶民弗信。　　　　　　　　民众对你不信任。

弗问弗仕②，　　　　　　　不举贤才不任用，

勿罔君子③。　　　　　　　欺上罔下怎能行。

式夷式已④，　　　　　　　赶快把心放平正，

无小人殆⑤。　　　　　　　不把小人来任用。

琐琐姻亚⑥，　　　　　　　亲戚浅薄无才能，

则无膴仕⑦。　　　　　　　委以重任理难通。

【注释】

①弗：不。躬：亲自。

②问：体恤，安抚。仕：事。此指不任用人办事。

③罔：欺罔。

④式：语助词。夷：平，平除。已：止。

⑤殆(dài)：危险。

⑥琐琐(suǒ):渺小浅薄的样子。姻:姻亲,指儿女亲家。亚:连襟。
  以上泛指亲戚。

⑦膴(wǔ)仕:高官厚禄。膴,厚。

昊天不佣①,	老天爷呀太不公,
降此鞠讻②。	降此大难害百姓。
昊天不惠③,	老天爷呀太不仁,
降此大戾。	降此大难害我民。
君子如届④,	如果好人能执政,
俾民心阕⑤。	会使民众心安定。
君子如夷,	如果处理能公平,
恶怒是违⑥。	百姓怨怒会平静。

【注释】

①佣(chōng):均,平。

②鞠讻(jū xiōng):极大的祸乱。

③惠:仁爱,和顺。

④届:至,指出来掌握。

⑤阕(què):平息。

⑥违:消除。

不吊昊天,	可叹上天太不公,
乱靡有定。	祸乱相继不曾停。
式月斯生①,	年年月月都发生,
俾民不宁。	百姓生活不安宁。

忧心如醒②，	心忧如同得酒病，
谁秉国成③？	谁掌政权国兴盛？
不自为政，	君王如不亲临政，
卒劳百姓④。	最终苦了老百姓。

【注释】

①式：语助词。月：岁月。斯：是，这，指祸乱。

②醒（chéng）：酒醉不醒。

③国成：平治国政。

④卒："瘁"的借字，劳苦。

驾彼四牡，	驾起四匹大公马，
四牡项领①。	马儿壮实颈肥大。
我瞻四方，	我向四方望一望，
蹙蹙靡所骋②。	不知驰骋向何方。

【注释】

①项领：脖颈肥大。《毛传》："项，大也。"《郑笺》："四牡者，人君所
乘驾。今但养大其领，不肯为用。喻大臣自恣，王不能使也。"

②蹙蹙（cù）：局促不安的样子。

方茂尔恶①，	当你气势汹汹时，
相尔矛矣。	看着长矛露凶相。
既夷既怿②，	既而气平笑颜开，
如相酬矣③。	举杯相酬心欢畅。

【注释】

①方:正。茂:盛。尔:指尹氏。

②怿(yì):悦,愉快。

③酬:报,指以酒相敬。《孔疏》:"此说大臣无常。言相恶既深,和
　解又疾,皆是无常小人,故使政教乱也。"

昊天不平,	老天你真不公平,
我王不宁。	害得我王不安宁。
不惩其心,	太师不改邪恶心,
覆怨其正①。	反而怨恨劝谏臣。

【注释】

①覆:反。正:劝谏的正确话。

家父作诵①,	家父作诗来讽诵,
以究王讻②。	追究乱国之元凶。
式讹尔心③,	但愿君王心意转,
以畜万邦④。	万民安康享太平。

【注释】

①家父:诗人自称。一说是位大夫,食采于家(地名),父为名字。
　诵:讽诵,指作诗。

②究:追究。王讻:王朝祸乱的根源。

③讹:化,改变。尔:指周王。

④畜:安抚,养育。

正月

【题解】

这是周大夫怨刺幽王、忧国忧民、愤世嫉俗的诗。《毛诗序》说："《正月》，大夫刺幽王也。"三家诗对此无异议。据《史记·周本纪》记载："幽王二年，西周三川皆震……三年，幽王嬖爱褒姒……褒姒不好笑，幽王欲其笑万方，故不笑。幽王为烽燧大鼓，有寇至则举烽火，诸侯悉至。至而无寇，褒姒乃大笑。幽王说之，为数举烽火。其后不信，诸侯益亦不至。幽王以虢石父为卿用事，国人皆怨。石父为人佞巧，善谀好利，王用之。又废申后，去太子也。申侯怒，与缯西夷犬戎攻幽王。幽王举烽火征兵，兵莫至。遂杀幽王骊山下。"这就是本诗的时代背景。由于幽王的荒淫，重用佞人，朝政混乱，终于使国家走上灭亡之路。而正直的大夫对此无不愤恨，写诗倾诉心中的忧愤之情。全诗共十三章，一至六章，写当时社会是非颠倒，环境险恶，百姓悲苦。七至十一章，指责统治者不能用贤，致使贤人不容于朝，并直接点出褒姒的名字。后二章，指出贫富的严重不均，上下层的尖锐对立，说明国势已无法挽回。这是一篇感情充沛、用词激烈、充满爱国激情的长诗。诗中的一些佳句，形象生动，使人过目难忘。如"谓天盖高？不敢不局；谓地盖厚？不敢不蹐"，把处于昏暗社会下民众人人自危，局促不安的险境生动地描绘了出来。这也是一篇真实的史诗，为我们了解周代社会提供了可靠资料。

正月繁霜①，	正月地上满是霜，
我心忧伤。	让我心中很忧伤。
民之讹言②，	民间流传着谣言，
亦孔之将③。	沸沸扬扬传得广。

念我独兮，　　　　　　　想我一人多孤独，
忧心京京④。　　　　　　　愁思萦绕心惶惶。
哀我小心，　　　　　　　哀叹我的胆子小，
癙忧以痒⑤。　　　　　　　反使忧愁成病伤。

【注释】

①正月：此指周历的正月，即夏历十一月。正是降霜的季节，故说
　　"繁霜"。繁：多。
②讹言：谣言，伪言。
③孔：甚，很。将：大，指厉害。
④京京：忧愁无法排除之貌。《毛传》："京京，忧不去也。"
⑤癙(shǔ)忧以痒：言郁忧成疾。癙，忧，郁闷。痒，病也。《毛传》：
　　"癙、痒，皆病也。"

父母生我，　　　　　　　父母既然生了我，
胡俾我瘉①？　　　　　　　为何让我受痛伤？
不自我先，　　　　　　　灾难不在我生前，
不自我后②。　　　　　　　也不发生我死后。
好言自口，　　　　　　　好话出自人之口，
莠言自口③。　　　　　　　坏话由人乱宣扬。
忧心愈愈④，　　　　　　　忧愁郁闷难忍受，
是以有侮⑤。　　　　　　　遭受侮诟更懊丧。

【注释】

①瘉：《毛传》："瘉，病也。"此处有痛苦之意。

②不自我先，不自我后：这两句是说变故不先不后，正好发生在自己所生活的时代。自，在。

③好言自口，莠言自口：言好话坏话皆出自人口，没有定准。莠言，坏话。

④愈愈：忧惧貌。

⑤是以：因此。言忧惧是因受人欺侮。

忧心惸惸①，　　　　　忧虑重重心不宁，

念我无禄②。　　　　　想我这般无福分。

民之无辜③，　　　　　平民百姓本无罪，

并其臣仆④。　　　　　也都沦落为仆人。

哀我人斯⑤，　　　　　可悲我们这些人，

于何从禄⑥？　　　　　不知禄位何处寻？

瞻乌爰止，　　　　　看那乌鸦天上飞，

于谁之屋⑦？　　　　　谁家屋顶来降临？

【注释】

①惸惸(qióng)：忧虑貌。

②无禄：无福气。

③无辜：无罪。

④并：皆。臣仆：奴隶。古以有罪之人为臣仆。

⑤哀：可怜。斯：语气词。

⑥于何：在哪里。从禄：得到幸福。

⑦瞻乌爰止，于谁之屋：此二句是说，看乌鸦将落于谁家屋上。《毛传》："富人之屋，乌所集也。"《郑笺》："视乌集于富人之屋，以言今民亦当求明君而归之。"爰，语助词，犹"之"。止，栖止。

瞻彼中林①，	看那茂密的树丛，
侯薪侯蒸②。	粗柴细草交错生。
民今方殆③，	民众方处危难中，
视天梦梦④。	看天也是昏蒙蒙。
既克有定⑤，	上天既能定一切，
靡人弗胜⑥。	无人能够违天命。
有皇上帝⑦，	皇天上帝我问你，
伊谁云憎⑧？	到底对谁恨又憎？

【注释】

①中林：即"林中"。

②侯：维。薪：粗柴。蒸：细柴。一说指小草。《郑笺》："林中大木之处，而维有薪蒸尔。喻朝廷宜有贤者，而但聚小人。"

③殆：危险。

④梦梦：昏昏糊涂貌。

⑤既克有定：指天既然能决定。一说终能够止乱。既，终。克，能够。

⑥胜：通"乘"，言乘陵人上。一说天能止乱，所在必胜。

⑦有皇：即"皇皇"，大貌。

⑧伊：维。云：犹"是"。谁憎：即"憎谁"。以上四句，马瑞辰《毛诗传笺通释》曰："言天如有止乱之心，则此讹言之小人无不能胜之者。乃天能胜人而不肯止乱，不知天意果谁憎乎？"

谓山盖卑①？	有人说山低又平？
为冈为陵。	实是高大岭和峰。
民之讹言，	民间谣言四处传，

宁莫之惩②？	怎不制止和严惩？
召彼故老③，	召集老臣来咨询，
讯之占梦④，	再用占梦判吉凶，
具曰予圣⑤，	都说自己最圣明，
谁知乌之雌雄⑥？	谁辨乌鸦雌或雄？

【注释】

①盖：借为"盍"，训"何"，怎么。下章"盖"字与此同。

②宁：乃，却。惩：止，戒。

③故老：指故旧老臣。

④讯：询问。占梦：指占梦之官。

⑤圣：聪智，精明。

⑥谁知乌之雌雄：乌鸦雌雄外貌相似，很难分辨清楚。比喻谣言的是非难辨。

谓天盖高？	人说天空高又高？
不敢不局①；	走路不敢不弯腰；
谓地盖厚？	人说大地厚又厚？
不敢不蹐②。	走路不敢不蹑脚。
维号斯言③，	人们喊出这种话，
有伦有脊④。	确有道理说得好。
哀今之人，	可悲如今世上人，
胡为虺蜴⑤？	怎像毒蛇把人咬？

【注释】

①局：曲，指伛偻身躯走路，唯恐天坠之貌。

②踖(jí)：本指小步走，此处指轻轻走，担心地会陷下去。

③号：喊叫。斯言：此言。

④伦：道理。脊：通"迹"，理也。二字意同。

⑤胡为虺(huǐ)蜴：此句是斥责人们为什么要像毒蛇一样伤害人。虺，毒蛇类。蜴，蜥蜴，四脚蛇。朱熹《诗集传》："哀今之人，胡为肆毒以害人，而使之至此乎？"

瞻彼阪田①，	看那山坡坡上田，
有菀其特②。	有的禾苗枝高翘。
天之扤我③，	上天百般来摧折，
如不我克④。	唯恐不把我压倒。
彼求我则⑤，	当他求我谋划时，
如不我得。	好像唯恐得不到。
执我仇仇⑥，	到手却又置一旁，
亦不我力⑦。	不让我为国效劳。

【注释】

①阪田：山坡上的田，贫瘠之田。

②菀：通"郁"，茂盛貌。特：或以为特生之苗。一说禾苗高举。

③扤(wù)：摇动。一说借为"抈"，挫折。

④克：制胜。

⑤则：法。

⑥执：执持，掌握。仇仇：傲慢的样子。

⑦力：力用，重用。

心之忧矣，	内心忧愁如此深，

如或结之① 。	好像心里打了结。
今兹之正② ，	如今朝中的局面，
胡然厉矣③ 。	为何如此的暴虐。
燎之方扬④ ，	就像燎原火炽烈，
宁或灭之⑤ ？	怎能一时把它灭？
赫赫宗周⑥ ，	声势赫赫的宗周，
褒姒威之⑦ 。	竟被褒姒来毁灭。

【注释】

①结：绳索打的疙瘩。

②今兹：今年。兹，此。正：即"政"，政治。

③胡然：为何这样。厉：通"疠"，恶，糟糕。

④燎：放火烧野地的草木。方：正。扬：旺盛。

⑤宁：岂，乃。

⑥赫赫：显盛貌。宗周：指周的都城镐京。镐京为天下所宗，故称"宗周"。宗，主。

⑦褒姒：幽王的宠妃。褒，国名。姒，姓。威：灭。幽王因宠信褒姒，荒于朝政，导致西周王朝的灭亡。

终其永怀① ，	既怀深长的忧伤，
又窘阴雨② 。	又遭阴雨更凄凉。
其车既载③ ，	车子满载沉重物，
乃弃尔辅④ 。	却把辅板全抽光。
载输尔载⑤ ：	货物就要掉下来，
"将伯助予⑥ 。"	才喊"老兄把我帮"。

【注释】

①终:既。永怀:深忧。

②窘:困。

③载:装载货物。

④辅:车厢两旁的木板。设此可以多装载货物。

⑤载:语助词,有"则"的意思。后一"载"字指装载之物。输:掉落,
指货物从车上掉下来。

⑥将:请。伯:长,大哥。这里指贤人。

无弃尔辅,	不要丢弃车辅板,
员于尔辐①。	更要增加车轮辐。
屡顾尔仆②,	频频照顾你车夫,
不输尔载。	不会失落车上物。
终逾绝险③,	最终才能过险境,
曾是不意④。	你却对此不在乎。

【注释】

①员:增益。辐:车轮上的直木,即辐条。言增多或加粗车辐,以使
车子坚固耐用。

②仆:驾车的车夫。

③逾:越过。

④曾:乃,竟。是:此。不意:不在意,不放在心上。

鱼在于沼①,	鱼儿生活在池沼,
亦匪克乐②。	并不让它乐逍遥。
潜虽伏矣③,	即使潜伏深水底,

亦孔之炤④，　　　　　　　水清依然看得到。

忧心惨惨⑤，　　　　　　　忧心忡忡愁不已，

念国之为虐⑥！　　　　　　想那朝政太残暴！

【注释】

①于：其。沼：池。

②克：能。

③潜：深藏。伏：伏于水底。

④孔：甚，非常。炤：同"昭"，明。以上四句，《郑笺》曰："池鱼之所乐而非能乐，其潜伏于渊，又不足以逃，甚炤炤易见。以喻时贤者在朝廷，道不行，无所乐，退而穷处，又无所止也。"

⑤惨惨：犹"戚戚"，忧虑不欢貌。

⑥为虐：为非作歹。

彼有旨酒，　　　　　　　　他们有酒可酩酊，

又有嘉肴。　　　　　　　　又有嘉肴享人生。

洽比其邻①，　　　　　　　他们融洽抱成团，

昏姻孔云②。　　　　　　　裙带之间互说情。

念我独兮，　　　　　　　　想我自己真孤独，

忧心殷殷③。　　　　　　　忧愁之心隐隐痛。

【注释】

①洽：合，融洽。比：亲近。邻：近，指亲近之人。

②云：旋，指周旋回护。

③殷殷(yīn)：忧伤痛苦貌。

伽伽彼有屋①，　　　　　　卑劣小人有华屋，
蔌蔌方有谷②。　　　　　　鄙陋家伙有米谷。
民今之无禄③，　　　　　　民众当今贫无禄，
天夭是椓④。　　　　　　　饱受天灾无人助。
哿矣富人⑤，　　　　　　　阔佬快乐哈哈笑，
哀此惸独⑥！　　　　　　　可怜穷人太孤独！

【注释】

①伽伽(cǐ)：《毛传》：“伽伽，小也。”小人卑小猥琐貌。

②蔌蔌(sù)：《毛传》：“蔌蔌，陋也。”小人鄙陋丑恶貌。谷：谷物，
粮食。

③无禄：无福，不幸。

④天夭：天降之灾。椓：击。

⑤哿(gě)：乐，即欢乐。

⑥惸：通“茕”，孤独。

十月之交

【题解】

这是一首讽刺幽王无道，政治昏暗的诗。当时天灾连续发生，日
食、地震等灾异频仍，民众遭受苦难，作者自己也受到迫害。诗的作者
可能是位没落贵族，他关心国事，为人正直，并颇具文才，他将日食、地
震与人世的政治状态联系起来，真实地记下了当时国家遭受天灾人祸，
贪官横行，民不聊生的情景。这是一篇很出色的诗，诗中“百川沸腾，山
冢崒崩。高岸为谷，深谷为陵”四句，准确生动地描绘出地震那可怕的
景象，所以姚际恒说：“写得直是怕人。”这次地震实有发生，《国语·周

语》记载："西周三川皆震。"《汉书·翼奉传》说："《十月之交》篇,知日食地震之效。"对于日食,梁虞邝首次推定此次日食发生在幽王六年(公元前776年)。清代学者阮元、陈遵妫推算,幽王六年十月辛卯确实发生了一次日食,与诗中所记载日期相符。这是世界上有年代可考的最早的日食记载。这篇诗不仅是出色的史诗,也为天文学研究提供了可靠的资料。

十月之交①,	正是十月的时候,
朔月辛卯②。	初一这天是辛卯。
日有食之③,	天上出现了日食,
亦孔之丑④。	也是凶险的征兆。
彼月而微⑤,	往日月蚀夜光微,
此日而微。	今天日食天地黑。
今此下民,	如今天下众黎民,
亦孔之哀。	大难将临令人悲。

【注释】

①十月:周历十月,即夏历八月。《郑笺》:"周之十月,夏之八月也。"交:交会,指日月交会。《毛传》:"之交,日月之交会。"即日食或月食。

②朔月:即"月朔",指阴历每月初一。辛卯:古人用干支记时,干支相配,这一天正好是辛卯日。

③日有食之:有,又。据古历学家推算,周幽王六年十月初一辛卯日辰时,即公元前776年9月6日早七时至九时曾发生日食。

④孔:很。丑:凶恶。

⑤彼:指往日。微:昏暗不明。

日月告凶^①，　　　　　　　日月向人发警告，
不用其行^②。　　　　　　　运行不再循轨道。
四国无政^③，　　　　　　　四方诸侯无善政，
不用其良^④。　　　　　　　不用贤臣来立朝。
彼月而食，　　　　　　　　上次出现了月蚀，
则维其常^⑤。　　　　　　　没见国家有异常。
此日而食，　　　　　　　　现在出现了日食，
于何不臧^⑥。　　　　　　　预示坏事要突降。

【注释】

①告凶：指日食、月食，是上天告下民的凶兆。

②行（háng）：轨道。言日月不循其常道运行。

③四国：指四方诸侯。政：善政。

④良：指贤良之臣。

⑤常：平常。指月食为平常之事。马瑞辰《毛诗传笺通释》："考《春秋经》，书日食三十有六，而月食则不书，此古人重日食而轻月食之证。"

⑥于何：如何。臧：善，好。

烨烨震电^①，　　　　　　　闪电耀眼雷轰鸣，
不宁不令^②。　　　　　　　天地不宁令不行。
百川沸腾，　　　　　　　　百千河川顿沸腾，
山冢崒崩^③。　　　　　　　崇山峻岭突塌崩。
高岸为谷^④，　　　　　　　高高崖岸变深谷，
深谷为陵。　　　　　　　　深深山谷变山陵。

哀今之人， 胡憯莫惩⑤。	可怜现今天下人， 面对凶险不自警！

【注释】

①烨烨(yè)：闪电貌。震电：雷电。

②宁：安。令：善。

③山冢崒崩：此句言地震之突发，令高山忽崩。冢，山顶。崒，"碎"的假借字，碎崩。或以为"崒(cuì)崩"，与上文"沸腾"对应。

④岸：山崖。《国语·周语》云："幽王二年，西周三川皆震。是岁也，三川竭，岐山崩。"与《诗》所言相符。

⑤胡憯(cǎn)莫惩：此句意为：为何不知警戒。胡憯，怎么。莫惩，不止。

皇父卿士①， 番维司徒②， 家伯维宰③， 仲允膳夫④。 棸子内史⑤， 蹶维趣马⑥， 楀维师氏⑦， 艳妻煽方处⑧。	皇父卿士官最高， 番氏乃是司徒官， 家伯宰父是总管， 仲允身兼膳食官。 棸子内史掌册命， 蹶氏马匹大总监， 楀氏主持教育权， 艳丽王妻大权专。

【注释】

①皇父(fǔ)：人名。陈奂据《国语·郑语》，疑皇父即周幽王宠信的大臣虢石父。下文番、家伯、仲允、棸(zōu)子、蹶(guì)、楀(jǔ)等

皆指具体人。卿士:官名。为周六卿之长,是周王室的最高执政
　　官,相当于后世的宰相。

②司徒:官名。周朝掌管土地、人口的最高官员。

③宰:官名。掌管国家的典籍。

④膳夫:掌管周王饮食的官。

⑤内史:掌爵禄废置、生杀予夺的册命。

⑥趣(cù)马:掌管周王马匹的官。

⑦师氏:据《周礼》是管教育的官。有教导国王及贵族子弟的责任。

⑧艳妻:此处指幽王宠妃褒姒。煽:炽盛,一说同"扇",即扇动。
　　方:正。处:居。一说通"炽",《韩诗》即作"炽"。言褒姒正居于
　　王之左右。一说褒姒煽动幽王干坏事。

抑此皇父①,　　　　　　大权在握的皇父,

岂曰不时②?　　　　　　难道他不知农时?

胡为我作③,　　　　　　为何令我服劳役,

不即我谋④。　　　　　　事先也不让我知。

彻我墙屋⑤,　　　　　　拆掉我的墙和屋,

田卒污莱⑥。　　　　　　家里农田全荒弛。

曰予不戕⑦,　　　　　　还说:"不是我害你,

礼则然矣。　　　　　　按照章程当如此。"

【注释】

①抑:感叹词,同"噫"。

②岂:难道。不时:言皇父不在农闲时役使民众。时,适时。

③我作:使我劳作。

④不即我谋:此言不与我商量。即,就,接近。

⑤彻:通"撤",拆掉。

⑥卒:尽,完全。污:积水。莱:荒芜。陈奂《诗毛氏传疏》:"此谓田尽不治则下者积水,高者薉草矣。"

⑦曰:说。予:皇父自称。戕:残害。

皇父孔圣①,	这位皇父太聪明,
作都于向②。	要在向邑筑大城。
择三有事③,	选了三个管事人,
亶侯多藏④。	他们全是大富翁。
不慭遗一老⑤,	不肯留下一老臣,
俾守我王。	守护君王和京城。
择有车马,	选择富户有车马,
以居徂向⑥。	迁居向邑安身命。

【注释】

①孔圣:特别聪明。此是反语,讽刺皇父。

②作都于向:邑之大者曰"都",此指采地,公卿采地大于一般大夫采地(邑),故曰"都"。作都,即建设采地。向,地名。王先谦以为在河南开封府尉氏县西南五十里。见其《诗三家义集疏》。

③择三有事:此句言皇父为向都,即他自己的领地选择官吏。择,选择。三有事,即"三有司"。有司,国之三卿,即司徒、司马、司空。

④亶:信,确。侯:维。藏:蓄也。指积蓄财产。

⑤慭(yìn):愿,肯。遗:留下。一老:一位老臣。

⑥居:居住。徂:往。向:向邑。

黾勉从事^①，　　　　　　竭尽全力为王事，
不敢告劳。　　　　　　　　不敢说我有功劳。
无罪无辜，　　　　　　　　没有罪过没有错，
谗口嚣嚣^②。　　　　　　众口毁谤气焰高。
下民之孽^③，　　　　　　　下民百姓遭大难，
匪降自天。　　　　　　　　灾祸不是降自天。
噂沓背憎^④，　　　　　　　当面言欢背后骂，
职竞由人^⑤。　　　　　　　坏人专横没法办。

【注释】

①黾勉：努力。

②嚣嚣（áo，或读 xiāo）：众口毁谤貌。

③孽：灾殃，祸患。

④噂（zǔn）沓背憎：噂，聚语也。沓，合也。王逸注："沓，合也。诗
言小人之情，聚则相合，背则相憎。"

⑤职竞由人：言纷争非降自天，而是由人造成的。职竞，《毛传》：
"职，主也。"竞，争夺。

悠悠我里^①，　　　　　　　悠悠愁思思不断，
亦孔之痗^②。　　　　　　　忧痛太多成疾患。
四方有羡^③，　　　　　　　四方人们都悠闲，
我独居忧。　　　　　　　　我独处在忧伤间。
民莫不逸^④，　　　　　　　人们生活都安逸，
我独不敢休。　　　　　　　我独不敢片刻闲。
天命不彻^⑤，　　　　　　　天命无常没定数，

我不敢效我友自逸⑥。　　　　我不敢效法我友自逸安。

【注释】

①悠悠:忧思深长貌。里:通"悝",忧也。

②痗(mèi):心中难受、痛苦。

③羡:余,指富裕,有余财。

④逸:安乐,安逸。

⑤不彻:言天命无常,无轨可循。彻,通"辙",即轨辙。

⑥效:效法,学习。

雨无正

【题解】

　　这是一位侍御大夫讽刺幽王昏庸及其群臣误国的诗。这里所写是西周灭亡前的情景。当时幽王宠爱褒姒,朝政混乱,国势日颓,民不聊生。天降灾荒,加上幽王的专制,不纳言听谏,不用贤良,高官大臣只知明哲保身,不辅政,不建言,甚至逃离了京城。面对这种局面,这位侍御大夫表现了深深的忧虑,用诗歌写出了当时天地、国家、君王、大臣、百姓的种种景象,以细腻质朴的语言,将一幅民饥国乱的图景展现在我们面前。至于诗题为《雨无正》,正文中不见此三字,不合《诗经》诗题体例,不知从何而来。《毛诗序》说:"《雨无正》,大夫刺幽王也。雨,自上下者也,众多如雨,而非所以为政也。"朱熹《诗集传》引刘元城云:"《韩诗》有《雨无极》篇,《序》:云'《雨无极》,正大夫刺幽王也。'至其诗之文,则比《毛诗》篇首多'雨无其极,伤我稼穑'八字。"或说"雨无正"为"周无正"之误。欧阳修、姚际恒则认为诗题可能有误,只能采取阙疑的态度,不必强论。

不骏其德②。　　　　　　恩德不常降人间。
降丧饥馑③，　　　　　　降下饥荒和死亡，
斩伐四国④。　　　　　　四方百姓遭残伤。
旻天疾威⑤，　　　　　　上天无情施暴虐，
弗虑弗图⑥。　　　　　　不加考虑不思量。
舍彼有罪⑦，　　　　　　有罪之人让他亡，
既伏其辜⑧。　　　　　　认罪伏法理应当。
若此无罪，　　　　　　　为何让那没罪人，
沦胥以铺⑨。　　　　　　个个连连遭祸殃。

【注释】

①浩浩：广大貌。昊天：皇天。昊，广大之意。

②骏：长，经常。

③降丧饥馑：此言上天降下了死亡与饥荒。丧，死亡。《毛传》："谷
　不熟曰饥，蔬不熟曰馑。"

④斩伐：残害，摧残。

⑤旻(mín)天：当作"昊天"。疾威：暴虐。

⑥虑、图：二字同义，都是考虑、谋划的意思。

⑦舍：舍弃。

⑧伏：伏法。

⑨沦：陷。胥：相。铺：通"痡"，病，痛苦。

周宗既灭①，　　　　　　西周镐京将沦丧，
靡所止戾②。　　　　　　无处栖止身流浪。

正大夫离居③，　　　　　　正大夫们离京城，
莫知我勚④。　　　　　　　没人知我辛劳况。
三事大夫⑤，　　　　　　　司徒司马和司空，
莫肯夙夜。　　　　　　　　不肯日夜为国忙。
邦君诸侯⑥，　　　　　　　各国诸侯一个样，
莫肯朝夕。　　　　　　　　不肯早晚尽力量。
庶曰式臧⑦，　　　　　　　本望周王能为善，
覆出为恶⑧。　　　　　　　反而作恶更荒唐。

【注释】

①周宗：指周的宗室。一说"周宗"当作"宗周"，指西周镐京。既灭：已灭。或说"既"当作"即"，即灭，将灭。

②靡所止戾：无处定居。靡，无。戾，定。

③正大夫：指六官之长。天子六卿，即太宰、司徒、宗伯、司马、司空、司寇，皆上大夫。离居：离开王都而散居。

④勚(yì)：劳苦。

⑤三事大夫：指三公，即司徒、司空、司马。

⑥邦君：邦国之君，即诸侯。

⑦庶：幸，希望。曰、式：皆语气词。臧：善。

⑧覆：反。

如何昊天，　　　　　　　敢问老天是何故，
辟言不信①。　　　　　　　法纪忠言王不听。
如彼行迈②，　　　　　　　像那四方远行者，
则靡所臻③。　　　　　　　没有目标无止定。

凡百君子，	朝中群臣众君子，
各敬尔身④。	小心谨慎应自重。
胡不相畏⑤，	为何不存敬畏心，
不畏于天？	难道不知畏天命？

【注释】

①辟言：合法度之言。《毛传》："辟，法也。"

②行迈：远行。

③则靡所臻：不知何处是目的地。臻，至。

④敬：戒慎。

⑤畏：敬畏。

戎成不退①，	犬戎大祸尚未退，
饥成不遂②。	饥荒连绵不止息。
曾我暬御③，	只有周王侍御臣，
憯憯日瘁④。	日日忧伤身憔悴。
凡百君子，	朝中群臣众君子，
莫肯用讯⑤。	不肯进言怕得罪。
听言则答⑥，	君王只爱听好话，
谮言则退⑦。	听到谏言就斥退。

【注释】

①戎：指犬戎。不退：指犬戎没有退兵。

②遂：终止。

③曾：则。暬(xiè)御：近侍之臣。暬，近。

④憯憯(cǎn):忧伤貌。瘁:或作"悴",即憔悴。

⑤讯:当从《鲁诗》作"诊",告。指众在位者皆不肯把戎事和饥馑告王。

⑥听言:顺从动听之言。答:《鲁诗》作"对",进也。

⑦谮言:谮毁之言,谗言。以上二句,《毛传》:"以言进退人也。"

哀哉不能言①,	可悲有话不能言,
匪舌是出②,	不是嘴笨舌头短,
维躬是瘁③。	话一出口成灾难。
哿矣能言④,	那些得意能言者,
巧言如流⑤,	巧言滔滔水连天,
俾躬处休⑥。	身享厚禄做高官。

【注释】

①不能言:指不会巧言善辩的人。

②匪:非,不是。

③维:是。躬:体,自身。瘁:病。

④哿(gě):乐。

⑤巧言如流:《毛传》:"巧言从俗,如水流转。"巧言,指花言巧语。

⑥休:美好。指处于高官厚禄的境地。

维曰于仕①,	有人劝我去做官,
孔棘且殆②。	荆棘遍地行路难。
云不可使③,	如果政令不遵从,
得罪于天子。	就会冒犯天子颜。

亦云可使，	倘若一味听使唤，
怨及朋友。	定要招致朋友怨。

【注释】

①维：虽。于：往。仕：做官。

②孔：甚。棘：紧急，急迫。一说紧张。殆：危险。

③云：所谓。不可使：不可听从。

谓尔迁于王都①，	劝你迁回到王都，
曰予未有室家②。	却说那里没屋住。
鼠思泣血③，	忧思泪尽而泣血，
无言不疾④。	没有一言不愤怒。
昔尔出居⑤，	从前你们离王都，
谁从作尔室⑥？	谁造房屋给你住？

【注释】

①谓：说。尔：指正大夫等离居者。迁：迁回。王都：指西都镐京。
　朱熹《诗集传》曰："告去者使复还于王都。"

②室家：房屋家业。

③鼠：忧伤。思：语助词。泣血：泣尽而继之以血。形容极度忧伤。

④疾：痛疾。

⑤出居：离居，指逃离西京之时。

⑥谁从作尔室：这是诗人劝离居的大夫迁回西都时反问的话。朱
　熹《诗集传》曰："故诘之曰：'昔尔之去也，谁为尔作室者，而今以
　是辞我哉？'"

小旻

【题解】

　　这是一首讽刺周幽王不能采纳善谋的诗。《毛诗序》说:"《小旻》,大夫刺幽王也。"朱熹《诗集传》说:"大夫以王惑于邪谋,不能断以从善,而作此诗。"以此可见作者大约是一位具有政治远见而无实权的官吏。他看到了幽王的昏庸,幽王实行的邪僻政策已把国家引到了灭亡的边缘,因而作诗以示警。诗人对现实既痛心又恐惧,发自内心地唱出了"战战兢兢,如临深渊,如履薄冰"的千古名句。此诗主题鲜明,全诗都在批判"谋犹回遹",即谋略邪僻。除了大段地说理议论,末章用了几个形象而贴切的比喻,从暴虎、冯河仅危害一身,比喻政策邪僻将祸及国家;以临深渊、履薄冰比喻自己对国家将亡的战战兢兢的恐惧。感情真挚,语言生动形象,是一首感人的好诗。

旻天疾威①,	上天肆虐逞威风,
敷于下土②。	人间撒遍灾难种。
谋犹回遹③,	歪门邪道坏策略,
何日斯沮④?	何日结束何时终?
谋臧不从⑤,	好的谋略你不听,
不臧覆用⑥。	坏的主意反采用。
我视谋犹,	我看如今这政策,
亦孔之邛⑦。	存在很大的弊病。

【注释】

　　①旻(mín)天:皇天,上天。暗指周幽王。疾威:暴虐。

　　②敷:布。下土:指天下。

③谋犹:谋略。回遹(yù):邪僻。

④斯:语助词。沮(jǔ):止。

⑤臧:善。

⑥覆:反。

⑦孔:很。邛(qióng):病。

潝潝訿訿①，　　　　　说好道坏论不休，
亦孔之哀。　　　　　让人悲哀让人愁。
谋之其臧，　　　　　好的建议一提出，
则具是违。　　　　　无人采纳反拦阻。
谋之不臧，　　　　　坏的主张提出来，
则具是依。　　　　　一一采纳不更改。
我视谋犹，　　　　　我看如今这政策，
伊于胡厎②。　　　　　国家要成啥状态。

【注释】

①潝潝(xī):低声附和的样子。訿訿(zǐ):诋毁，诽谤。

②伊:语助词。于:向。胡:何。厎(zhǐ):至。

我龟既厌①，　　　　　灵龟占卜已厌烦，
不我告犹。　　　　　是吉是凶不显现。
谋夫孔多②，　　　　　只因谋士人太多，
是用不集③。　　　　　众说纷纭没法办。
发言盈庭，　　　　　你说我讲声满堂，
谁敢执其咎?　　　　　谁敢来把责任担?

如匪行迈谋④，   如同询问行路人，
是用不得于道。   要得正道难又难。

【注释】

①龟：龟甲，古人以它占卜吉凶。厌：厌烦。

②谋夫：出谋划策的人。

③是用：因此。不集：不成，不就。

④匪：通"彼"。行迈：行路。

哀哉为犹①，   可叹当政划策者，
匪先民是程②，   不学古代众圣贤，
匪大犹是经③。   不从正道路走偏。
维迩言是听④，   只听无识浅陋言，
维迩言是争。   还要为此争长短。
如彼筑室于道谋，   好比建房问路人，
是用不溃于成⑤。   房子何时能盖完。

【注释】

①为：掌握，制定。犹：谋。

②匪：同"非"。先民：古人。程：效法。

③大犹：大道，正道。经：行。

④迩言：肤浅无远见的话。

⑤溃：通"遂"，达到。

国虽靡止①，   治国主张虽不同，

或圣或否②。　　　　　也有错误和圣明。

民虽靡朊③，　　　　　民众虽然没定则，

或哲或谋，　　　　　　哲人谋士在其中，

或肃或艾④。　　　　　还有干才和能人。

如彼泉流，　　　　　　弃才如同泉水流，

无沦胥以败⑤。　　　　国家衰败无止休。

【注释】

①国：指治国的主张。靡止：不止。这里指主张不一致。

②否（pǐ）：坏，愚蠢。

③靡朊（hū）：没有法则。

④肃：恭敬。艾：同"乂"（yì），治理。

⑤无：语助词。沦胥：相率。

不敢暴虎①，　　　　　不敢空手打老虎，

不敢冯河②。　　　　　不敢徒步把河渡。

人知其一，　　　　　　人们只知这道理，

莫知其他。　　　　　　其他事情就糊涂。

战战兢兢③，　　　　　战战兢兢为国忧，

如临深渊，　　　　　　如临深渊快回头，

如履薄冰。　　　　　　如踏薄冰把脚收。

【注释】

①暴虎：徒手打虎。

②冯（píng）河：徒步渡河。

③战战：恐惧的样子。兢兢：小心谨慎的样子。

小宛

【题解】

此诗主题有多种说法。《毛诗序》说："《小宛》，大夫刺幽王也。"朱熹驳斥说："此诗之辞最为明白，而意极恳至。说者必欲为刺王之言，故其说穿凿破碎，无理尤甚。"他认为"此大夫遭时之乱，而兄弟相戒以免祸之诗"。方玉润《诗经原始》则认为"《小宛》，贤者自箴也"。我们认为朱说比较切合诗意。这篇诗主要表达的是，处于动乱时代，兄弟互相警戒，免遭祸患。首章以斑鸠起兴，兴中有比。以小斑鸠高飞比喻弟弟人小却有大志，因此哥哥为其忧心，难以入眠，既怀念祖先，又思念父母。第二章告诫弟弟饮酒、处事要有节制，要"各敬尔仪"。第三章以采菽和螟蛉负子为喻，告诫弟弟要教育好自己的孩子。第四章以鹡鸰终日飞鸣为例，勉励弟弟夙兴夜寐，努力奋进。第五章以食肉的桑扈鸟现在只能吃粟，比喻现实反常，有可能会遭遇牢狱之灾。最后一章，以鸟之集木、如临深渊、如履薄冰，告诫生活在乱世的人要小心谨慎，以免遭受祸殃。全诗章节内容跌宕起伏，跳跃很大，又多用比兴，所以较难理解。

宛彼鸣鸠①，	那个小小斑鸠鸟，
翰飞戾天②。	一飞高翔在云天。
我心忧伤，	忧伤满心不能眠，
念昔先人③。	怀念已故我祖先。
明发不寐④，	直到黎明难入睡，
有怀二人⑤。	又把父母来思念。

【注释】

①宛：小貌。或以为短尾貌。鸣鸠：又名鹍鸠、鹘鸼。似山鹊而小，短尾，青黑色，善鸣。一说斑鸠。

②翰：高。戾："厉"的假借字，附。马瑞辰《毛诗传笺通释》："戾者，厉之假借。厉天，犹俗云摩天耳。"

③先人：祖先。

④明发：二字同义，都是醒的意思。《广雅·释诂》："明、觉，发也。"

⑤二人：指父母。朱熹《诗集传》："二人，父母也。"

人之齐圣①，	假如你是聪敏人，
饮酒温克②。	即使醉酒也温蕴。
彼昏不知③，	那些糊涂无知人，
壹醉日富④。	日醉一日醉更甚。
各敬尔仪⑤，	请你戒慎重威仪，
天命不又⑥。	天恩不会再降临。

【注释】

①齐：敏捷。圣：明智。

②饮酒温克：《郑笺》："饮酒虽醉，犹能温藉自持以胜。"温，"蕴"的假借字，蕴藉、含蓄之意。克，自我克制。

③昏：愚昧。不知：愚昧无知的人。

④壹：语助词。一说专一。富：多，盛。指饮食更多。

⑤敬：通"儆"，警戒，戒慎。仪：威仪。

⑥又：复，再。

中原有菽①，	原野生长大豆苗，

庶民采之。	百姓采摘以充饥。
螟蛉有子②，	青虫桑叶产了子，
蜾蠃负之③。	细腰马蜂背洞里。
教诲尔子，	教诲自己的孩子，
式穀似之④。	继承祖德一如己。

【注释】

①中原：即"原中"，田野中。菽：大豆，这里指豆叶，即藿。

②螟蛉：桑叶上的小青虫。

③蜾蠃（guǒ luǒ）：土蜂的一种，又叫细腰蜂、寄生蜂。古人以为蜾蠃养育螟蛉成为己子。故称养子为"螟蛉子"。

④式：发语词，或训"用"。穀：善。似："嗣"之借字，继承，继嗣。

题彼脊令①，	看那空中鹡鸰鸟，
载飞载鸣。	一边飞翔一边鸣。
我日斯迈②，	天天远行我服役，
而月斯征③。	月月奔波你出征。
夙兴夜寐，	早起晚睡努力干，
毋忝尔所生④。	不要辱没父母名。

【注释】

①题：视，看。朱熹《诗集传》："题，视也。"脊令：一种小鸟。古代以脊令比兄弟。如《小雅·常棣》："脊令在原，兄弟急难。"

②斯：语助词。迈：行，指远行，行役。

③而：你，指兄弟。

④忝：辱没，有愧于。尔所生：尔所由生，指父母。

交交桑扈①，   交交啼叫食肉鸟，

率场啄粟②。   沿着谷场啄粟米。

哀我填寡③，   可怜我贫且生病，

宜岸宜狱④。   还恐被关入牢狱。

握粟出卜⑤，   抓把小米去占卜，

自何能穀⑥？   怎能有个好结局？

【注释】

①交交：《毛传》："小貌。"一说鸟鸣声。桑扈：鸟名，又名窃脂，似鹆而小。

②率：循，沿着。场：指晒谷场。

③填寡：穷苦寡财的人。填，"瘨"之假借，病。

④宜：殆，恐怕。岸：又作"犴"，古以为"犴""狱"是不同级别的牢狱。《释文》："乡亭之系曰犴，朝廷曰狱。"这里泛指监狱。

⑤握粟出卜：马瑞辰《毛诗传笺通释》："此有二义：一谓以粟祀神，一谓以粟酬卜。"卜，占卜。

⑥自：从。何：什么办法。穀：善，吉利。

温温恭人①，   温厚谦恭守礼人，

如集于木②。   就像站在高树上。

惴惴小心③，   惴惴不安向下望，

如临于谷。   如同身临深谷旁。

战战兢兢，   战战兢兢小心行，

如履薄冰。　　　　　　　　如踏薄冰恐沦丧。

【注释】

①温温：和柔貌。恭人：恭谨守礼的人。

②如集于木：如鸟之集于树木，惧怕坠落。

③惴惴：恐惧戒慎貌。

小弁

【题解】

这是遭受弃逐的儿子抒发忧伤哀怨之情的诗篇。这位遭弃逐的儿子是谁呢？朱熹《诗集传》说："幽王娶于申，生太子宜臼。后得褒姒而惑之，生子伯服。信其谗，黜申后，逐宜臼，而宜臼作此以自怨也。"这里说遭弃逐的人就是幽王的太子宜臼。方玉润《诗经原始》也说是"宜臼自伤被废也"。但王先谦认为被逐的儿子是伯奇，其《诗三家义集疏》说："鲁说曰：'《小弁》，《小雅》之篇，伯奇之诗也。伯奇仁人，而父虐之，故作《小弁》之诗。"伯奇是周宣王时名臣尹吉甫的儿子，他生性至孝，由于后母进谗言，被父亲虐待弃逐。根据《毛诗序》："《小弁》，刺幽王也。"《毛传》："幽王取申女，生大子宜臼。又说褒姒，生子伯服，立以为后，而放宜臼，将杀之。"此诗的主人公当为宜臼。此诗运用大量的比兴之法，布局精巧，比喻贴切。抒发哀怨之意，如泣如诉，沉痛迫切。情感万回千转，感人至深，在三百篇中亦属优秀篇章。

弁彼鹭斯①，　　　　　　　那些快乐黑乌鸦，

归飞提提②。　　　　　　　成群安闲飞回窝。

民莫不穀③，　　　　　　　人家个个都幸福，

我独于罹④。   只我独自遭灾祸。

何辜于天⑤？   我有何事得罪天？

我罪伊何⑥？   到底又有何罪过？

心之忧矣，   心里忧伤说不尽，

云如之何⑦！   不知对此可奈何！

【注释】

①弁(pán)彼：即"弁弁"，快乐貌。鸒(yù)：鸟名，又名卑居，乌鸦之
  一种。斯：语气词，犹"兮"。

②提提(shí)：群飞貌。

③民：人们。穀：善。生活美满。

④罹：忧患。

⑤辜：罪。

⑥伊：是。

⑦云：语气词。如之何：怎么办。

踧踧周道①，   本是平坦的大道，

鞫为茂草②。   如今长满繁茂草。

我心忧伤，   忧伤满心难排遣，

惄焉如捣③。   痛苦不堪如杵捣。

假寐永叹④，   和衣躺下唯长叹，

维忧用老⑤。   忧伤使人渐衰老。

心之忧矣⑥，   心里忧愁无处诉，

疢如疾首。   头痛使人难忍受。

【注释】

①踧踧(dí)：平坦貌。《说文》："踧踧，行平易也。"周道：大道。

②鞠(jū)：阻塞，充塞。

③愻(nì)焉：忧思貌。如捣：即"如杵捣之"，形容心中忐忑不安。

④假寐：和衣而眠。永叹：长叹。

⑤维：发语词。用：以。

⑥疢(chèn)：本指热病，此处泛指烦恼忧愁。疾首：即"首疾"，头痛病。因心中烦乱而头痛。

维桑与梓①，	屋旁桑梓爹娘种，
必恭敬止②。	看到桑梓心恭敬。
靡瞻匪父③，	没人对父不尊重，
靡依匪母。	没人对母不依从。
不属于毛④，	而今不能见爹面，
不罹于里⑤。	不能依偎娘身边。
天之生我，	上天既然生了我，
我辰安在⑥？	我的时运何时转？

【注释】

①维：发语词。桑与梓：桑树和梓树。这是古代住宅周围常种的树木。马瑞辰《毛诗传笺通释》："怀父母，睹其树因思其人也。至后世，以桑梓为故里之称。"

②恭敬：桑梓为父母所种的树木，因而望桑梓而恭敬之。

③靡：无。瞻：敬仰。

④属(zhǔ)：连属。毛：指衣的表面。以表比父。

⑤罹：一作"离"，或读为"丽"，即附着。里：指衣之里子。一说此是

以裘为喻，言自己与父母，就像裘皮的表里相连一样。

⑥辰：时，命运。

菀彼柳斯①，	在那繁茂柳丛中，
鸣蜩嘒嘒②。	蝉儿嘒嘒不停鸣。
有漼者渊③，	在那深深潭水边，
萑苇淠淠④。	芦苇茂密又繁盛。
譬彼舟流⑤，	我像水中的小船，
不知所届⑥。	不知飘到何处停。
心之忧矣，	忧伤缠绕我心灵，
不遑假寐⑦。	闭眼歇歇不可能。

【注释】

①菀(yù)彼：即"菀菀"，茂盛貌。

②嘒嘒(huì)：蝉鸣声。

③有漼(cuǐ)：犹"漼漼"，水深貌。

④萑(huán)苇：芦苇。淠淠(pèi)：草木繁密茂盛状。

⑤舟流：指舟船漂流水上。陈奂《诗毛氏传疏》："喻太子放逐。"

⑥届：至，归宿。

⑦不遑：无暇，顾不得。

鹿斯之奔①，	野鹿奔跑寻鹿群，
维足伎伎②。	四蹄轻快又舒展。
雉之朝雊③，	野鸡清晨啼不停，
尚求其雌。	为了追求其伙伴。

譬彼坏木④，　　　　　一株病树长了瘤，
疾用无枝⑤。　　　　　枝叶凋零都枯干。
心之忧矣，　　　　　　内心忧愁无时了，
宁莫之知⑥？　　　　　无人知道我孤单？

【注释】

①斯：语助词。奔：奔跑，这里指奔从其群。或以为有求偶意。

②伎伎（qí）：舒展貌。《毛传》："伎伎，舒貌。谓鹿之奔走，其足伎伎
　　然舒也。"

③雊（gòu）：雉鸣声。

④坏木：病木。指树木多瘤无枝。

⑤疾：病。用：因。

⑥宁：曾，却。

相彼投兔①，　　　　　看人追捕那野兔，
尚或先之②。　　　　　尚且有人去解放。
行有死人③，　　　　　看那路上有死尸，
尚或墐之④。　　　　　也还有人将他葬。
君子秉心⑤，　　　　　那人存心却不良，
维其忍之⑥。　　　　　竟然残忍将我伤。
心之忧矣，　　　　　　心里忧愁说不尽，
涕既陨之⑦。　　　　　不由眼泪往下淌。

【注释】

①相：看，视。投：掩捕。

②先：驱走。《郑笺》："视彼人将掩兔，尚有先驱走之者。"

③行：道路。

④墐(jìn)：路边的坟堆。此处指掩埋。《毛传》："墐，路冢。"《郑笺》："道中有死人，尚有覆掩之成其墐者。"

⑤秉心：居心，存心。

⑥忍：忍心，狠心。

⑦陨：落，坠。

君子信谗，	君子喜欢听谗言，
如或酬之①。	像喝敬酒心舒坦。
君子不惠②，	君子对人没恩惠，
不舒究之③。	听到谗言不查看。
伐木掎矣④，	砍树用绳拉树梢，
析薪扡矣⑤。	劈柴看准木柴纹。
舍彼有罪，	放过造谣生事者，
予之佗矣⑥！	却把罪名加我身。

【注释】

①酬：敬酒。此言"君子"喜欢听信谗言，如同接受别人敬的酒。

②惠：恩惠。

③不舒究之：意谓君子不徐徐地考察事情的真相。舒，徐缓。究，考察，追究。

④掎(jǐ)：牵引。此指伐树时，用绳拉住树梢，使砍后的树向指定的方向倒下。

⑤析薪：劈柴。扡(chǐ)：顺着木的纹理劈薪柴。

⑥舍彼有罪，予之佗(tuó)矣：意谓把有罪的人放过，而把罪责加在

我头上。舍,舍免。予,我。佗,加。

莫高匪山,	高大险峻才是山,
莫浚匪泉①。	水深清冽才是泉。
君子无易由言②,	君子休要轻易言,
耳属于垣③。	墙外有人附耳探。
无逝我梁④,	不要去我的鱼梁,
无发我笱⑤。	不要打开鱼篓看。
我躬不阅⑥,	我身尚不被容纳,
遑恤我后⑦!	哪顾以后事变迁!

【注释】

①莫高匪山,莫浚匪泉:是说山高泉深,莫能穷测,以喻人心之险犹如山川。浚,深。莫,不。匪,非。

②易:轻易。由:于。

③属(zhǔ):附着。垣:墙。即隔墙有耳之意。

④无:不要。逝:往。梁:捕鱼的石堰。

⑤发:打开。笱(gǒu):竹鱼篓。

⑥躬:自身。阅:收容。

⑦遑:何暇。恤:忧。

巧言

【题解】

这是讽刺统治者听信谗言而导致国家混乱的诗。《毛诗序》说:

"《巧言》,刺幽王也。大夫伤于谗,故作是诗。"对《序》所言"刺幽王",方玉润认为"不足信"。从诗的内容看,作者肯定是受到谗言伤害抑郁不得志的官吏,但讽刺的对象是否是周幽王确实很难断定。"巧言"一般指阿谀奉承、虚伪不实的言论,从古至今,人们都讨厌巧言之徒,因"巧言"大可危害国家,小可伤害个人,使黑白颠倒,是非难辨。因此要善于识别谗人和谗言。在今天,读这首诗也是有借鉴意义的。

悠悠昊天,	悠悠苍天听我诉,
曰父母且①。	我们把你当父母。
无罪无辜,	我们没罪没过错,
乱如此帡②。	为啥大乱要当头。
昊天已威③,	老天肆虐太可怕,
予慎无罪④。	我们确实无罪过。
昊天泰帡,	老天施威太过度,
予慎无辜。	我们确实很无辜。

【注释】

①且:语尾助词。

②帡(hū):大。

③已:甚。威:肆虐。

④慎:诚,确实。

乱之初生,	当初祸乱刚发生,
僭始既涵①。	因对谗言太宽容。
乱之又生,	祸乱再次又出现,

君子信谗①。	还因君王信谗言。
君子如怒,	君王如果发了怒,
乱庶遄沮②。	祸乱马上能消除。
君子如祉③,	君王喜用贤人言,
乱庶遄已。	祸乱立刻能止住。

【注释】

①僭:同"谮",说人坏话。涵:宽容。

②庶:庶几,差不多。遄(chuán):快。沮(jǔ):制止。

③祉(zhǐ):喜。《毛传》:"祉,福。"陈奂《诗毛氏传疏》:"福亦喜也。"
　此指喜用贤人之言。

君子屡盟①,	君王屡次结盟信,
乱是用长。	祸乱因此无穷尽。
君子信盗②,	君王轻信窃国盗,
乱是用暴③。	祸乱因此更凶暴。
盗言孔甘④,	谗人说话如蜜甜,
乱是用餤⑤。	祸乱因此更增添。
匪其止共⑥,	谗人非礼不尽职,
维王之邛⑦。	君王病根永不断。

【注释】

①盟:结盟,盟誓。此指周王与诸侯多次达成盟约。盟多则无信。

②盗:指谗人。

③暴:厉害,严重。

④孔甘:很甜蜜。

⑤餤(tán):本义为进食,引申为加剧。

⑥止:达到。共:通"恭",忠于职守。

⑦维:为。邛(qióng):病。

奕奕寝庙①,	宫殿宗庙多巍峨,
君子作之。	都是先王建造的。
秩秩大猷②,	典章制度多完善,
圣人莫之③。	都是圣人制定的。
他人有心,	谗人内心怎么想,
予忖度之。	我是能够猜中的。
跃跃毚兔④,	狡兔虽然跑得快,
遇犬获之。	遇到猎犬把它逮。

【注释】

①奕奕(yì):高大的样子。

②秩秩:宏伟的样子。大猷:治国的大道,指国家的典章制度等。

③莫:通"谟",谋划,制定。

④毚(chán)兔:狡兔。这里比喻谗人。

荏染柔木①,	柔软坚韧好树木,
君子树之。	这是君子栽种的。
往来行言②,	道听途说的流言,
心焉数之③。	内心是能辨别的。
蛇蛇硕言④,	那些浅薄骗人话,

出自口矣。	谗人口中出来的。
巧言如簧,	花言巧语声如簧,
颜之厚矣。	脸皮太厚没人样。

【注释】

①荏(rěn)染:柔弱的样子。

②行言:道听途说的话。

③数:辨别。

④蛇蛇(yí):浅薄而说大话的样子。

彼何人斯?	那是一个什么人?
居河之麋①。	住在大河水岸边。
无拳无勇②,	既无才能又无勇,
职为乱阶③。	只是祸乱总根源。
既微且尰④,	腿烂脚肿你自找,
尔勇伊何?	你的勇气哪去了?
为犹将多,	诈谋诡计真是多,
尔居徒几何⑤?	你的同伙有几何?

【注释】

①麋:"湄"的假借字,《鲁诗》作"湄"。水边。《毛传》:"水草交谓之麋。"《尔雅》:"水草交为湄。"《毛传》本此。

②拳:勇力。

③职为乱阶:《毛传》:"职,主也。此人主为乱作阶,言乱由之来也。"

④微：《毛传》：“骭疡为微，肿足为尰。”骭，脚胫。尰（zhǒng）：脚肿
　　病。此指小腿生疮，脚浮肿的病。
⑤居：语助词。徒：党徒，同伙。几何：多少。

何人斯

【题解】

　　《毛诗序》说：“《何人斯》，苏公刺暴公也。暴公为卿士而谮苏公焉，
故苏公作是诗以绝之。”后世学者多从此说，朱熹《诗集传》也作此解，但
后来对此产生怀疑，在《诗序辩说》中指出：“此诗中只有‘暴’字而无
‘公’字及‘苏公’字，不知《序》何所据而得此事也？”方玉润《诗经原始》
又反驳说：“然诗中只有‘暴’字而无‘苏’字，……愚谓《小序》虽伪，其来
已久，此等证据，或有所传，今亦不必过为深考。且刺暴公，则只可明题
‘暴’字，安能更有‘苏’字？”似同意《诗序》之说。但又进一步发挥说：
“盖此诗不徒为暴公发，乃专斥依附暴公权势而倾苏公之人耳。”此说比
较符合诗意。暴公和苏公都是周王卿士，苏地和暴地接壤，二人发生了
矛盾，苏公写了这首绝交诗。至于暴公、苏公其人，历史典籍也有记载，
如《淮南子》《左传》都有苏、暴姓氏高官的记载，但确指何人，无可考。
也有人认为这是讲一对恋人，一方背叛而受到对方指责的诗。

彼何人斯？	那人是个什么人？
其心孔艰①，	心肠阴险藏得深。
胡逝我梁②，	为何曾过门前桥，
不入我门？	却不进入我家门？
伊谁云从③？	他跟从的是何人？
维暴之云④。	只听暴公之所云。

【注释】

①孔艰：艰深难测。王先谦《诗三家义集疏》："谓其心深而甚难察。"

②胡：何，为什么。逝：往。

③伊：发语词。云：犹"是"。

④暴：指暴公。

二人从行①，	你我两人曾相行，
谁为此祸②？	是谁嫁祸于我身？
胡逝我梁，	为何曾过门前桥，
不入唁我③？	不入我门来慰问？
始者不如今④，	当初并非这个样，
云不我可⑤。	如今看我眼不顺。

【注释】

①二人从行：二人相随而行。指暴公和他的朋友。

②谁：一说训"何"。为：造成，构成。祸：《郑笺》："女相随而行见王，谁作我是祸乎？时苏公以得遣让也。"二人相随而行，苏公受到周王的责备，认为是暴公进了谗言而得祸。

③唁：慰问遭遇不幸者。

④始者：犹"昔者"，往日。

⑤可：嘉许。

彼何人斯？	那人是个什么人？
胡逝我陈①？	为何来我庭前道？
我闻其声，	听到他的说话声，

不见其身。　　　　　　他的身影没看到。

不愧于人^②?　　　　　难道不知愧对人?

不畏于天?　　　　　　难道不知畏天神?

【注释】

①陈:堂下至院门的甬道。

②愧:羞愧。

彼何人斯?　　　　　　那人是个什么人?

其为飘风^①。　　　　　他的行为像疾风。

胡不自北?　　　　　　为何不从北边来?

胡不自南?　　　　　　为何不从南边来?

胡逝我梁?　　　　　　为何曾来我家桥?

祇搅人心^②。　　　　　搅动我心不安宁。

【注释】

①飘风:暴风,疾风。

②祇(zhǐ):适,正。

尔之安行^①,　　　　　当你慢慢行走时,

亦不遑舍^②;　　　　　也不抽空到我家;

尔之亟行^③,　　　　　在你急忙赶路时,

遑脂尔车^④?　　　　　怎会停车把油加?

壹者之来^⑤,　　　　　如果你能来一次,

云何其盱^⑥?　　　　　对你会有何伤害?

【注释】

①尔:指暴公。安行:徐行,缓行。

②不遑:不暇,顾不得。舍:停车休息。

③亟行:疾行。

④脂:或训"油脂",指给车膏油。

⑤壹者之来:来我家一次。

⑥盱(xū):病。《毛传》:"盱,病也。"

尔还而入①,	返程时候进我家,
我心易也②;	我心如旧仍欢喜;
还而不入,	返程不入我家门,
否难知也③。	你的用心难知悉。
壹者之来,	如果你能来一次,
俾我祇也④。	也使我心很安逸。

【注释】

①还:返回。指暴公从朝廷回来。

②易:通"怿",喜悦。

③否难知:即"难知"。否,语助词。马瑞辰《毛诗传笺通释》:"今按:否犹不也,盖语助词,'否难知'言难知也。诗盖谓还而不入,则其情叵测难知。"

④祇:安定。

伯氏吹埙①,	大哥平日爱吹埙,
仲氏吹篪②。	二哥吹篪来合音。
及尔如贯③,	你我本如一线穿,

谅不我知④。	竟然不知我的心。
出此三物⑤，	拿出祭品猪犬鸡，
以诅尔斯⑥。	请求神灵判是非。

【注释】

①伯：大哥。埙：吹奏乐器之一种。或陶制，或石制，外形如鹅卵，六孔。

②仲：二哥，老二。伯仲，比喻兄弟。篪（chí）：吹奏乐器，用竹管制成，六孔、八孔不一。

③及：与。贯：言如绳之贯物，表示连属在一起。

④谅：诚，信。或以为"竟"。知：相契，相友爱。

⑤三物：盟诅所用的牺牲，指鸡、犬、豕。

⑥诅：诅盟，誓约。《毛传》："民不相信则盟诅之，君以豕，臣以犬，民以鸡。"《孔疏》："若实不谮者，则当共出豕、犬、鸡之三物，以诅盟尔之此事，使谮否有决，令我不疑，当还与汝相亲，不欲长怨故也。"

为鬼为蜮①，	为鬼为蜮害人精，
则不可得。	人们不见你踪影。
有靦面目②，	你的面目本可见，
视人罔极③。	却是让人看不清。
作此好歌，	我作这首善意歌，
以极反侧④。	深究反复无常人。

【注释】

①蜮（yù）：一名短狐，能在水中含沙射人影，又名射影、射工。

②靦(tiǎn)：面目可见貌。一说惭愧貌。

③视："示"之借字。罔极：无极。无有极已之时。

④极：穷极，深究。

巷伯

【题解】

这是寺人(阉人)孟子遭人谗毁而写的一首发泄心中怨愤的诗。诗中把谗人巧言善辩，搬弄是非的形象刻画得惟妙惟肖，对害人者进行了无情的诅咒，对小人得志、好人受诬的不合理社会现象表示了强烈不满。读此诗，不禁使人想到屈原、岳飞等因谗遭害的仁人志士，千载之下，仍让人扼腕。可见进谗者对社会危害之大。因此，我们一定要善辨是非，特别是执政者，不要轻信谗言，这样才能形成宽松的社会氛围。

萋兮斐兮①，	各种花纹多鲜明，
成是贝锦②。	织成多彩贝纹锦。
彼谮人者③，	那个造谣害人者，
亦已大甚④！	心肠实在太凶狠。

【注释】

①萋、斐(fēi)：花纹交错的样子。

②贝锦：贝壳花纹的锦缎。

③谮(zèn)人：诬陷别人的人。

④大：同"太"。

哆兮侈兮①，	咧开嘴如簸箕大，

成是南箕②。　　　　　如同箕星南天挂。
彼谮人者，　　　　　　那个造谣害人者，
谁适与谋③？　　　　　是谁给他做谋划？

【注释】

①哆（chǐ）：张口的样子。侈：大。
②南箕：南方天空的箕星。古人认为箕星出现要有口舌是非，以此
　比喻进谗的人。
③适：往。谋：谋划，计议。

缉缉翩翩①，　　　　　花言巧语叽叽呱，
谋欲谮人。　　　　　　心想害人说谎话。
慎尔言也②，　　　　　劝你说话要当心，
谓尔不信③。　　　　　否则没人再相信。

【注释】

①缉缉：附耳私语。翩翩（piān）：花言巧语。
②尔：指谗人。
③信：信实。

捷捷幡幡①，　　　　　花言巧语信口编，
谋欲谮言。　　　　　　想方设法造谣言。
岂不尔受②？　　　　　也许一时受你骗，
既其女迁③。　　　　　终会恨你太阴险。

【注释】

①捷捷(qiè)：巧言貌。幡幡(fān)：犹"翩翩"。

②受：接受，听信谗言。

③女：通"汝"，你。迁：转移。指听信者转而憎恨造谣者。

骄人好好①，	进谗者得意忘形，
劳人草草②。	被谗者心灰意冷。
苍天苍天，	老天爷啊把眼睁，
视彼骄人，	看那谗人多骄横，
矜此劳人③。	多多怜悯被谗人。

【注释】

①骄人：指得志的谗人。好好：得意的样子。

②劳人：失意的人。这里指被谗者。草草：忧愁的样子。

③矜：怜悯。

彼谮人者，	那个造谣生事人，
谁适与谋？	是谁为他出计谋？
取彼谮人，	抓住这个坏家伙，
投畀豺虎①。	丢到野外喂豺虎。
豺虎不食，	豺虎嫌他不愿吃，
投畀有北②。	扔到北方不毛土。
有北不受，	北方如果不接受，
投畀有昊③！	送给老天去发落。

【注释】

①投：投掷，丢给。畀(bì)：给予。

②有北：北方荒凉寒冷之地。

③有昊：昊天。

杨园之道①，	一条大路通杨园，
猗于亩丘②。	杨园紧靠亩丘边。
寺人孟子③，	我是阉人叫孟子，
作为此诗。	是我写作此诗篇。
凡百君子④，	诸位大人君子们，
敬而听之。	请您认真听我言。

【注释】

①杨园：园名。

②猗(yǐ)：通"倚"，依，靠着。亩丘：丘名。

③寺人：奄人，如后来的宦官。孟子：寺人的名字，即诗的作者。

④凡百：一切，所有的。

谷风

【题解】

此诗有二解：一、怨朋友相弃之诗。《毛诗序》说："《谷风》，刺幽王也。天下俗薄，朋友道绝焉。"方玉润《诗经原始》也持此说："《谷风》，伤友道绝也。""凡人处世，当患难恐惧时，则思朋友；遇安乐无事日，则谢交游。受人大德，转瞬不记；遭人小怨，终生难忘者，比比皆是，而诗固云尔也。"二、弃妇之诗。此诗与《邶风·谷风》合看，主题是一致的，是一位女子被丈夫抛弃而发的幽怨之词,但口吻更为缓和温厚。一、二章言从前患难与共,现在安乐反而遭弃。第三章言丈夫忘大德而记小怨,虽有愤怨,但语气平和,似乎对其夫之爱还存于心中。看"寘予于怀"之句,作弃妇之诗更符合诗意。

习习谷风①,	山谷来风迅又猛,
维风及雨②。	铺天盖地雨挟风。
将恐将惧③,	回想当初艰难日,
维予与女④。	只有你我并肩行。
将安将乐,	如今日子安且乐,
女转弃予⑤。	将我抛弃太无情。

【注释】

①习习:连续的风声。谷风:来自山谷的大风。

②维:有。

③将:方,当。恐、惧:指患难不安的年月。

④维予与女:只有我和你相爱。

⑤弃:抛弃。

习习谷风,	山谷来风迅又猛,
维风及颓①。	狂风旋风刮不停。
将恐将惧,	回想当初艰难日,
寘予于怀②。	把我搂抱在怀中。
将安将乐,	而今日子安且乐,
弃予如遗③。	将我抛弃如飘蓬。

【注释】

①颓:龙卷风。一说旋风。

②寘:即"置"字,放。怀:怀抱之中。

③遗:丢弃,忘记。或以为丢弃之物,废品。

习习谷风,	山谷来风迅又猛,
维山崔嵬①。	只有高山还高挺。
无草不死,	山上野草全枯死,
无木不萎。	山中树木尽凋零。
忘我大德②,	你已忘记我大德,
思我小怨③。	只有小怨记心中。

【注释】

①崔嵬:山高峻貌。

②大德:美德,好处。

③小怨:小过错,缺点。

蓼莪

【题解】

这是一首儿子悼念父母的诗。诗人深情地回忆了父母的养育之恩,表达不能报父母深恩于万一的痛苦心情。诗的突出特点是感情浓烈真挚,具有极强的艺术感染力。尤其是诗的第四章,用"生""鞠""拊""畜""长""育""顾""复""腹"九个动词,讲述了父母对儿子的抚育过程,字字含情,声声如泣。后面九个"我"字的连用,使诗的节奏由慢到快,声调由缓到促,更加动人心弦。清人姚际恒评论说:"勾人眼泪全在此无数'我'字。"(《诗经通论》)方玉润也说:"诗首尾各二章,前用比,后用兴;前说父母勤劳,后说人子不幸,遥遥相对。中间二章,一写无亲之苦,一写育子之艰,备极沉痛,几于一字一泪,可抵一部《孝经》读。"(《诗经原始》)孝敬父母,赡养父母,是中华民族的传统美德,时至今日,仍然是必须提倡的社会公德。愿我们都能继承和发扬这一优良传统,使亲情更加浓郁,生活更加美好。

蓼蓼者莪①，　　　　　丛丛高大抱娘蒿，
匪莪伊蒿②。　　　　　不是莪蒿是艾蒿。
哀哀父母，　　　　　　可怜我的父和母，
生我劬劳③。　　　　　生我养我多辛劳。

【注释】

①蓼蓼(lù):植物长大的样子。莪(é):植物名,俗称"抱娘蒿"。
②匪莪伊蒿:《孔疏》:"言蓼蓼然长大者,正是莪也,而不精审视之,以为非莪,反谓之维蒿。……以己二亲,今且病亡,身在役中,不得侍养,精神昏乱,故视物不察也。"匪,同"非"。伊,是。
③劬(qú)劳:劳累,劳苦。

蓼蓼者莪，　　　　　　丛丛高大抱娘蒿，
匪莪伊蔚①。　　　　　不是莪蒿是牡蒿。
哀哀父母，　　　　　　可怜我的父和母，
生我劳瘁②。　　　　　生我养我多辛苦。

【注释】

①蔚:蒿的一种,又名"牡蒿"。晒干可烧来驱蚊。

②劳瘁(cuì):劳累。

瓶之罄矣①,	小瓶空空没有酒,
维罍之耻②。	大缸因此而蒙羞。
鲜民之生③,	孤苦无依的人生,
不如死之久矣。	不如早早死掉好。
无父何怙④?	没有父亲依靠谁?
无母何恃⑤?	没有母亲咋依靠?
出则衔恤⑥,	离开家门心怀忧,
入则靡至⑦。	进门好像家没到。

【注释】

①罄(qìng):尽,空。器皿中空。

②罍(léi):器具名,大肚小口,用来盛水或酒。以上二句,《郑笺》
　日:"瓶小而尽,罍大而盈,言为罍耻者,刺王不使富分贫,众
　恤寡。"

③鲜民:孤独的人。

④怙(hù):依靠。

⑤恃:靠。

⑥衔恤:含忧。

⑦靡至:无所归,没有着落。

父兮生我,	父亲父亲生了我,
母兮鞠我①。	母亲母亲哺育我。
拊我畜我②,	抚育我啊爱护我,

长我育我。	养我长大教育我。
顾我复我③,	照顾我啊挂念我,
出入腹我④。	出出入入抱着我。
欲报之德,	想要报答父母恩,
昊天罔极⑤!	恩情如天报不得。

【注释】

①鞠(jū):养育。

②拊:抚爱。畜(xù):爱。

③顾:指在家时照顾。复:指出门时不舍离去。

④腹:怀抱。

⑤罔:无。极:穷。

南山烈烈①,	终南山啊高又高,
飘风发发②。	狂风怒吼声啸啸。
民莫不穀③,	人人都能养父母,
我独何害④!	独我父母不在了。

【注释】

①烈烈:山高峻貌。

②飘风:暴风。发发:风疾貌。

③穀:善。

④何:同"荷",蒙受。害:祸害。这里指父母死亡。

南山律律①,	终南山啊险又高,

飘风弗弗②。	狂风怒吼声啸啸。
民莫不穀,	人人都能养父母,
我独不卒③!	独我爹娘等不到。

【注释】

①律律:犹"烈烈"。

②弗弗:犹"发发"。

③不卒:不终,即不能终养父母。

大东

【题解】

　　对于此诗主题,《毛诗序》说:"《大东》,刺乱也。东国困于役而伤于财,谭大夫作是诗以告病焉。"周时确有谭国,在今山东济南历城区东南,属于东方诸侯国。至于作诗的谭大夫,其人已难考定,从诗的内容看,大约是位天文知识较为丰富的官吏。西周初年,周公东征,平息了武庚、管叔、蔡叔之乱,加强了对东方诸侯国的控制,也加重了赋税和徭役及各个方面的掠夺和搜刮。诗中所写的就是西周中晚期东方各国及各部族受西周惨重盘剥的情形,反映了东方各国的不满情绪。这是一首很有特色的诗。首先它表达的思想内容十分深刻,反映的是大主题、大历史。再者艺术手法有独到之处,交替运用赋、比、兴多种方法,从衣食直至天文地理,想象丰富,联想奇幻,结构巧妙,过渡自然,使此诗显得绚烂多姿。方玉润在《诗经原始》中评论更为精彩,他说:"诗本咏政赋烦重,人民劳苦。入后忽历数天星,豪纵无羁,几不可解。不知此正诗人之情,所谓'光焰万丈长'也。试思此诗若无后半文字,则东国困敝,纵极写得十分沉痛,亦不过平常歌咏而已,安能如许惊心动魄文字?

所以诗贵有声有色,尤贵有兴有致,此兴会之极而欹举者也。然其驱词寓意,亦非漫无纪律者。四章以上将东国愁怨与西人骄奢两两相形,正喻夹写,已极难堪。'天汉'而下,忽仰头见星,不禁有触于怀,呼天自诉。因杼柚之空,而怨及织女机丝亦不成章;因织女虚机,而怨及牵牛河鼓难驾服箱。不宁唯是,即启明、长庚之分见东西,亦若有所怨及焉,以其徒在天而灿然成行也。于是更南望箕张,北顾斗柄。箕非徒无用,不可以簸扬,反张其舌而若有所噬;斗非徒无益,不可以挹酒浆,反揭其柄而若取乎东。民之困于王者,既若彼其穷;而人之厄于天者,又如此其极。天乎,何其困厄东国若是乎! 民情至此咨怨极矣! 故不必论其辞之有意义无意义也……此中消息非老于文者不知,即非深乎诗者亦未可与论得失也。倘斤斤然字句间求之,讵能免高叟之诮欤? 后世李白歌行,杜甫长篇,悉脱胎于此,均足以卓立千古。《三百》所以为诗家鼻祖也。"说后世的屈原、李白、杜甫等大诗人均得到《诗经》的影响和滋润,是一点不错的。

有饛簋飧①,	簋中饭食盛得满,
有捄棘匕②。	酸枣木勺长又弯。
周道如砥③,	国道如砥真平坦,
其直如矢④。	直通京城箭一般。
君子所履⑤,	贵族大人驾车跑,
小人所视⑥。	平民百姓远处观。
眷言顾之⑦,	回头看那满载车,
潸焉出涕⑧。	辛酸眼泪流不完。

【注释】

①饛(méng):食物盛满貌。簋(guǐ):古代圆形食器,多为陶制或青

铜制。飧(sūn)：泡饭。

②有捄(qiú)：犹"捄捄"，曲而长貌。棘匕：用酸枣木制的饭匙。

③周道：大道。通向周京城之道。砥：磨刀石，这里作形容词用，言大道像砥石一样平坦。

④如矢：形容道之直。

⑤履：行走。

⑥视：注视，看。此言西周统治者将从东方诸侯国搜刮掠夺的财物由此道运于西周，东方人民只有眼睁睁地看着。

⑦眷(juàn)言：眷然，回首貌。

⑧潸焉：流泪貌。

小东大东①，	东方各国近和远，
杼柚其空②。	织机之布搜刮完。
纠纠葛屦③，	寒冷冬天穿葛鞋，
可以履霜④。	满地霜雪脚不暖。
佻佻公子⑤，	浅薄轻佻贵家子，
行彼周行⑥。	平坦大道往与还。
既往既来⑦，	来来往往运财物，
使我心疚⑧。	使我心中苦无限。

【注释】

①小东大东：离京城远的称大东，近一点的称小东。东，指东方诸侯国，因在西周镐京之东。小、大，指远近言。

②杼：织布机的梭子。柚(zhóu)："轴"之借字，织布机上卷经线的大轴。此代指织布机上的布帛，言东人织布机上的布帛也被西周统治者搜括一空。

③纠纠:绳索纠绕貌。葛屦:夏布制的鞋。

④可:"何"的假借。履:踩。

⑤佻佻:轻佻貌。公子:指周贵族公子。

⑥行:走。周行:大道。即周道。

⑦既:又。

⑧疚:病,忧虑不安。

有冽氿泉①,	清冽泉水从旁来,
无浸获薪②。	不要浸湿那柴薪。
契契寤叹③,	忧闷不眠只长叹,
哀我惮人④。	疲劳之人实可怜。
薪是获薪⑤,	劈好砍下那柴薪,
尚可载也⑥。	还可用车去载运。
哀我惮人,	疲劳之人真可怜,
亦可息也。	也应休息把命延。

【注释】

①有冽:犹"冽冽",寒凉貌。氿(guǐ)泉:自旁侧流出的泉水。

②获薪:砍下的柴薪。获,收割。

③契契:忧苦貌。寤叹:不能入睡而叹息。

④惮人:劳苦疲病之人。

⑤薪是获薪:上一"薪"字为动词,即析薪或劈砍之意。

⑥载:装载。

东人之子①,	东人子弟真可哀,
职劳不来②。	无人慰劳只当差。

西人之子，	西人子弟真高贵，
粲粲衣服③。	华丽服装闪光彩。
舟人之子④，	周朝贵族众公子，
熊罴是裘⑤。	打熊猎罴把心开。
私人之子⑥，	私家奴隶之子孙，
百僚是试⑦。	只供差遣作奴才。

【注释】

①东人之子:东方诸侯的子弟。

②职:主,只。劳:服劳役。来:"勑"之借字,慰劳。

③粲粲:鲜明华丽貌。

④舟人:周人。《郑笺》:"舟当作'周'。"

⑤熊罴:泛指野兽。裘:《郑笺》:"裘当作'求'。"指打猎。

⑥私人:小人,下层的人。

⑦百僚:各种家奴。一说指百官。试:任用,从事。

或以其酒①，	东人以为是美酒，
不以其浆②。	西人认为是薄酿。
鞙鞙佩璲③，	东人佩戴美玉璲，
不以其长④。	西人看作杂玉样。
维天有汉⑤，	天上闪烁有银河，
监亦有光⑥。	镜子也有光亮亮。
跂彼织女⑦，	织女星座三足立，
终日七襄⑧。	一天七次移位忙。

【注释】

①或：有人。指东人。

②浆：薄酒。

③鞙鞙（juān）：同"琄琄"，玉美貌。璲：瑞玉，可以为佩。

④长：指杂玉长佩。朱熹《诗集传》："言东人或馈之以酒，而西人曾不以为浆。东人或与之以鞙然之佩，而西人曾不以为长。"

⑤维：发语词。汉：即天河，也称云汉、银河。

⑥监："鉴"的古字。镜子。

⑦跂（qí）：即不正。织女三星成三角，故谓不正。

⑧七襄：织女星自卯至酉要移动七次位置。襄，移动。

虽则七襄，	虽然一天七移位，
不成报章①。	织出花纹不成样。
睆彼牵牛②，	牵牛星宿闪亮光，
不以服箱③。	不能用来拉车辆。
东有启明④，	东方有个启明星，
西有长庚⑤。	西方长庚伴夕阳。
有捄天毕⑥，	长柄天毕像鸟网，
载施之行⑦。	运行天空轨道上。

【注释】

①报：反复，指引线反复织布。章：指布上的花纹。

②睆（huǎn）彼：犹"睆睆"，星明亮貌。牵牛：星宿名，又名河鼓，由三星组成，在银河南侧，与织女三星隔河相望。《尔雅》："河鼓谓之牵牛。"

③服：驾。箱：车厢，此处指车。

④启明：即金星。

⑤长庚：也指金星。此星在日旁，只有朝日将升或夕阳初下时才能看见，故朝称"启明"，夕称"长庚"。

⑥有捄：即"捄捄"，弯而长的样子。天毕：天上的毕星，由八颗星组成，形状如捕兔用的长柄网。

⑥载：乃。施：置。之：于。行：道路。

维南有箕①，　　　　　南方箕星簸箕样，
不可以簸扬。　　　　　不能用来簸米糠。
维北有斗②，　　　　　北方夜空有斗星，
不可以挹酒浆③。　　　不能当勺舀酒浆。
维南有箕，　　　　　　南方箕星闪闪亮，
载翕其舌④。　　　　　好似舌头宽又长。
维北有斗，　　　　　　北方夜空有斗星，
西柄之揭⑤。　　　　　朝西斗柄高高扬。

【注释】

①箕：箕星由四星组成，形如簸箕。

②斗：星名，共七星组成斗形，故称"北斗"。箕、斗之星共同在南方时，箕在南而斗在北，所以称南箕、北斗。

③挹(yì)：舀取。

④载翕(xī)其舌：此句比喻西人像张口收舌一般要吃掉东人的东西。翕，吸，引。箕四星，二踵二舌，踵狭而舌广，形似簸箕前宽后窄，似向内吸引其舌。

⑤西柄之揭：朱熹《诗集传》云："言南箕既不可以簸扬糠秕，北斗既不可以挹酌酒浆，而箕引其舌，反若有所吞噬，斗西揭其柄，反若

有所挹取于东。"王先谦《诗三家义集疏》云"下四句与上四句虽
同言箕斗,自分两义。上刺虚位,下刺敛民也。"这句比喻西人高
举斗柄在舀东人的酒浆。揭,举。

四月

【题解】

这首诗写一位被周朝放逐的臣子,在去南方的流放途中,心中满怀
冤屈,写下这首哀怨之诗。方玉润《诗经原始》说:"《四月》,逐臣南迁
也。"并详解之曰:"愚谓当时大夫,必有功臣后裔,遭害被逐,远谪江滨
者,故于去国之日作诗以志哀云。冒暑远征,人情所难;今遭放废,适当
其厄,岂得已哉!然予虽获罪,而先人恒有功。论贵论功之典行,亦当
宽宥而矜全之,何朝廷不齿我祖于人,而独忍加罪于予耶?故自夏徂
秋,由秋而冬,历时三序,始抵南国。则见江、汉交流,滔滔不断,包络大
地而经带乎荆、扬,何其有条而有理也!……独予尽瘁王室,而王终不
我知。……予之放废,残贼之所为也。"其说较切近诗意。至于《毛诗
序》解为"大夫刺幽王也。在位贪残,下国构祸,怨乱并兴焉",则说得比
较笼统。

四月维夏,	四月已经是夏天,
六月徂暑①,	六月酷暑将过完。
先祖匪人②,	先祖是我一家人,
胡宁忍予③?	为何忍心我遭难?

【注释】

①徂:往,达到。六月为夏季最后的一月,暑热达于极盛,所以曰

"徂"。一说指盛夏将去。

②先祖:先人,祖先。匪人:不是外人。王夫之《稗疏》:"其云'匪
　人'者,犹非他人也。"

③胡宁:何为,为什么。

秋日凄凄①,　　　　　　秋天风雨真凄冷,
百卉具腓②。　　　　　　所有草木尽凋零。
乱离瘼矣③,　　　　　　乱离抛家心中苦,
爰其适归④?　　　　　　何时才能回家中?

【注释】

①凄凄:秋气寒凉貌。

②腓:病。指草木枯萎。

③瘼:病。指家人离散的痛苦。

④爰:于何。适:往。

冬日烈烈①,　　　　　　严冬季节寒气烈,
飘风发发②。　　　　　　狂风吹过呼呼响。
民莫不榖③,　　　　　　人们日子都很顺,
我独何害!　　　　　　　我独受害去异乡!

【注释】

①烈烈:通"冽冽",寒冷刺骨貌。

②发发:狂风呼啸之声。

③榖(gǔ):善,好。

山有嘉卉^①，	山上长满好花木，
侯栗侯梅^②。	还有栗树和梅树。
废为残贼^③，	遭到如此的摧残，
莫知其尤^④。	不知犯了何错误。

【注释】

①嘉卉:好的草木。嘉,好,善。

②侯:维。

③废:大。《尔雅·释诂》:"大也。"残贼:残害。

④尤:过错。言树为人所残害,不知犯了什么罪。此章,《郑笺》:"山有美善之草,生于梅栗之下,人取其实,蹂践而害之,令不得蕃茂。喻上多赋敛,富人财尽,而弱民与受困穷。"

相彼泉水^①，	看那泉水流下坡，
载清载浊^②。	时而清澈时浑浊。
我日构祸^③，	我身天天遭灾祸，
曷云能榖!	何时日子才好过!

【注释】

①相:看。

②载:又。

③日:每天。构:构祸,遇祸。

滔滔江汉^①，	长江汉水水滔滔，
南国之纪^②。	南国百川归主道。

尽瘁以仕^③，　　　　　竭心尽力仕于朝，
宁莫我有^④！　　　　　可是没人说声好！

【注释】

①滔滔：大水貌。江汉：长江、汉水。

②南国：指南方各条河流。纪：纪纲。指南方各条河流都流向江
　　汉，受江汉的制约。王先谦《诗三家义集疏》："诗人行役至江汉
　　合流之地，即水兴怀，言江汉为南国之纲纪，王朝反不能为天下
　　之纲纪也。"

③瘁：劳苦。一说憔悴。仕：事，指在王朝供职。

④宁：乃。有：通"友"，相亲相友。

匪鹯匪鸢^①，　　　　　为人不如雕和鹰，
翰飞戾天^②；　　　　　高高飞翔在天空；
匪鳣匪鲔^③，　　　　　看那鲤鱼和鲟鱼，
潜逃于渊。　　　　　　潜逃进入深水中。

【注释】

①匪：彼。鹯（tuán）：雕。鸢（yuān）：老鹰。

②翰：高。戾：至。

③鳣（zhān）：鲤鱼。鲔（wěi）：鲟鱼。

山有蕨薇^①，　　　　　山上生长苦蕨薇，
隰有杞桋^②。　　　　　洼地长着杞和桋。
君子作歌^③，　　　　　君子创作这首歌，

维以告哀④。　　　　　　　是为诉说心中悲。

【注释】

①蕨薇:两种可食的野菜。

②杞:杞柳。楝:赤楝(sù)。丛生山中。

③君子:作者自称。

④维:是。以:用。告哀:诉说自己的悲哀。

北山

【题解】

　　这是周朝一位士人怨恨大夫分配工作劳逸不均的诗。《毛诗序》:"《北山》,大夫刺幽王也。役使不均,己劳于从事,而不得养其父母焉。"古代社会统治阶级内部分为十等,即王、公、大夫、士、皂、舆、隶、僚、仆、台。《左传》昭公七年:"天有十日,人有十等,王臣公,公臣大夫,大夫臣士,士臣皂……"大夫正是士的顶头上司,可以役使士。"士"的阶层虽然属于统治阶层,比普通民众处境好得多,但在那等级森严的社会,仍要受王、公、大夫的役使和压迫,受到不公的待遇。在这首诗中他们唱出了自己的痛苦和不平,尤其是末三章那十二个排比句诉说的六项劳逸不均相对照的情况,给人以强烈的震撼。从对比中也可看出统治者的上层是多么地骄奢淫逸,他们只知享乐和逍遥,不是饮酒作乐,就是高谈阔论,丝毫不关心民众及下层官吏的痛苦。这首诗也是对他们的批判和揭露。

陟彼北山,　　　　　　　登上那座北山冈,

言采其杞①。　　　　　　采点枸杞尝一尝。

偕偕士子②，　　　　　身强力壮众士子，
朝夕从事。　　　　　　从早到晚干事忙。
王事靡盬③，　　　　　国王差事没个完，
忧我父母④。　　　　　无法服侍我爹娘。

【注释】

①杞（qǐ）：杞树。

②偕偕：强壮的样子。

③靡盬（gǔ）：没有止息。

④忧我父母：为父母无人服侍而忧心。

溥天之下，　　　　　　普天之下的领土，
莫非王土；　　　　　　哪块不是王的土？
率土之滨，　　　　　　四海之内的民众，
莫非王臣。　　　　　　何人不是王臣仆？
大夫不均，　　　　　　大夫派差太不均，
我从事独贤①。　　　　我的工作最劳苦。

【注释】

①贤：多，繁重。

四牡彭彭，　　　　　　四马拉车赶路忙，
王事傍傍①。　　　　　官差一桩接一桩。
嘉我未老，　　　　　　夸我年轻尚未老，
鲜我方将②。　　　　　难得身体又强壮。

旅力方刚③，　　　　　　　　浑身是劲力气大，
经营四方。　　　　　　　　理应当差奔四方。

【注释】

①傍傍：忙于奔走不得休息的样子。

②鲜：少而难得。将：强壮。

③旅：通"膂"，膂力，体力。

或燕燕居息，　　　　　　　有人在家享安乐，
或尽瘁事国①；　　　　　　有人为国忙奔波。
或息偃在床，　　　　　　　有人安稳睡在床，
或不已于行。　　　　　　　有人不停在奔忙。

【注释】

①尽瘁：精力耗尽。

或不知叫号，　　　　　　　有人不知民号叫，
或惨惨劬劳。　　　　　　　有人忧国常辛劳。
或栖迟偃仰，　　　　　　　有人安闲又逍遥，
或王事鞅掌①。　　　　　　有人当差累弯腰。

【注释】

①鞅掌：烦劳不堪的样子。

或湛乐饮酒①，　　　　　　有人欢乐饮美酒，

或惨惨畏咎②。　　　　　有人担心难临头。

或出入风议③，　　　　　有人高谈又阔论，

或靡事不为。　　　　　　有人事事自动手。

【注释】

①湛(dān)乐：过度的享乐。

②畏咎(jiù)：怕犯过失。

③风议：夸夸其谈。

无将大车

【题解】

《毛诗序》说："《无将大车》，大夫悔将小人也。"《毛传》："幽王之时，小人众多。贤者与之从事，反见谮害，自悔与小人并。"是后悔与小人共事的诗。方玉润《诗经原始》说："此诗人感时伤乱，搔首茫茫，百忧并集，既又知其徒忧无益，只以自病，故作此旷达，聊以自遣之词。"认为此诗是自我排遣忧愁的诗。朱熹《诗集传》说："此亦行役劳苦而忧思者之作。言将大车则尘污之，思百忧则病及之也。"认为是行役者因劳苦万端，想摆脱忧伤的诗。这三种说法均有一定道理，但方玉润的说法更符合诗意。

无将大车①，　　　　　　不要推那沉重车，

祗自尘兮②。　　　　　　只会落满一身尘。

无思百忧③，　　　　　　不要想那愁心事，

祗自疧兮④。　　　　　　只会痛苦惹上身。

【注释】

①无:通"毋",不要。将:本义为扶进,此处当指推车或赶车。大车:牛车,载货物用。

②祇:只,适。

③无思百忧:不要苦思各种忧患。

④痕(qí):病痛。

无将大车,	不要推那沉重车,
维尘冥冥①。	尘土遮空灰蒙蒙。
无思百忧,	不要想那愁心事,
不出于颎②。	心中不安会得病。

【注释】

①冥冥:昏暗不明貌。《郑笺》:"冥冥者,蔽人目明,令无所见也。"

②不出于颎(jiǒng):指心中戒惧不安,无法排除,会得病。颎,同"耿"。

无将大车,	不要推那沉重车,
维尘雍兮①。	尘土遮路看不清。
无思百忧,	不要想那愁心事,
祇自重兮②。	只使忧伤更加重。

【注释】

①雍(yōng):通"壅",遮蔽。

②重:通"肿",浮肿病。或训"累",即负担。

小明

【题解】

　　此诗主题,历来有不同说法。《毛诗序》说:"《小明》,大夫悔仕于乱世也。"方玉润《诗经原始》说:"《小明》,大夫自伤久役,书怀以寄友也。"今人高亨《诗经今注》认为:"这首诗是周王朝的官吏所作。他被派到远方办事,经年不归,因作此诗,抒写他的辛苦生活和思家情绪,并对上级统治者提出劝告。"仔细推敲全诗,诗中所说"共人",当指其妻子和家人,不是同僚或手下士兵;所说"君子",当指上级统治者,而不是友人。看来高说较符合诗意。

明明上天,	光明清朗的上天,
照临下土。	普照地上众百姓。
我征徂西①,	我正行役到西方,
至于艽野②。	直到荒凉的边境。
二月初吉③,	二月吉日离家乡,
载离寒暑④。	经历酷暑和寒冬。
心之忧矣,	心中无比忧伤呀,
其毒大苦!	劳役害我多苦痛!
念彼共人⑤,	想到家人和妻子,
涕零如雨。	泪如雨下满面涌。
岂不怀归?	难道我不想回家?
畏此罪罟⑥!	畏惧法网太无情!

【注释】

①征:指行役。徂:往。

②艽(qiú)野:极荒远之地。《说文》:"艽,远荒也。"

③二月初吉:此处所用为周历,周历二月,即夏历十二月。初吉,即月初之吉日。

④载:乃。离:通"罹",遭,经历。

⑤共人:共同生活之人。这里指妻子和家人。

⑥罪罟(gǔ):罗网。罪,捕鱼竹网。罟,网也。此处喻指法网。

昔我往矣,	回想昔日去服役,
日月方除①。	除旧布新好时光。
曷云其还②?	何时才能把家还?
岁聿云莫③。	又到岁末仍无望。
念我独兮,	想我如今独一人,
我事孔庶④。	事情繁多天天忙。
心之忧矣,	心中忧伤愁无限,
惮我不暇⑤。	整日劳苦无空闲。
念彼共人,	想到家人和妻子,
眷眷怀顾⑥!	依依不舍实眷念!
岂不怀归?	难道我不想回家?
畏此谴怒⑦!	害怕上司谴责言!

【注释】

①日月方除:指夏历十二月(即上言之二月)大寒将去新春即临之时。或以为指一岁将除。除,除去。《毛传》:"除陈生新也。"

②曷:何,何时。云:语助词。其:将。

③岁聿云莫:岁终。聿,语助词。莫,古"暮"字。

④孔庶:很多。

⑤惮:通"瘅",劳苦。《毛传》:"惮,劳也。"

⑥眷眷:思念眷恋、依依不舍貌。

⑦谴怒:谴责恼怒。此言惧怕当权者惩罚。

昔我往矣,	回想昔日去服役,
日月方奥①。	天气刚刚正转暖。
曷云其还?	何时才能回家乡?
政事愈蹙②。	政事愈加急又繁。
岁聿云莫,	而今一年又将尽,
采萧获菽。	采艾收豆正秋天。
心之忧矣,	心中忧愁说不尽,
自诒伊戚③!	自寻苦恼自找烦!
念彼共人,	想起家人和妻子,
兴言出宿④。	走出屋外不能眠。
岂不怀归?	难道我不想回家?
畏此反覆⑤!	只怕不测遭灾难!

【注释】

①奥(yù):通"燠",暖。

②蹙:急促。

③诒:遗留,留下。伊:其。戚:忧。

④兴言出宿:言不能安寝,起而出宿于外。兴,起床。

⑤反覆:反复无常,随便加罪于人。

嗟尔君子，　　　　　　　我劝你们众君子，
无恒安处！　　　　　　　休处安闲把福享！
靖共尔位，　　　　　　　而要忠于你职守，
正直是与①。　　　　　　要与正人相为伍。
神之听之，　　　　　　　神灵察知你作为，
式穀以女②。　　　　　　定会赐予你福禄。

【注释】

①与：接近。

②式穀以女：言神赐福禄于你。式，犹"乃"。穀，善，指福禄。以，
与，给予。

嗟尔君子，　　　　　　　我劝你们众君子，
无恒安息！　　　　　　　休贪安逸把福享！
靖共尔位，　　　　　　　忠于职守办好事，
好是正直。　　　　　　　亲近正直和贤良。
神之听之，　　　　　　　神灵察知你作为，
介尔景福①。　　　　　　赐你大福寿无疆。

【注释】

①介：助，给予。景福：大福。

鼓钟

【题解】

这是诗人在淮水上欣赏周王朝音乐,由音乐而歆慕古代圣贤创造美好音乐的功德。抚今追昔,表现出无限向往之情。方玉润《诗经原始》说:"此诗循文案义,自是作乐淮上,然不知其为何时、何代、何王、何事。《小序》漫谓'刺幽王',已属臆断。欧阳氏云:'旁考《诗》《书》《史记》,皆无幽王东巡之事。……然则不得作乐于淮上矣。当阙其所未详。……玩其词意,极为叹美周乐之盛,不禁有怀在昔淑人君子,德不可忘,而至于忧心且伤也。此非淮、徐诗人重观周乐,以志欣慕之作而谁作哉? 特史无征,《诗》更失考,姑释其文如此。"诗中记录了钟、鼓、琴、瑟、笙、磬、雅、南、籥等多种乐器共同演奏的场面,想来一定悠扬悦耳,使人陶醉,难怪诗人要歌颂创作美好音乐者的功德了。

鼓钟将将①,　　　　　鸣钟之声锵锵锵,
淮水汤汤②,　　　　　淮水奔流浩荡荡,
忧心且伤。　　　　　心中忧愁又悲伤。
淑人君子③,　　　　　遥想善良的君子,
怀允不忘④。　　　　　深厚怀念永难忘。

【注释】

①鼓:敲击。将将(qiāng):即"锵锵",象声词,形容钟声响亮。

②淮水:今之淮河。发源于河南桐柏山,经安徽、江苏入海。汤汤(shāng):水大流急貌。

③淑人君子:美德之人。淑,善。

④怀:怀念。允:语助词。

鼓钟喈喈①，　　　　　钟声响起多悠扬，
淮水湝湝②，　　　　　伴着淮水波荡漾，
忧心且悲。　　　　　　我心忧郁又悲伤。
淑人君子，　　　　　　遥想善良的君子，
其德不回③。　　　　　德行正直又坦荡。

【注释】

①喈喈：象声词，形容钟声和谐。
②湝湝(jiē)：水流貌，犹"汤汤"。
③回：邪。

鼓钟伐鼛①，　　　　　敲响乐钟击大鼓，
淮有三洲②，　　　　　乐声飞扬在三洲，
忧心且妯③。　　　　　心中充满忧和愁。
淑人君子，　　　　　　想起善良的君子，
其德不犹④。　　　　　美德传扬永不休。

【注释】

①伐：击打。鼛(gāo)：大鼓。
②三洲：淮河上三个小岛。在历次大水中，已被淹没。可能为当时
　贵族奏乐处。
③妯(chōu)：忧思之甚。
④犹：读作"瘉"，《郑笺》："犹当作瘉。瘉，病也。"指过错，缺点。

鼓钟钦钦①，　　　　　金钟鸣响声钦钦，

鼓瑟鼓琴，	伴着悠扬瑟和琴，
笙磬同音②。	笙磬谐调又同音。
以雅以南③，	配以雅乐和南乐，
以籥不僭④。	籥管合奏音更准。

【注释】

①钦钦：象声词，犹"将将"。

②磬：古乐器名，用玉或美石制成，有孔穿绳索悬于架上，敲击发声。

③雅：古乐器名，状如漆筒而弇口，大二围，长五尺六寸，以羊皮鞔之，有两纽疏画。是用手拍打以协调节奏的乐器。南：乐器名，形似铃。这两种乐器名，后来都演变为乐调名，即《二雅》和《二南》。

④籥（yuè）：古代管乐器，似排箫。不僭：指乐不相乱。僭，差失，混乱。

楚茨

【题解】

这是周王祭祀祖先的乐歌。在年末丰收之后，周王率子孙在祖庙举行隆重的祭祖典礼，祈求祖宗神灵赐福。此诗从稼穑言起，由垦荒到丰收，由丰收而祭祀，由祭祀而获福禄，这是祭前的整体叙述。然后各章从各种祭品的丰盛，从祭者态度的恭敬谨慎，念诵祭辞，送神送宾客，以及祭祀完毕的家宴，写得井井有条，使我们了解到古代祭祀的全过程，极富民俗学和史料学价值。姚际恒《诗经通论》说："煌煌大篇，备极典制。其中自始至终一一可案，虽繁不乱。《仪礼·特牲》《少牢》两篇皆从此脱胎。"孙𫓧评论此诗说："气格宏丽,结构严密。写祀事如仪注,庄敬诚孝之意俨然。有景有态,而精语险句,更层见错出,极情文条理之妙。"说得很有道理。

楚楚者茨①,	丛丛蒺藜长满地,
言抽其棘②。	平整田地除荆棘。
自昔何为③?	自古开荒欲何为?
我艺黍稷④。	我们要种黍和稷。
我黍与与⑤,	我们黍子多茂盛,
我稷翼翼⑥。	我们稷子多整齐。
我仓既盈⑦,	我们粮仓已装满,
我庾维亿⑧。	囤里藏粮可亿计。
以为酒食,	用它酿酒和做饭,
以享以祀。	用它祀神祭祖先。
以妥以侑⑨,	请神安坐进酒食,
以介景福⑩。	求神赐福大无边。

【注释】

①楚楚:繁密丛生貌。茨:蒺藜,草本,生于陆地,果实有刺。

②抽:除,拔除。棘:棘刺,这里指蒺藜,因蒺藜多刺。

③自昔:自古。

④艺(yì):种植。

⑤与与:繁盛貌。

⑥翼翼:与"与与"意近。

⑦仓:粮仓。

⑧庾(yǔ)：用草席制的圆形露天粮囤。亿：《郑笺》："十万曰亿。"其
　意为盈，满。

⑨妥：安坐。侑：劝，指劝进酒食。

⑩介：助。

济济跄跄①，	助祭恭敬又端庄，
絜尔牛羊②，	洗净祭品牛和羊，
以往烝尝③。	准备送去供祭享。
或剥或亨，	有的剥皮有的煮，
或肆或将。	有的摆列端上堂。
祝祭于祊④，	司祭庙内告祖先，
祀事孔明⑤。	祭祀完备又周详。
先祖是皇⑥，	先祖神灵往受祭，
神保是飨⑦。	他们来把祭品尝。
孝孙有庆⑧，	"孝子贤孙多吉祥，
报以介福，	神灵将那洪福降，
万寿无疆！	子孙万代寿无疆！"

【注释】

①济济：严肃恭敬的样子。跄跄(qiàng)：走路有节奏的样子。

②絜：通"挈(qiè)"，持，拿着。一说训絜为"洁"，即洗干净牛羊以供
　祭祀用。亦通。

③烝尝：冬祭祖先曰"烝"，秋祭祖先曰"尝"，此处泛指祭祀。

④祊(bēng)：宗庙、祠堂门内设祭坛之处。

⑤孔：很。明：完备。

⑥皇:往。《郑笺·信南山》:"皇之言往也。"或以为彷徨,即神灵
　徘徊。

⑦神保:神灵。一说指神所依凭之神尸。飨:享受祭祀所献酒食。

⑧孝孙:主祭之人。庆:福祥,可贺之事。

执爨踖踖①,	厨师恭敬做菜肴,
为俎孔硕②,	食案很大肉不少,
或燔或炙。	有的烧煮有的烤。
君妇莫莫③,	主妇恭敬仪态好,
为豆孔庶④。	端上食品一道道。
为宾为客,	宾客纷纷来就座,
献酬交错⑤。	主客敬酒杯交错。
礼仪卒度⑥,	各种礼仪合法度,
笑语卒获⑦。	言谈笑语合规则。
神保是格⑧,	祖先神灵已降临,
报以介福,	洪天大福赐子孙,
万寿攸酢⑨!	愿你长寿保青春!

【注释】

①执爨(cuàn):掌灶之人。爨,即"灶",厨房。踖踖(jí):形容掌灶
　者敏捷恭敬之貌。

②俎:祭祀时盛生肉的礼器。孔硕:很大。

③君妇:天子、诸侯妻。《郑笺》:"君妇,谓后也。"莫莫:犹"勉勉",
　清静恭敬貌。

④孔庶:甚多。庶,众多。

⑤献酬交错：主人向客敬酒曰"献"，主人先自饮再劝宾饮为"酬"。

⑥卒度：完全合乎法度。卒，尽。度，法度。

⑦卒获：尽得其宜。卒，尽。获，得，指得其宜，恰到好处。

⑧格：至，来到。

⑨攸：是。酢：客人还敬主人酒。此处引申为神对主人的报答。

我孔熯矣①，	我们态度很恭敬，
式礼莫愆②。	仪式礼节没毛病。
工祝致告③：	祝官传达神旨意：
徂赉孝孙④。	快去赐福给孝孙。
苾芬孝祀⑤，	敬献祭品味芬芳，
神嗜饮食，	神灵爱吃心高兴，
卜尔百福⑥。	赐你百福数不清。
如几如式⑦，	祭祀如期又标准，
既齐既稷⑧，	态度庄重又勤谨，
既匡既敕⑨。	场面正大又肃穆。
永锡尔极⑩，	赐你永久无量福，
时万时亿⑪！	幸福无穷又无数！

【注释】

①熯(rǎn)：敬。《毛传》："熯，敬也。"

②式：法。礼：礼仪。莫愆：没有差错。

③工祝：官祝。致：传达。

④徂：往。赉(lài)：赏赐，赐予。

⑤苾(bì)芬：馨香，浓香。孝祀：享祀，指神灵享受祭祀。

⑥卜:赐予。尔:你,指孝孙。

⑦如几:祭祀合乎你的期望。几,"期"的借字。

⑧齐:同"斋",庄重恭敬貌。稷:敏捷。

⑨匡:匡正。敕:谨饬。陈奂《诗毛氏传疏》云:"齐、稷、匡、敕,皆祭祀肃敬之意,所谓如法也。"

⑩锡:同"赐"。极:至。指最好的福气。

⑪时:犹"是",指福。万、亿:极言其多。

礼仪既备①,	祭祀礼仪都完备,
钟鼓既戒②,	钟鼓敲响祭礼成,
孝孙徂位③。	主祭孝孙回主位。
工祝致告:	祝官传达神旨意:
神具醉止④。	神灵饭饱又酒醉。
皇尸载起⑤,	神尸起身来告辞,
鼓钟送尸,	钟鼓响起送神尸,
神保聿归⑥。	祖宗神灵随之归。
诸宰君妇⑦,	烧菜厨师和主妇,
废彻不迟⑧。	祭品快速撤下去。
诸父兄弟,	叔伯兄弟到一起,
备言燕私⑨。	举行家宴齐欢聚。

【注释】

①备:齐备。

②戒:告。《郑笺》:"戒诸在庙中者以祭礼毕。"一说犹"备"。

③徂位:往位,指祭毕主人归回原位。

④具:俱,皆。止:语尾助词。此为臆想之事。

⑤皇尸:对神尸的美称。尸,祭祀时代表先祖受祭的人。

⑥聿:语助词。归:指神也随着尸归去。

⑦诸宰:众位家宰。膳夫是他的属官。

⑧废:去。彻:通“撤”,撤掉。收去席上的祭品。不迟:不迟缓,犹“敏疾”。

⑨备言燕私:此指祭祀礼毕,送走宾客,留下同姓再继续私宴。备,尽,完全。言,语助词。燕私,私宴。

乐具入奏[①],	乐工后殿来演奏,
以绥后禄[②]。	日后幸福定享受。
尔肴既将[③],	菜肴精美味道香,
莫怨具庆[④]。	欢庆之中解怨仇。
既醉既饱,	饭菜吃饱酒喝足,
小大稽首[⑤]。	老少告退齐叩首。
神嗜饮食,	神灵喜爱这饮食,
使君寿考。	佑你健康又长寿。
孔惠孔时[⑥],	祭祀顺利又完满,
维其尽之[⑦]。	办得周全无遗漏。
子子孙孙,	祝愿子孙万代传,
勿替引之[⑧]!	祭礼绵延不中断!

【注释】

①奏:演奏。

②绥:安。后禄:后日之福禄。

③将：善，美。

④莫怨具庆：指参加宴会的人皆相庆贺而无怨词。

⑤小大稽首：指老少长幼都行稽首礼，表示告辞。稽首，叩头。

⑥孔惠：很顺利。时：善。

⑦维其尽之：维，同"唯"，只有。其，指主人。《孔疏》："维君德能尽此顺时之美。"

⑧替：废止。引：延长。

信南山

【题解】

这是一首周王祭祖祈福的乐歌。与《楚茨》的意思大体相同，只是《楚茨》是秋、冬二祭的祭歌，而此首则是冬祭的祭歌。周代非常重视农业生产，为了取得丰收，经常举行祭祀活动。第一章写肥沃土壤的由来，是经过大禹治水后形成的，回顾了祖先的业绩。第二章讲风调雨顺，百谷苗壮。第三、四章，讲黍稷瓜菜丰收，用作祭品，敬献祖先神灵。第五、六章言祭祀过程，敬酒献牲，祖宗来享，赐福子孙后代。诗中有些细节写得非常生动，如献牲之事，如何手持鸾刀，剥去皮毛，取出血和脂膏。观此诗句，如临其境，真实而又生动。

信彼南山①，	连绵不断终南山，
维禹甸之②。	大禹治理好地方。
畇畇原隰③，	广阔高原和洼地，
曾孙田之④。	周王在此曾垦荒。
我疆我理⑤，	划定疆界挖沟渠，
南东其亩⑥。	田亩方正好种粮。

【注释】

①信:借为"伸",形容山势连绵不断之貌。南山:终南山。在今陕西西安南。

②甸:治理。之:指终南山周围的田野。

③畇畇(yún):田地平坦整齐貌。原:高地。隰(xí):低洼之地。此处指全部田地。

④曾孙:孙对先祖言,皆可称曾孙。此处指周王。田:治田,垦地。

⑤疆:划定地疆。理:划定沟涂。

⑥南:南北向。东:东西向。泛指四方。亩:田地。

上天同云①,	冬季天空云密布,
雨雪雰雰②。	满天飞雪纷扬扬。
益之以霡霂③,	加上小雨渐沥沥,
既优既渥④。	田地滋润得饱墒。
既沾既足⑤,	土地湿润水分足,
生我百谷。	使我百谷苗壮长。

【注释】

①上天:《释名》:"冬日上天,其气上腾与地绝也。"同云:阴云密聚,同天一色,故曰"同云"。

②雰雰(fēn):犹"纷纷",雪花飘落貌。

③益:加上。霡霂(mài mù):小雨。

④优:借为"漫",即雨水多。渥:润泽。

⑤沾:沾湿,湿润。足:借为"浞(zhuó)",小濡貌,即雨水把土地润湿。

疆埸翼翼①，	疆界田埂划齐整，
黍稷彧彧②。	黍子稷子长势强。
曾孙之穑③，	周王收获粮食多，
以为酒食。	做成酒食喷喷香。
畀我尸宾④，	献给神尸和宾客，
寿考万年。	祈求寿考万年长。

【注释】

①疆：田边的大界。埸（yì）：大田中的小田埂。《说文》："大界曰疆，小界曰埸。"翼翼：整饬貌。

②彧彧（yù）：庄稼茂盛貌。

③穑：收获谷物。

④畀（bì）：给予。

中田有庐①，	田中搭个茅草棚，
疆埸有瓜，	埂上种瓜绿莹莹。
是剥是菹②，	削去瓜皮作腌菜，
献之皇祖③。	作为祭品献祖宗。
曾孙寿考，	永保曾孙寿命长，
受天之祜④。	上天赐福保安宁。

【注释】

①庐：草庐，农人为耕作方便而临时建于田中的简易房屋。

②剥：指削去瓜皮。菹（zū）：腌制。

③皇祖：先祖之美称。

④祜(hù)：福。

祭以清酒①，	祭神献上清澄酒，
从以骍牡②，	再献赤黄大公牛，
享于祖考。	请我祖先来享受。
执其鸾刀③，	手持锋利金鸾刀，
以启其毛④，	剥开牛皮去掉毛，
取其血膋⑤。	取其鲜血和脂膏。

【注释】

①清酒：清澄的酒。祭祀时用。

②骍(xīn)：赤黄色的牲畜。周人尚赤，故选赤黄色牺牲物。牡：公牛。

③鸾刀：系有铃的刀。

④启：剥开。毛：指牲口的皮毛。

⑤膋(liáo)：又作"膫"，肠间的膏脂。古代祭礼，献血表示是新杀的牺牲，膏脂则放于艾蒿上焚烧，使香味上升。

是烝是享①，	冬祭祭品已献上，
苾苾芬芬。	散发浓郁的芳香。
祀事孔明，	祭祀完备又周详，
先祖是皇。	先祖神灵在徜徉。
报以介福，	神灵赐予大幸福，
万寿无疆！	将享福寿万年长！

【注释】

①烝:冬祭。享:祭献,上供。或以为"烝",即蒸煮之"蒸"。享,即"烹(亨)",煮也。

甫田

【题解】

　　此诗为暮春时节周王祭祀祈求丰年的乐歌。歌中讲述了田地的广阔,庄稼的茂盛,粮食的丰收,农夫的劳动,还有祭祀求福等情景。诗中可看到周人对农业生产的重视。周王亲自来到田间巡视,看到农夫努力耕耘,他们的妻子孩子也到田间送饭,田官也为这丰收景象而满心欢喜。面对这欣欣向荣的景象,平日威严的周王没有发怒,"曾孙不怒",实是喜悦。此诗可以使我们看到周人以农业为国家根本的态度,帝王亲自来到田间,过问、观察春耕的情况;还有丰年储备粮食,以备歉年救灾,这一自古形成的制度。这些史料的记载对了解周代社会是很珍贵的。诗中人物活动也描绘如画。孙𨭥评论说:"真率中却有腴味。盖由安插得好,亦以笔净故。若'食陈',若'烝士',若'尝旨否',皆是典故,乃随景插入,既增其态,复核其事,笔力何等高妙。"特别值得一提的是,诗中有两处提到"我田既臧,农夫之庆""黍稷稻粱,农夫之庆",是说粮食的大丰收是托了农夫的福,也就是说,靠了农夫的辛勤劳动。说明周代统治者重视民众,看到了劳动人民的巨大作用。

倬彼甫田①,	一片良田广无边,
岁取十千②。	每年获谷千万石。
我取其陈③,	取出往年储存米,
食我农人④,	分给农夫作食粮,

自古有年⑤。	自古丰年都这样。
今适南亩⑥，	我到南亩去巡视，
或耘或籽⑦，	农夫锄草培土忙，
黍稷薿薿⑧。	黍稷茂盛长得壮。
攸介攸止⑨，	停下巡视歇歇脚，
烝我髦士⑩。	招我田官问周详。

【注释】

①倬(zhuō)：广阔貌。《说文》："倬，大也。"甫田：大田，或以为指公田。

②十千：形容收获粮食之丰。朱熹《诗集传》曰："十千，谓一成之田。地方十里，为田九万亩，而以其万亩为公田，盖九一之法也。"意指在九分之一的公田上收获的粮食。

③陈：指陈旧粮食。

④食(sì)：拿东西给人吃。农人：农夫，指农奴。《诗集传》曰："言于此大田，岁取万亩之入以为禄食。及其积之久而有余，则又存其新而散其旧，以食农人，补不足，助不给也。"意将旧粮补助那些粮食不够吃的农人。

⑤有年：丰年。《诗集传》曰："盖以自古有年，是以陈陈相因，所积如此。然其用之之节，又合宜而有序如此，所以粟虽甚多，而无红腐不可食之患也。"是说丰年存粮的制度自古就有。

⑥适：往。南亩：向阳之地。

⑦耘：除草。籽(zǐ)：培土护苗根。

⑧薿薿(nǐ)：茂盛貌。

⑨攸：语助词。介：休息。止：止息。

⑩烝：进，召之前来。髦士：英俊之士，此处当指田畯，即公田的

农官。

以我齐明①，	黍稷盛在祭器里，
与我牺羊②，	还有纯色的羔羊，
以社以方③。	祭祀社神和四方。
我田既臧④，	我的庄稼大丰收，
农夫之庆⑤。	实赖农夫的福祥。
琴瑟击鼓，	奏起琴瑟打起鼓，
以御田祖⑥，	迎接祭祀我神农，
以祈甘雨⑦。	祈求甘霖从天降。
以介我稷黍⑧，	助我庄稼更繁茂，
以谷我士女⑨。	养育家人得安康。

【注释】

①齐(zī)明：指祭器中盛着黍稷，用以祭祀。齐，同"粢"。明，成。《释名》："成，盛也。"

②牺羊：献给神灵的羔羊。牺，指毛色纯一的牲畜。一说指牛。

③社：祭土地神。方：祭四方之神。

④臧：善，指田丰产。

⑤农夫之庆：指托农夫之福。《诗集传》曰："我田之所以善者，非我之所能致也，乃赖农夫之福而致之耳。"庆，福。

⑥御：迎祭。田祖：神农。

⑦甘雨：及时雨。

⑧介：助。指祭神求雨以助黍丰收。

⑨谷：养。士女：男女，指农夫及其子女。一说指"曾孙"的子女。

曾孙来止^①，　　　　　周王来到田地间，
以其妇子^②，　　　　　农夫叫他妻和子，
馌彼南亩^③，　　　　　送饭来到田头边，
田畯至喜。　　　　　田官看见心喜欢。
攘其左右^④，　　　　　拉着身旁的农夫，
尝其旨否^⑤。　　　　　尝尝味道鲜不鲜。
禾易长亩^⑥，　　　　　遍地禾苗长势旺，
终善且有^⑦。　　　　　最终丰收已在望。
曾孙不怒，　　　　　周王高兴没发怒，
农夫克敏^⑧。　　　　　农夫干活劲更强。

【注释】

①曾孙：指周王。

②以：带领。妇子：农夫与其妇其子。《郑笺》认为指曾孙的妇和
　子，即王后和世子。王先谦《毛诗传笺通释》反驳说："妇子自指
　农夫之妇子，非谓后、世子也。王亲耕，后亲蚕，后无随王省耕劝
　农之事。"

③馌（yè）：送饭。指送饭到田亩。

④攘其左右：指田畯向左右人让食，使尝饭之口味。攘，让。

⑤旨：美味。

⑥禾：禾稼。易：读为"移"，指禾相倚移，为禾盛之貌。长亩：竟亩，
　满田。

⑦终：既。且：又。有：多。

⑧克敏：指农夫干得又快又好。克，能。敏，快捷。

曾孙之稼，　　　　　周王收获的庄稼，

| 如茨如梁^①。 | 堆如房顶如桥梁。 |

如茨如梁①。　　　　　　　堆如房顶如桥梁。

曾孙之庾②，　　　　　　　储藏粮食的谷仓，

如坻如京③。　　　　　　　像那山坡像山冈。

乃求千斯仓，　　　　　　　还需上千的粮仓，

乃求万斯箱。　　　　　　　还需上万的粮厢。

黍稷稻粱，　　　　　　　　黍稷稻粱均丰登，

农夫之庆。　　　　　　　　实赖农夫的福祥。

报以介福，　　　　　　　　神灵赐予大幸福，

万寿无疆！　　　　　　　　将享万寿永无疆！

【注释】

①如茨：言收回的庄稼密如屋盖。茨，屋盖。形容圆形之谷堆。
　梁，本指桥梁，因桥梁呈隆起状，故此以形容长形谷堆。

②庾：露天粮囤。

③如坻（chí）如京：此句是形容谷粒堆集的情形。坻，山坡。京，
　高丘。

大田

【题解】

　　这是一篇歌颂农事的乐歌。一章从春耕言起，二章言夏耘除害，三章言秋成收获，四章写祭祀祈福。整篇所表现的纯是一派丰收景象。方玉润云："此篇重在播种收成，故从农人一面极力摹写春耕秋敛，害必务去尽，利必使有余，所以竭在下者之力也。凡文正面难于着笔，须从旁煊染，或闲处衬托，则愈闲愈妙，愈淡愈奇。……此篇省敛，本欲形容

稼穑之多,若从正面描摹,不过千仓万箱等语,有何意味? ……诗只从遗穗说起,而正穗之多自见。其穗之遗也,有低小之穗,为刈获之所不及者;有刈而遗忘,为束缚之所不备者;亦有束缚虽备,而为辇载之所不尽者;且更有辇载虽尽,而折乱在垄,为刈获所不削,而束缚之难拾者。凡此皆寡妇之利也。事极琐碎,情极闲淡,诗偏尽情曲绘,刻摹无遗,娓娓不倦。无非为多稼穑一语设色生光,所谓愈淡愈奇,愈闲愈妙,盖于烘托法耳。"请看讲留遗穗给寡妇的第三章,是多么生动,方氏所评语语皆是。

大田多稼①,	大田种的庄稼多,
既种既戒②,	选好种子修农具,
既备乃事③。	准备事项已办妥。
以我覃耜④,	用我锐利的犁头,
俶载南亩⑤。	开始南亩来干活。
播厥百谷,	播种黍稷等谷物,
既庭且硕⑥。	庄稼挺直且肥硕。
曾孙是若⑦。	周王顺心又快活。

【注释】

①大田:即"甫田",指公田。

②种:指选种子。戒:同"械",指修农具。

③备:完备。乃事:这些事,指上述工作。

④覃耜(sì):锐利的犁头。覃,"剡"的假借,锐利。耜,犁头。

⑤俶(chù):开始。载:从事。

⑥庭:通"挺",挺直,直生。硕:大,指肥壮。

⑦曾孙是若:指庄稼长势好,顺曾孙之意。若,顺。

既方既皂①，	禾苗结籽打了苞，
既坚既好②，	籽粒坚实又完好，
不稂不莠③。	不见稂苗和莠草。
去其螟螣④，	扑灭螟蛉灭蝗害，
及其蟊贼⑤，	蝼蛄也要都除掉，
无害我田稚⑥。	莫要伤害我幼苗。
田祖有神⑦，	农神显示大神威，
秉畀炎火⑧。	害虫投入火中烧。

【注释】

①方："房"之借，指谷穗始生，籽粒外苞尚未合拢。皂（zào）：指籽粒初生，尚未坚实。

②既坚既好：指籽粒坚实、饱满。

③稂（láng）：谷之有穗而不结实者。莠：似谷的野草，又名狗尾草。

④螟：食禾心的害虫。螣（tè）：食叶的害虫，即蝗虫。

⑤蟊（máo）贼：食禾根的害虫，又名蝼蛄。

⑥稚：幼禾。

⑦有神：有灵。

⑧秉畀（bì）炎火：此为古代用火消灭害虫的方法。秉，拿。畀，给予，此指投入火中。炎火，烈火。

有渰萋萋①，	浓浓阴云布满天，
兴雨祈祈②。	带来雨水降人间。
雨我公田，	雨水降落到公田，
遂及我私③。	同时滋润我私田。

彼有不获稺④，　　　　　有些青禾没收割，
此有不敛穧⑤。　　　　　有些庄稼没敛完。
彼有遗秉⑥，　　　　　　那里有把丢弃禾，
此有滞穗⑦，　　　　　　这里有个散落穗，
伊寡妇之利⑧。　　　　　孤苦寡妇来拾拣。

【注释】

①有渰(yǎn)萋萋：犹言"渰渰萋萋"，阴云密布之貌。
②兴雨：当从另本作"兴云"。祈祈：云盛貌。
③遂：遍。私：私田。旧以为指井田制，中为公田，四周八块皆为农
　民的私田。
④不获稺：没收割的未熟之禾。
⑤不敛穧(jì)：未收起的成把的遗禾。穧，聚禾成把谓之"穧"。
⑥遗秉：漏掉的禾束。
⑦滞穗：丢落地里的禾穗。
⑧利：好处。此指寡妇享利。

曾孙来止，　　　　　　周王来到这田间，
以其妇子，　　　　　　农夫叫他妻和子，
馌彼南亩，　　　　　　把饭和浆送到田，
田畯至喜。　　　　　　田官为此笑开颜。
来方禋祀①，　　　　　到此开始祭上帝，
以其骍黑②，　　　　　黄牛黑猪置案前，
与其黍稷③。　　　　　黍米稷米齐供献。
以享以祀，　　　　　　祭品让神来享受，

以介景福。   祈求幸福大无边。

【注释】

①来方禋(yīn)祀:曾孙到来正在举行祭祀。来,到来,指曾孙到来。

　　一说语助词,无实意。方,正在。禋,洁净的祭祀。

②骍黑:赤黄色与黑色的牺牲物。即牛羊猪之类。

③与:加上。

瞻彼洛矣

【题解】

　　朱熹《诗集传》说:"此天子会诸侯于东都以讲武事,而诸侯美天子之诗。言天子至此洛水之上,御戎服而起六师也。"大体不错。这是周王到洛水之滨会同诸侯检阅六军,诸侯赞美周王福德无疆的诗。第一章赞美周王戎服之美,二章赞美其佩刀装饰之精,三章赞美其福禄之多。全诗情调雍容和畅,笔墨简洁生动。各章都以"泱泱"洛水起兴,水势的浩荡宽广,表现了周王的气度宏大,也暗示着国力的强大。

瞻彼洛矣①,   望着眼前那洛水,

维水泱泱②。   水势茫茫在流淌。

君子至止③,   周王来到洛水滨,

福禄如茨④。   福禄多如茅茨样。

韎韐有奭⑤,   红色蔽膝多鲜亮,

以作六师⑥。   六师统帅检阅忙。

【注释】

①洛：洛水。古有二洛水，一发源于陕西西北，流入渭水；一发源于陕西南部，经洛阳而流入黄河。朱熹认为此诗所指为经洛阳而流入黄河的洛水。

②泱泱：水深广貌。

③君子：指周王。

④茨（cí）：茅草屋盖，有多层。比喻多。

⑤韎（mèi）：染成赤黄色的皮革。韐（gé）：蔽膝。此为天子有兵事时所穿。有奭（shì）：即"奭奭"，形容韎韐之色鲜红。

⑥六师：即"六军"，古者天子六师，每师二千五百人。

瞻彼洛矣，　　　　　　　望着眼前那洛水，
维水泱泱。　　　　　　　水势茫茫在流淌。
君子至止，　　　　　　　周王来到洛水滨，
鞞琫有珌①。　　　　　　剑鞘饰玉美又亮。
君子万年，　　　　　　　周王将享万年福，
保其家室②。　　　　　　保他室家永兴旺。

【注释】

①鞞（bǐ）：刀鞘，古代又名刀室。琫（běng）：刀鞘上部的装饰。有珌（bì）：即"珌珌"，玉饰花纹美丽貌。此句言刀鞘有玉为饰。

②家室：此处犹言"家邦"，即国家。

瞻彼洛矣，　　　　　　　望着眼前那洛水，
维水泱泱。　　　　　　　水势茫茫在流淌。
君子至止，　　　　　　　周王来到洛水滨，

福禄既同①。	福禄全聚他身上。
君子万年，	周王将享万年福，
保其家邦。	保其国家永安康。

【注释】

①既同：指福气会聚。既，完全。同，会聚。

裳裳者华

【题解】

这是周王赞美诸侯的诗。朱熹《诗集传》说："此天子美诸侯之辞，盖以答《瞻彼洛矣》也。"魏源《诗古微》说："《裳裳者华》，亦诸侯嗣位初朝见之诗，故与《瞻洛》相次。"魏氏认为此诗为"朝于东都所作"。第一章写见到"之子"的欢悦，第二章赞美他们内在的才华，第三章赞美他们体魄的强健，最后一章，希望他们能辅佐天子，一说鼓励他们能任用贤人。方玉润对此诗的主题持"阙疑"的谨慎态度，只是说："此诗与前篇互相酬答。上篇既无可考，则此亦当阙疑。唯末章似歌非歌，似谣非谣，理莹笔妙，自是名言，足垂不朽。"（《诗经原始》）

裳裳者华①，	鲜花盛开多辉煌，
其叶湑兮②。	叶子茂盛绿苍苍。
我觏之子③，	看到诸位贤君子，
我心写兮④。	我的心情真舒畅。
我心写兮，	我的心情真舒畅，
是以有誉处兮⑤。	因有美誉大家享。

【注释】

①裳裳："堂堂"之假借,花鲜明貌。

②湑(xǔ):叶盛之貌。

③我:天子自称。觏(gòu):见。之子:此人,指前来朝见的诸侯。

④写:同"泻"。《毛传》:"输写其心也。"是说心中话都倾吐出来,忧
　愁消除,心情舒畅。

⑤是以:因此。誉处:《孔疏》:"君臣相得,是以有声誉之美而处之
　兮。"即君臣处于美好声誉之中。

裳裳者华, 　　　　　　　　　鲜花盛开多辉煌,

芸其黄矣①。 　　　　　　　　怒放黄花多鲜亮。

我觏之子, 　　　　　　　　　看到诸位贤君子,

维其有章矣②。 　　　　　　　才华横溢有教养。

维其有章矣, 　　　　　　　　才华横溢有教养,

是以有庆矣。 　　　　　　　　因此喜庆事儿降。

【注释】

①芸其:即"芸芸",花黄盛貌。

②章:文章。指其人有教养,有才华。

裳裳者华, 　　　　　　　　　鲜花盛开多辉煌,

或黄或白。 　　　　　　　　　有的白色有的黄。

我觏之子, 　　　　　　　　　看到诸位贤君子,

乘其四骆①。 　　　　　　　　驾着四马气昂扬。

乘其四骆, 　　　　　　　　　驾着四马气昂扬,

六辔沃若②。   六条缰绳闪着光。

【注释】

①骆:黑鬃黑尾的白马。

②六辔:六条缰绳。沃若:光泽貌。

左之左之①,   左边有人来辅佐,

君子宜之②。   君子适宜辅助我。

右之右之,   右边有人来相佑,

君子有之③。   君子有才佑助我。

维其有之,   只因君子有其长,

是以似之④。   能继祖业福绵长。

【注释】

①左:和下文的"右",指左右辅弼,君子的帮手。马瑞辰《毛诗传笺
　通释》:"左之右之,宜从钱澄之说,谓左辅右弼。"

②君子:指前所言"之子"。一说指古之明王。宜:安定。

③有:取。意为取用他们。

④似:当为"嗣"之借。继承。

桑扈

【题解】

这是周天子宴请诸侯的诗。朱熹《诗集传》:"此亦天子燕诸侯之
诗。"王质《诗总闻》:"当是诸侯来朝,而归国饯送之际,美戒兼同。"诗的

首章以桑扈有文采的羽毛,比喻有才华的君子足以得福。次章以桑扈有文采的颈毛,比喻有才华的君子足以安邦。三章以屏障、栋梁来比喻诸侯地位的重要。末章告诫诸侯要谨慎不傲,才能得到更多福分。此诗多用比喻,简洁明快。

交交桑扈①, 　　　　　交交鸣叫桑扈鸟,
有莺其羽②。 　　　　　身有华丽的羽毛。
君子乐胥③, 　　　　　君子性情多快乐,
受天之祜④。 　　　　　当受上天的福报。

【注释】

①交交:鸟鸣声。亦作小貌。桑扈:鸟名,也叫布谷。

②有莺:即"莺莺"。羽毛有文采,喻诸侯有才华。莺,文采貌。

③君子:周王对诸侯之称。乐胥:快乐。胥,犹"兮"。

④祜(hù):福。

交交桑扈, 　　　　　交交鸣叫桑扈鸟,
有莺其领①。 　　　　　颈上羽毛闪闪亮。
君子乐胥, 　　　　　君子性情多快乐,
万邦之屏②。 　　　　　天下万邦的屏障。

【注释】

①领:鸟颈。此句言颈羽之美。

②屏:屏障,起护卫作用,此以喻重臣。

之屏之翰①，　　　　　你是屏障是栋梁，
百辟为宪②。　　　　　诸侯以你为榜样。
不戢不难③，　　　　　既和且敬守礼仪，
受福不那④。　　　　　受福多得难计量。

【注释】

①翰："榦"的假借。筑墙时支撑两侧的木板，用以挡土。

②百辟：指诸侯。辟，国君。宪：法式，典范。

③不戢不难：谓和且敬。不，两"不"字为语助词。戢，和。难，当读为"戁(nǎn)"，敬。

④不：语助词。那(nuó)：多。《毛传》："那，多也。不多，多也。"《尔雅·释诂》："那，多也。"

兕觥其觩①，　　　　　犀角酒杯弯又弯，
旨酒思柔②。　　　　　美酒醇厚味道香。
彼交匪敖③，　　　　　与人交往不骄傲，
万福来求④。　　　　　万福汇聚你身上。

【注释】

①兕觥(sì gōng)：古代酒器。觩(qiú)：角弯曲貌，形容觥的形状。

②思：语助词。柔：形容酒味口感绵柔。

③彼交匪敖：当从另一本作"匪交匪敖"。交，"傲"的假借，言语直而无礼貌。或以为交当作"骄"。敖，傲慢，倨傲。

④求：聚。

鸳鸯

【题解】

这是一首祝福的歌。首章以捕得鸳鸯象征得到福禄;二章以鸳鸯安睡象征留得福禄;三、四章以马在厩食草料,象征安然得福。但后人对此也有不同看法。有人认为这是祝贺新婚的诗。方玉润认为这是写幽王初婚的。朱熹则认为这是诸侯回答《桑扈》一诗的,是诸侯又回祝天子的诗。细酌诗意,似朱说较为合理。

鸳鸯于飞①,	鸳鸯双双空中飞,
毕之罗之②。	捕它用网又用毕。
君子万年,	祝福君子寿万年,
福禄宜之③。	福禄都和你相随。

【注释】

①鸳鸯:水鸟名。此鸟雌雄相守,偶居不离,古人以之象征恩爱
　夫妻。

②毕:长柄的捕鸟小网。罗:罗网。

③福禄宜之:犹言"福禄绥之"。宜、绥,都是安的意思。

鸳鸯在梁①,	鸳鸯休息在鱼梁,
戢其左翼②。	嘴插左翅睡得香。
君子万年,	祝福君子寿万年,
宜其遐福③。	宜享幸福福气长。

【注释】

①梁:水中拦鱼的石坝,即鱼梁。

②戢(jí):《释文》引《韩诗》曰:"戢,捷也,捷其噣于左也。"谓鸳鸯止
息时将喙插在左翅下。

③遐:长远。

乘马在厩①,	驾车马匹拴在厩,
摧之秣之②。	铡草拌料勤喂养。
君子万年,	祝福君子寿万年,
福禄艾之③。	幸福禄位将永享。

【注释】

①乘马:四匹马。厩:马棚。

②摧(cuò):铡碎的草。此指以草喂马。秣(mò):喂牲口的粮食,此
指以谷物喂马。

③艾:辅助。

乘马在厩,	驾车马匹拴在厩,
秣之摧之。	喂粮喂草勤喂养。
君子万年,	祝福君子寿万年,
福禄绥之①。	幸福禄位永安享。

【注释】

①绥:安也。

頍弁

【题解】

　　这是周王宴请兄弟亲戚的诗,诗可能产生在幽王之世,字里行间充满了末日的悲凉和感伤。《毛诗序》:"《頍弁》,诸公刺幽王也。暴戾无亲,不能宴乐同姓,亲睦九族,孤危将亡,故作是诗也。"朱熹《诗集传》说:"此亦燕兄弟亲戚之诗。"方玉润驳斥说,这不是寻常兄弟相聚之宴,而是"刺幽王亲亲谊薄","盖王平日亲亲谊薄,虽有宴乐,未能和睦。故同姓诸公借饮酒以讽刺之"。还有的研究者认为,这是写一个富豪贵族招待他的兄弟、姻亲来宴饮作乐,赴宴者作出这首诗,表示对这位贵族的依附。诗中表露了食客们阿谀奉承的嘴脸,以及追求享乐生活,以至醉生梦死的情绪。

有頍者弁①,	鹿皮礼帽真漂亮,
实维伊何②?	衣冠楚楚为哪桩?
尔酒既旨③,	您的酒味既甘醇,
尔肴既嘉。	您的菜肴也很香。
岂伊异人④?	难道来的是外人?
兄弟匪他⑤。	乃是兄弟坐一堂。
茑与女萝⑥,	茑萝松萝缠大树,
施于松柏⑦。	攀缘松柏才生长。
未见君子,	没有见到君子时,
忧心奕奕⑧。	忧心忡忡实难当。
既见君子,	既已见到君子面,
庶几说怿⑨。	才有喜悦没忧伤。

【注释】

①颏(kuǐ):有棱角貌。指皮弁顶尖,而其上有隅之貌。一说戴弁
　貌。弁(biàn):皮冠。

②实:犹"是"。维:为。伊何:为何。

③旨:美。

④伊:是。异人:异己之人,外人。

⑤匪他:言非他人。

⑥茑(niǎo):茑萝,攀缘植物。女萝:松萝。附生在大树上。

⑦施:延伸,攀缘。

⑧奕奕:心神不安貌。

⑨说怿(yì):即"悦怿",喜悦。

有颏者弁,　　　　　　　鹿皮礼帽真漂亮,

实维何期①?　　　　　　戴着皮帽为哪桩?

尔酒既旨,　　　　　　　您的酒味既甘醇,

尔肴既时②。　　　　　　您的菜肴也很香。

岂伊异人?　　　　　　　难道来的是外人?

兄弟具来。　　　　　　　至亲兄弟聚一堂。

茑与女萝,　　　　　　　爬藤茑萝和松萝,

施于松上。　　　　　　　攀缘松树才生长。

未见君子,　　　　　　　没有见到君子时,

忧心怲怲③。　　　　　　满怀忧愁实难当。

既见君子,　　　　　　　既已见到君子面,

庶几有臧④。　　　　　　没有烦恼喜洋洋。

【注释】

①何期(jī):犹"何其",为何。期,语气词。

②时:善。

③怲怲(bǐng):忧心盛满貌。

④臧:善。

有颁者弁,	鹿皮礼帽真漂亮,
实维在首。	端端正正戴头上。
尔酒既旨,	您的酒味既甘醇,
尔肴既阜①。	您的菜肴也很香。
岂伊异人?	难道他们是外人?
兄弟甥舅。	都是兄弟和舅甥。
如彼雨雪②,	如同天气将下雪,
先集维霰③。	先要降些雪霰冰。
死丧无日,	死丧之日将临近,
无几相见④。	没有机会再相庆。
乐酒今夕,	今晚大家要畅饮,
君子维宴。	君子宴乐要尽兴。

【注释】

①阜:多,指酒肴丰盛。

②雨雪:下雪。

③先集:密聚。含有落的意思。维:是。霰:米雪,雪珠。

④无几:无多,言相见之日不多。

车辖

【题解】

这是写一位青年迎娶新娘的诗。在迎娶新娘的路上,他驾着迎亲的彩车,憧憬着未来的美好生活,表现出欢快热烈的情绪。方玉润《诗经原始》认为此诗"嘉贤友得淑女为配也",又评论说:"其人学品既端,如高山之在望,景行之堪追,非得硕女,何堪来教?故于其乘车而往迎也,不啻饥渴之难待;其揽辔而来归也,愈见琴瑟之静好。遂不觉中藏而心写之,以为佳偶鲜觏,虽无旨酒,饮亦能甘;虽无嘉肴,食亦自饱。但恨无德可以称述于女,则唯有式歌且舞,以颂尔之新婚而已。"这篇迎亲诗,是诗人自道,还是朋友贺诗,见解各有不同,还需仔细揣摩。

间关车之辖兮①,	车子行进声格格,
思娈季女逝兮②。	美丽少女要出阁。
匪饥匪渴,	不再似饥又似渴,
德音来括③。	迎来新娘有美德。
虽无好友④,	纵没朋友来相贺,
式燕且喜⑤。	燕饮还是很快乐。

【注释】

①间关:象声词。指车轮转动发出的格格声。辖(xiá):同"辖",车轴两头的金属键,插在轴端孔内,以防车轮脱落。

②思:思慕。一说发语词。娈:美貌。一说与"恋"同,言爱慕。季女:少女。逝:往,指前往迎娶。

③德音:令闻,美誉。括:结合。

④虽:虽然。一说训"岂"。

⑤燕:宴饮,宴乐。

依彼平林①,	平原之上有树林,
有集维鹪②。	美丽野鸡枝上栖。
辰彼硕女③,	身材高大美少女,
令德来教④。	受过良好的教育。
式燕且誉⑤,	宴会快乐又欢喜,
好尔无射⑥。	永远爱你不厌弃。

【注释】

①依彼:即"依依",茂盛貌。平林:平原上的树林。

②鹪(jiāo):雄之长尾者。

③辰:善,美貌。硕女:身材高大的女子。古人以身材高大为美。

④令德:美德。来教:指季女在家受过良好教育。古代贵族女子出嫁前,有女师专门教她们妇德、妇言、妇容、妇功。

⑤誉:通"豫",欢乐。

⑥无射(yì):无厌。

虽无旨酒,	虽然酒味不够美,
式饮庶几①。	你也要来饮一饮。
虽无嘉肴,	虽然菜肴不太香,
式食庶几。	你也要来尝一尝。
虽无德与女②,	虽无美德与你配,
式歌且舞。	且歌且舞庆相会。

【注释】

①庶几:希望之词。

②德:德行,指美德。与:相与,相配。

陟彼高岗,	登上巍巍高山冈,
析其柞薪①。	砍下柞木作柴薪。
析其柞薪,	砍下柞木作柴薪,
其叶湑兮②。	叶子繁茂绿茵茵。
鲜我觏尔③,	终于与你成婚配,
我心写兮④。	我心终于得安稳。

【注释】

①析:劈开。柞薪:柞木薪柴。《诗》中言"薪"者,多与婚姻有关。此隐语谓已成婚礼。马瑞辰《毛诗传笺通释》:"按《汉广》有刈薪之言,《南山》有析薪之句,《豳风》之伐柯与娶妻同喻,诗中以析薪喻昏姻者不一而足。"

②湑(xǔ):枝叶茂盛貌。

③鲜:善,好。觏:当读为"媾(gòu)",即婚媾。

④写:同"泻",思念之情得以宣泄。

高山仰止①,	高山崔嵬我仰望,
景行行止②。	大道平坦任我行。
四牡骓骓③,	四匹雄马不停奔,
六辔如琴④。	六缰协调像弦琴。
觏尔新昏,	今天与你成婚配,

以慰我心。　　　　　　　　慰我思恋这番心。

【注释】

①仰止:仰望。止,之。

②景行:大道。

③骓骓(fēi):马行不止貌。

④如琴:形容六条马缰绳如琴弦般协调。以琴瑟设喻,象征婚姻
　美满。

青蝇

【题解】

　　这是斥责喜进谗言的人害人祸国的诗。诗人以青蝇起兴,阐述谗
言的危害,由浅入深,层层递进。第一章说君子不要听信谗言,第二章
说谗言害国,可见进谗的不是一般的人。第三章有"构我二人"之言,所
讲也并非一般的斥责谗言,而是有故实在内。但诗中究竟指何人何事,
已不可考。王先谦说:"青蝇集樊,君子信谗,害贤伤忠,患生妇人。"似
指幽王听信褒姒之谗害太子之事,可备一说。此诗以青蝇喻谗人,形象
贴切生动,后人也多采用,如陈子昂诗"青蝇一相点,白璧遂成冤",李白
诗"楚国青蝇何太多,连城白璧遭谗毁",秦观诗"谁知挥却青蝇辈,功在
春蚕一觉眠"。可见此诗影响之深远。

营营青蝇①,　　　　　　　苍蝇乱飞声嗡嗡,

止于樊②。　　　　　　　　飞上篱笆把身停。

岂弟君子③,　　　　　　　平和快乐的君子,

无信谗言。　　　　　　　　不要把那谗言听。

【注释】

①营营:象声词,犹"嗡嗡",苍蝇来回飞的声音。青蝇:苍蝇,此喻谗人。

②樊:篱笆。

③岂弟(kǎi tì):平易近人。

营营青蝇,	苍蝇乱飞声嗡嗡,
止于棘①。	飞上酸枣枝上停。
谗人罔极②,	谗人无德又无行,
交乱四国③。	扰乱四方不太平。

【注释】

①棘:酸枣树。与下文榛木,均指篱笆,古代多用带刺灌木编为篱笆墙。

②罔极:指行为不轨,有"无行"之意。一说无止。

③交乱:交错纷乱。四国:四方之国。

营营青蝇,	苍蝇乱飞声嗡嗡,
止于榛①。	飞上榛树枝上停。
谗人罔极,	谗人无德又无行,
构我二人②。	离间我俩的感情。

【注释】

①榛:灌木名。结实名榛子,可食。

②构:构祸。指离间。

宾之初筵

【题解】

《毛诗序》说:"《宾之初筵》,卫武公刺时也。幽王荒废,媟近小人,饮酒无度,天下化之。君臣上下沉湎淫液,武公既入而作是诗也。"《郑笺》:"淫液者,饮酒时情态也。武公入者,入为王卿士。"这是说当时为卿士的卫武公,目睹了朝廷饮酒无度的情况,作了这首讽刺诗。也有人认为这是卫武公悔过之作。朱熹《诗集传》说:"《毛氏序》曰卫武公刺幽王也。《韩氏序》曰卫武公饮酒悔过也。今按此诗意,与《大雅·抑》戒相类,必武公自悔之作。"方玉润《诗经原始》也认为此诗是"卫武公饮酒悔过也","武公初入为王卿士,难免不与其宴。既见其如此无礼,而又未敢直陈君失,只好作悔过用以自警,使王闻之,或以稍正其失,未始非诗之力也。古人教人,以言教不如身教;臣子事君,以言谏不如以身谏。武公立朝,正己以格君非,虽曰悔过,实以谲谏意耳"。这首诗确为写贵族饮酒的场面,由初始时讲究规矩,到酒醉后的丑态百出,展示了两千多年前贵族宴饮的实况。诗的前二章写初宴时秩序井然,三章写饮酒渐多,由序而乱,四章写酒后狂态,五章则以劝诫作收。诗中对醉态的描写十分精彩,用"屡舞仙仙""屡舞傞傞""屡舞僛僛",描写初醉、甚醉、极醉之态,活画出一幅醉客图。姚际恒评论说:"由浅入深,备极形容醉态之妙。昔人谓唐人诗中有画,岂知亦原本于《三百篇》乎!《三百篇》中有画处甚多,此《醉客图》也。"

宾之初筵[①],	宾客入座刚就筵,
左右秩秩[②]。	左右秩序井井然。
笾豆有楚[③],	杯盘碗筷摆整齐,
殽核维旅[④]。	菜肴果品都齐全。

酒既和旨⑤,	酒味醇美又绵软,
饮酒孔偕⑥。	喝着美酒礼不乱。
钟鼓既设,	钟鼓已经设妥当,
举酬逸逸⑦。	举杯敬酒也舒缓。
大侯既抗⑧,	最大箭靶已张好,
弓矢斯张⑨。	拉开大弓搭上箭。
射夫既同⑩,	参赛射手已集合,
献尔发功⑪。	各自显示射技娴。
发彼有的⑫,	每发定要命中靶,
以祈尔爵⑬。	战胜对手把酒罚。

【注释】

①初筵:宾客初入座的时候。筵,竹席。古代设筵于地,客人席地
　而坐。

②左右:犹"东西",筵席左右。宴会时,主人在东,宾在西。秩秩:
　肃敬而有秩序貌。

③笾(biān)、豆:古代食器名。楚:行列齐整貌。

④殽:菜肴,指豆中所盛鱼肉等菜肴。核:盛于笾中有核果类,即干
　果。维:是。旅:通"胪",胪列,陈设。

⑤和旨:指酒味柔和甜美。

⑥孔偕:指举杯同饮,礼节协调齐一,井然不乱。孔,甚。偕,同。

⑦酬:敬酒,这里指举杯劝饮。逸逸:犹"绎绎",来往不断貌。《毛
　传》:"往来次序也。"

⑧大侯:又称"君侯",是侯中最大者。侯,箭靶,以兽皮或布制成,
　其上加圆形或方形布块,叫做"的"或"鹄",射时以中的为胜。古
　礼射有不同等级的侯。《仪礼·乡射记》:"凡侯,天子熊侯,白

质;诸侯麋侯,赤质;大夫布侯,画以虎豹;士布侯,画以鹿豕。凡画者丹质。"抗:举,竖起。

⑨斯:语助词。张:张弓搭箭。

⑩射夫:指参赛的射手。同:会聚。

⑪献:犹"奏",表现。发:射箭。功:本领。这里有功力、技能之意。

⑫的:靶中心。

⑬以祈尔爵:古射礼,输者饮酒,即受罚酒。因而射手们都想着战胜对手,罚对手饮酒。祈,求。尔爵,犹言"尔饮"。爵,饮酒器,此处作动词,即以爵代指饮酒。

籥舞笙鼓①,	执籥起舞笙鼓响,
乐既和奏。	众乐和奏声悠扬。
烝衎烈祖②,	乐舞献给我祖先,
以洽百礼③。	礼仪合宜神来享。
百礼既至④,	各种礼仪既完备,
有壬有林⑤。	场面隆重又堂皇。
锡尔纯嘏⑥,	神灵赐你大福气,
子孙其湛⑦。	子孙将有快乐享。
其湛曰乐⑧,	子孙既然享快乐,
各奏尔能。	各献本领在靶场。
宾载手仇⑨,	宾客各自选对手,
室人入又⑩。	主人再次入赛场。
酌彼康爵⑪,	斟上满满一杯酒,
以奏尔时⑫。	献给胜者进一觞。

【注释】

①籥(yuè)舞:执籥而舞。籥,古乐器。似今之排箫。

②烝:进,献。衎(kàn):娱乐。烈祖:指创业的先祖。

③洽:合,配合。百礼:指各种礼仪。

④既至:已经齐备。

⑤有壬有林:形容礼仪规模宏大貌。壬,大。林,多。戴震《毛郑诗考证》:"此以形容百礼既至,壬壬然盛大,林林然多而不乱。"

⑥纯嘏(gǔ):大福。

⑦湛:乐,喜悦。

⑧其湛曰乐:即"湛乐"。其、曰,皆语助词,无实义。

⑨宾载手仇:指燕射,宾客选取比赛对手。此处写正射后的自由比赛。载,则。手,取,选择。仇,耦,指比赛对手。

⑩室人:主人。入又:即"又入",指再次参射。

⑪康爵:大爵。

⑫时:善,指善射者。

宾之初筵,	宾客入座刚就筵,
温温其恭①。	态度温厚又恭谦。
其未醉止,	他们没醉的时候,
威仪反反②。	举止庄重慎于言。
曰既醉止,	一旦喝得酩酊醉,
威仪幡幡③。	举止轻浮言放纵。
舍其坐迁④,	离开座位乱走动,
屡舞仙仙⑤。	胡乱舞动舞不停。
其未醉止,	他们没醉的时候,
威仪抑抑⑥。	举止谨慎又文静,

曰既醉止，　　　　　　　一旦喝得醉酩酊，
威仪怭怭⑦。　　　　　　言行放诞不文明。
是曰既醉，　　　　　　　还说当人喝醉时，
不知其秩。　　　　　　　忘记礼仪是常情。

【注释】

①温温：温柔和顺。《郑笺》："柔和也。"

②反反(bǎn)：同"昄昄"，举止庄重美好貌。

③幡幡：轻率无礼貌。

④舍：弃去。坐迁：指当坐当迁之礼。马瑞辰《毛诗传笺通释》："古
　者饮酒之礼，取觯(酒具)、奠觯皆坐。又凡礼盛者坐卒爵，其余
　则皆立饮。又有升降、兴拜、复席、复位诸礼，皆可以'迁'统之。
　舍其坐迁，盖谓舍其当坐当迁之礼耳。"即指酒后失礼，当坐饮而
　不坐，当离席而不离。

⑤仙仙：通"跹跹"，舞姿轻盈貌。此句指屡次起舞。

⑥抑抑：慎密貌。

⑦怭怭(bì)：轻薄亵慢貌。

宾既醉止，　　　　　　　宾客已经露醉容，
载号载呶①，　　　　　　又呼又叫闹不停。
乱我笾豆，　　　　　　　杯盘碗筷被打翻，
屡舞僛僛②。　　　　　　舞步凌乱斜着行。
是曰既醉，　　　　　　　还说当人喝醉时，
不知其邮③。　　　　　　出了错误弄不清。
侧弁之俄④，　　　　　　头上皮帽歪歪扭，

屡舞傞傞⑤。　　　　　　　胡蹦乱跳舞不停。
既醉而出，　　　　　　　　喝醉就应退出席，
并受其福。　　　　　　　　大家都有好心情。
醉而不出，　　　　　　　　喝醉还要继续饮，
是谓伐德⑥。　　　　　　　这种行为败德行。
饮酒孔嘉⑦，　　　　　　　饮酒本是好事情，
维其令仪⑧。　　　　　　　应当保有好品行。

【注释】

①号：号叫。呶(náo)：喧哗，吵闹。

②傲傲(qī)：醉舞身体歪斜状。

③邮："尤"的借字，过失。

④侧弁：歪戴帽子。之：是。俄：歪斜貌。

⑤傞傞(suō)：乱舞不止貌。

⑥伐德：害德，败德。

⑦孔嘉：甚美。

⑧令：善。仪：礼节。朱子云："饮酒之所以甚美者，以其有令
　仪耳。"

凡此饮酒，　　　　　　　　凡是与会来饮酒，
或醉或否。　　　　　　　　有的喝醉有的醒。
既立之监①，　　　　　　　既设酒监察礼仪，
或佐之史②。　　　　　　　又有史官记言行。
彼醉不臧，　　　　　　　　喝醉本来是坏事，
不醉反耻③。　　　　　　　反说不醉是败兴。

式勿从谓④，　　　　　　不要随人乱劝酒，

无俾大怠⑤。　　　　　　不要使他失礼行。

匪言勿言，　　　　　　　不当讲的不要讲，

匪由勿语⑥。　　　　　　无理之言把口停。

由醉之言⑦，　　　　　　醉汉之言胡乱道，

俾出童羖⑧。　　　　　　竟说公羊没犄角。

三爵不识⑨，　　　　　　三杯下肚头昏昏，

矧敢多又⑩。　　　　　　岂敢劝他再多饮。

【注释】

①监：指监酒之官，宴会上负责纠察礼仪。古者饮酒，立监以防失礼。

②佐：助。史：记事记言之官。

③彼醉不臧，不醉反耻：喝醉了本不好，可反以不醉者为可耻。不臧，不好。

④式：语助词。从：跟从。谓：劝。

⑤怠：怠慢，无礼。

⑥匪由勿语：不合理的不要说。由，式，法。

⑦由醉之言：因为喝醉说的话。由，从，因。

⑧童羖(gǔ)：没角的山羊。指小山羊。旧以为公山羊有角。此二句是说醉者荒唐之言，好像可生出无角的羖羊。

⑨三爵：三杯。不识：不知。指酒后糊涂状态。《孔疏》引《春秋传》："臣侍君燕，过三爵，非礼也。"此言不知三杯之礼。

⑩矧：何。又：通"侑"，劝酒。

鱼藻

【题解】

　　这是写周王在镐京饮酒,优游自乐的诗。曰"王在在镐",当是西周的作品。方玉润《诗经原始》认为:"此镐民私幸周王都镐,而祝其永远在兹之词也。"他认为是民众所作。张延杰《诗序解》说:"是篇写鱼之乐,藻蒲相依,悠然自得。盖兴王之在镐,颇安所居。其体近乎风。"二说均可通。

鱼在在藻①,	群鱼水藻丛中游,
有颁其首②。	游来游去见鱼首。
王在在镐③,	周王住在镐京城,
岂乐饮酒④。	逍遥快乐饮美酒。

【注释】

①藻:水草名,生在水底,叶狭长多皱。

②颁(fén):鱼大头貌。《毛传》:"颁,大首貌。"

③镐:镐京,西周京城,在今陕西西安西。

④岂乐:和乐。岂,同"恺",乐也。

鱼在在藻,	群鱼水藻丛中游,
有莘其尾①。	尾巴长长随波扭。
王在在镐,	周王住在镐京城,
饮酒乐岂。	喝着美酒乐悠悠。

【注释】

①莘（shēn）：鱼尾长貌。

鱼在在藻，	群鱼水藻丛中游，
依于其蒲①。	依傍蒲草好憩休。
王在在镐，	周王住在镐京城，
有那其居②。	宫室宏大好享受。

【注释】

①蒲：蒲草，水生植物。
②有那（nuó）：即"那那"，盛大貌。

采菽

【题解】

此诗写诸侯来周京朝拜周王，周王对他们有丰厚的赏赐，诗人作诗赞颂这一盛大之事。姚际恒《诗经通论》说："大抵西周盛王，诸侯来朝，加以锡命之诗。"张延杰《诗序解》说："此诗写王者锡诸侯命服颇谦虚，当是诸侯来朝，人君致礼。诗人睹此情景，慨然而赋，于以见盛世之象焉。"姚、张二人认为此诗作于西周盛世，是正确的。至于诗的作者，方玉润则认为"非出自朝廷制作，乃草野歌咏其事而已"，即作者乃民间人士。可备一说。诗以采菽、采芹、柞枝、杨舟起兴，即方玉润所说"事极典重而起极轻微"，用民间常见之物起兴，来歌咏朝廷重大事件。有研究者认为这是取谐音之法，"菽"谐"淑"，善也；"芹"谐"勤"，勤劳也；"柞"谐"祚"，国祚昌明也。"泛泛杨舟，绋纚维之"，兴周室赖诸侯维系而稳定"不陂"，又"舟""周"相谐，等等。也有一定道理。

采菽采菽①，	采摘鲜嫩豆叶忙，
筐之筥之②。	装满方筐和圆筥。
君子来朝③，	诸侯远道来朝见，
何锡予之④？	天子用啥作封赏？
虽无予之，	虽然没有大赐赏，
路车乘马⑤。	四马辂车也风光。
又何予之⑥？	此外还有什么赏？
玄衮及黼⑦。	黑色龙袍花纹装。

【注释】

①菽：大豆，此处指豆叶。

②筐：方形盛物竹器。筥（jǔ）：圆形盛物竹器。

③君子：指诸侯。

④锡予：给予。锡，即"赐"。

⑤路车：诸侯所乘之车。又作"辂车"。古礼，天子大路，诸侯路车，大夫大车，士饰车。作为天子赏赐，赐同姓诸侯以金路，赐异姓诸侯以象路。乘（shèng）马：四马。古制一车四马曰"乘"。

⑥又：还，追加之意。

⑦玄衮：画有卷龙图案的黑色礼服。黼（fǔ）：刺有白黑相间花纹的礼服。

觱沸槛泉①，	清澈喷涌泉水旁，
言采其芹②。	采摘芹菜多鲜香。
君子来朝，	诸侯远道来朝拜，
言观其旂③。	望见龙旗在飘扬。

其旂淠淠④，　　　　　　面面大旗随风舞，

鸾声嘒嘒⑤。　　　　　　铃声不停响叮当。

载骖载驷⑥，　　　　　　或驾三马或四马，

君子所届⑦。　　　　　　诸侯乘车到朝堂。

【注释】

①觱(bì)沸：指泉水涌出翻腾貌。槛泉：指泉眼众多，水盛涌出之泉。槛，为"滥"之借字。

②芹：水芹菜。

③旂(qí)：绘有蛟龙的旗帜。《周官》：上公建旂九旒，侯伯七旒，子男五旒。观其所建旌旂，可知晓诸侯之尊卑等级，故诗曰"言观其旂"。

④淠淠(pèi)：旗飘动貌。

⑤嘒嘒：象声词，指车上鸾铃之声。

⑥载骖载驷：此句说诸侯有驾三马的，有驾四马的。骖，一车驾三马。驷，一车驾四马。

⑦届：至，来到。

赤芾在股①，　　　　　　红色蔽膝遮大腿，

邪幅在下②。　　　　　　绑腿斜缠小腿上。

彼交匪纾，　　　　　　装束紧凑不松懈，

天子所予③。　　　　　　天子因此赐服装。

乐只君子④，　　　　　　各位诸侯真快乐，

天子命之⑤。　　　　　　因为天子策封赏。

乐只君子，　　　　　　各位诸侯真快乐，

福禄申之⑥。　　　　　　　洪福厚禄再嘉奖。

【注释】

①赤芾(fú)：革制红色蔽膝。诸侯所服。

②邪幅：即裹腿。

③彼交匪纾，天子所予：《郑笺》："彼与人交接，自偪(bī，紧意)束如
　此，则非有解怠舒缓之心，天子以是故赐予之。"

④只：犹"哉"，语气词。

⑤命：策命，此处是策封之意。古代帝王赐臣下爵位或赏物，都记
　于简策，由史臣宣读，谓之"命"。

⑥申：重，加。一再之意。《毛传》："申，重也。"

维柞之枝①，　　　　　　　柞树枝干粗又壮，
其叶蓬蓬②。　　　　　　　叶子茂密长势旺。
乐只君子，　　　　　　　　各位诸侯真快乐，
殿天子之邦③。　　　　　　辅助天子定四方。
乐只君子，　　　　　　　　各位诸侯真快乐，
万福攸同④。　　　　　　　万福集中你身上。
平平左右⑤，　　　　　　　你的臣下多娴雅，
亦是率从⑥。　　　　　　　跟你来到朝廷上。

【注释】

①柞：木名，即栎树。

②蓬蓬：茂盛貌。

③殿：镇，安抚。

④攸：所。同：聚。

⑤平平:娴雅之貌。或以为同"便便"。左右:指诸侯的臣下。

⑥率从:遵从。指左右随从君子而来朝。

汎汎杨舟①,	河中漂着杨木船,
绋纚维之②。	系着麻绳和竹缆。
乐只君子,	各位诸侯真快乐,
天子葵之③。	赐禄赐福天子管。
乐只君子,	各位诸侯真快乐,
福禄膍之④。	福禄重重说不完。
优哉游哉,	悠闲自得好日子,
亦是戾矣⑤。	终生定能保平安。

【注释】

①汎汎:随波漂流貌。杨舟:杨木做的舟。

②绋(fú):麻制的大绳。纚(lí):竹制的绳索。

③葵:"揆"之假借,训"揆度",指天子度量诸侯之德。

④膍(pí):厚,厚赐。

⑤戾:安定。

角弓

【题解】

这是一首劝告周王朝贵族不要疏远兄弟亲戚而去亲近小人的诗。《毛诗序》说:"《角弓》,父兄刺幽王也。不亲九族而好谗佞,骨肉相怨,故作是诗也。"方玉润则认为:"诗中无刺谗语,唯疏远兄弟而亲近小人,是此诗大旨。"说得很对。方氏又评论此诗的写作方法说:"前四章,疏远兄弟难保不相怨,而民且效尤,体多用赋。后四章,亲近小人,以至'不顾其后'而相残贼,诗纯用比。乃篇法变换处。"指出前用赋、后用比的艺术手法,是很正确的。

骍骍角弓①,	调好角弓绷紧弦,
翩其反矣②。	松弦就向反面弯。
兄弟昏姻③,	兄弟姻亲的关系,
无胥远矣④。	互相亲爱不疏远。

【注释】

①骍骍(xīn):弓调和貌。角弓:两端用兽角装饰的弓。

②翩其:即"翩翩",偏颇。指放松弓弦,则弓身向外伸展。比喻兄弟婚姻不可疏远。

③兄弟:指同姓亲属。昏姻:即"婚姻",指姻亲。

④胥:相。远:疏远。

尔之远矣,	你若疏远亲属们,
民胥然矣①。	民众学你也疏远。
尔之教矣②,	你能言教加身教,
民胥效矣③。	民众互相来仿效。

【注释】

①然:如此,这样。

②教:教导。

③效:仿效,效法。

此令兄弟①，　　　　　　　兄弟和睦是美德，

绰绰有裕②。　　　　　　　大家和气快乐多。

不令兄弟③，　　　　　　　兄弟缺少这美德，

交相为瘉④。　　　　　　　相互怀恨害处多。

【注释】

①令：善，美。

②绰绰：宽裕貌。

③不令：不善，指不相友善的兄弟。

④瘉（yù）：病。此指相互嫉恨。

民之无良①，　　　　　　　民众心地如不善，

相怨一方。　　　　　　　　就会相互成积怨。

受爵不让，　　　　　　　　受爵受封不相让，

至于己斯亡②。　　　　　　事关己私道理忘。

【注释】

①良：善。

②亡：通"忘"。

老马反为驹，　　　　　　　老马反作驹使唤，

不顾其后。　　　　　　　　不顾其后生祸患。

如食宜饇①，　　　　　　　如像吃饭只宜饱，

如酌孔取②。　　　　　　　又像喝酒不贪欢。

【注释】

①饫（yù）：饱。

②取：舀取。

毋教猱升木①，   猿猴爬树不用教，

如涂涂附②。   如泥涂墙容易牢。

君子有徽猷③，   君子善政去引导，

小人与属④。   小民自然跟着跑。

【注释】

①毋：不要。猱：猿猴类动物。升木：攀树。

②涂：泥浆。附：附着。《毛传》："涂，泥。附，着也。"

③徽猷：善道。徽，善。猷，道。

④属：附，随。

雨雪瀌瀌①，   大雪纷纷满天飘，

见晛曰消②。   阳光一照即融消。

莫肯下遗③，   居于上位不谦逊，

式居娄骄④。   别人学样要高傲。

【注释】

①瀌瀌（biāo）：雪盛貌。

②晛（xiàn）：太阳初升貌。消：融化。

③下遗：谦虚卑下对待人。遗，加，待之意。

④式：语助词。居：通"倨"，倨傲。娄：多次，常常。骄：高傲，傲慢。

雨雪浮浮①，	大雪纷飞下得厚，
见晛曰流②。	一见阳光成水流。
如蛮如髦③，	无良小人像蛮髦，
我是用忧。	对此我心深烦恼。

【注释】

①浮浮：雪大之貌。

②流：指雪融化为水。

③蛮：南蛮。髦：夷髦，西夷别称。蛮、髦，是周人对周边少数民族的蔑称。用以比喻小人。

菀柳

【题解】

这是一位大臣有功却获罪遭到流放，他心中充满怨恨，因而写了这首诗。《毛诗序》说："《菀柳》，刺幽王也。暴虐无亲而刑罚不中，诸侯皆不欲朝。言王者之不可朝事也。"吴闿生《诗义会通》说："此乃有功获罪之臣，作诗以自伤悼。"吴说更明确地点明了主题和作者。方玉润认为诗所刺者为厉王，"盖其所述非暴即虐，于厉王为尤近云"。此诗善用比兴手法，以枯柳不可止息，兴周王不可依靠；以鸟飞至天，兴周王变化莫测，十分贴切。

有菀者柳①，	柳树枝叶已枯黄，
不尚息焉②。	莫在树下去乘凉。
上帝甚蹈③，	周王喜怒太无常，

无自昵焉^④。　　　　　莫要接近取祸殃。

俾予靖之^⑤，　　　　　平定祸乱我有功，

后予极焉^⑥！　　　　　反而逐我到异乡！

【注释】

①菀(yuàn)：通"苑"，枯病。此以枯柳之下不可止息，兴周王不可
　依靠。

②尚：庶几，希望。

③上帝：此处指周王。蹈：变动。马瑞辰《毛诗传笺通释》："动者，
　言其喜怒变动无常。"

④昵(nì)：亲近，接近。

⑤靖：治，治事。或以为平定祸乱。

⑥极："殛"的假借，此处指流放。

有菀者柳，　　　　　　柳树枝叶已枯萎，

不尚愒焉^①。　　　　　莫到树下去休息。

上帝甚蹈，　　　　　　周王喜怒太无常，

无自瘵焉^②。　　　　　莫去当官找晦气。

俾予靖之，　　　　　　平定叛乱我有功，

后予迈焉^③！　　　　　将我流放到边地！

【注释】

①愒(qì)：休息。

②瘵(zhài)：祸害，病。《毛传》："瘵，病也。"

③迈：行。此有流放之意。

有鸟高飞，	鸟儿即便飞得高，
亦傅于天①。	最高不过到天上。
彼人之心②，	那人用心太险恶，
于何其臻③。	何等程度难估量。
曷予靖之④，	平定祸患我有功，
居以凶矜⑤！	竟罚我处凶险场！

【注释】

①傅：至，到。

②彼人：指周王。

③臻：至。言其为恶之心，不知将到何种地步。

④曷：为什么。

⑤居：处。凶矜：指凶险危困之地。此处指流放地。

都人士

【题解】

　　这首诗是说西周东迁之后，旧日的一位贵族回到了西周，他风度翩翩，不改旧日仪容，言谈举止温文尔雅。他的女儿娴雅端庄，黑发浓密上翘，十分可爱。西都的遗民都很仰慕他，因而勾起了诗人对旧日京都人物仪容的思念，写下此诗。朱熹《诗集传》说："乱离之后，人不复见昔日都邑之盛、人物仪容之美，而作此诗以叹惜之也。"接近诗意。《毛诗序》说："《都人士》，周人刺衣服无常也。古者长民，衣服不贰，从容有常，以齐其民，则民德归壹。伤今不复见古人也。"是说讽刺当时人们穿衣没有固定的样式，不如古时明王执政时代。细读此诗，恐无此意。王先谦《诗三家义集疏》认为此诗首章是逸诗。理由是：毛氏五章，三家皆止四章;二、三、四、五章士女对文,第一章专言士,并不及女,其词不类。后四章无一语照应前章,说明第一章为逸诗孤章。有一定道理。此诗确实有些费解。

彼都人士①,　　　　　当日西都的人士,
狐裘黄黄②。　　　　　穿着狐裘毛色黄。
其容不改③,　　　　　他的仪容没改变,
出言有章④。　　　　　讲话出口就成章。
行归于周,　　　　　　回到西周旧都城,
万民所望⑤。　　　　　引得万民仰首望。

【注释】

①都人士:京都人士,大约指当时京城贵族。或以为"都人"即"美人"。

②黄黄:形容狐裘之毛色。

③容:仪容风度。

④章:言谈有文采。

⑤望:仰望。

彼都人士,　　　　　　当日西都的人士,
臺笠缁撮①。　　　　　头戴草笠丝带飘。
彼君子女,　　　　　　娴雅端庄君子女,
绸直如发②。　　　　　稠密黑发如丝绦。
我不见兮,　　　　　　往日景象今不见,
我心不说。　　　　　　心中郁闷又苦恼。

【注释】

①臺笠:臺草编成的草帽。臺,通"薹",莎草,可制蓑笠。缁撮:黑布制成的束发小帽。

②绸直:头发稠密而直。

彼都人士,	当日西都的人士,
充耳琇实①。	填耳晶莹真漂亮。
彼君子女,	娴雅端庄君子女,
谓之尹吉②。	人称尹吉好姑娘。
我不见兮,	往日景象今不见,
我心苑结③。	心中郁郁实难忘。

【注释】

①充耳:又名瑱,塞耳。玉石制成的垂于冠两旁的饰物。琇(xiù):美石。实:言琇之晶莹可爱。

②尹吉:名叫尹吉的姑娘。或以为指尹姓与吉(姞)姓两大贵族。《郑笺》:"吉读为姞,尹氏、姞氏,周室昏姻之旧姓也。"

③苑(yùn)结:即"郁结"。指心中忧闷、抑郁。

彼都人士,	当年西都的人士,
垂带而厉①。	丝绦下垂身边飘。
彼君子女,	娴雅端庄君子女,
卷发如虿②。	卷发犹如蝎尾翘。
我不见兮,	往日景象今不见,
言从之迈③。	跟在他们身后瞧。

【注释】

①垂带:腰间所系下垂之带。厉:通"裂",即系腰的丝带垂下来。

②卷(quán)发:卷曲的头发。虿(chài):即蝎子,其尾部曲而上翘。此形容向上卷翘的发式。

③言:语气词,有"于焉"之意。从之:因之。迈:旧训"行",此言愿从之行。

匪伊垂之,	不是故意垂丝带,
带则有余。	丝带本来长有余。
匪伊卷之,	不是故意卷曲发,
发则有旟①。	头发稠密高耸起。
我不见兮,	不见往日的景象,
云何盱矣②。	心情怎能不忧郁。

【注释】

①旟:扬,上翘貌。

②盱:"吁"之借,忧伤。

采绿

【题解】

这是一位妇女思念出门在外丈夫的诗。朱熹《诗集传》说:"妇人思其君子。"《诗序辩说》:"此诗怨旷者所自作。"严粲《诗辑》说:"去时约以五日而归,今六日而不见,时未久而怨,何也? 古者新婚三月不从政。此新婚者之怨辞也。"据"六日不至"推断为新婚,可备一说。此诗通过妇女无心采绿采蓝,无心梳洗打扮,表现对丈夫的急切思念。又想起从前丈夫打猎、钓鱼时,她为丈夫装弓袋、理钓绳的温馨时光,丈夫比约定的时间晚回来一天,就使她思绪万千,可见夫妻的恩爱和女子对丈夫的痴情。也有人说,后二章写打猎、钓鱼之事,是她想象丈夫回来之后的事,吴闿生说:"三四章归后着想,真乃肠一日而九回。结句余音袅袅。"

终朝采绿①,	整个早晨采绿草,
不盈一匊②。	采了一捧还不到。
予发曲局③,	我的头发乱蓬蓬,
薄言归沐④。	赶快回家梳洗好。

【注释】

①终朝:整个早晨。一说终日。绿:草名,一名王刍,又有鸱脚莎、荩草、黄草等名。一年生草本,叶细似竹,汁可以染黄。

②匊(jū):一掬,一捧。

③曲局:弯曲,指头发弯曲蓬乱。

④薄言:语助词。"薄"字有急忙之意。归沐:回家洗发。沐,洗发。

终朝采蓝①,	整个早晨采蓝草,
不盈一襜②。	一衣兜也没采满。
五日为期,	本来说好五天归,
六日不詹③。	过了六天不回还。

【注释】

①蓝:草名,有多种,此处所言当是蓼蓝。可作染青蓝色的染料。

②襜(chān):围裙,又叫"护裙"。田间采集时可用以兜物。

③五日为期,六日不詹:此言相约五日为期返家,结果第六天了还

不回来。五日、六日非确指。詹,至,来到。

之子于狩①,	从前丈夫去打猎,
言韔其弓②。	我就为他装弓箭。
之子于钓③,	有时他要去钓鱼,
言纶之绳④。	我就为他理好线。

【注释】

①之子:此子。狩:打猎。

②韔(chàng):弓袋,此处作动词用,是说将弓装入弓袋。

③钓:钓鱼。

④纶:钓丝。此处作动词,即整理丝绳意思。

其钓维何①?	他所钓是什么鱼?
维鲂及鱮②。	有那鲂鱼和白鲢。
维鲂及鱮,	有那鲂鱼和白鲢,
薄言观者③。	鱼儿多多心喜欢。

【注释】

①维何:是何。维,是。

②鲂:鳊鱼。鱮(xù):鲢鱼。

③观者:《郑笺》:"观,多也。此美其君子之有技艺也。"此指钓的鱼众多。

黍苗

【题解】

这是一首反映周宣王时召伯营筑谢城的诗。周宣王封他的母舅于申，命召伯虎带领官兵、徒役，装载各种物资，经营申地，建筑谢城，作为国都。由于召伯的精心策划和经营，以及对参加筑城官兵和徒役的关心爱护，工程迅速完成，官兵和徒役也希望能尽快回家，因此唱出这首歌。方玉润《诗经原始》说："此诗明言召穆公营谢功成，士役美之之作。"是正确的。

芃芃黍苗①，	黍苗长得真茂盛，
阴雨膏之②。	阴雨滋润苗青青。
悠悠南行③，	南下征程路遥遥，
召伯劳之④。	召伯慰劳有真情。

【注释】

①芃芃(péng)：草木茂盛貌。

②膏：滋润。

③悠悠：长长。道路遥远貌。南行：指向谢地行进。谢在周京之南，故曰"南行"。

④召(shào)伯：此指召穆公，姓姬名虎，周初召公奭之后，为厉、宣、幽三朝大臣。劳：慰问。

我任我辇①，	我们挑担又拉车，
我车我牛。	马车牛车一路行，
我行既集②，	建筑谢城已完工，

盖云归哉^③！　　　　何不大家踏归程！

【注释】

①任：背负。辇：人力车，此处指拉车。

②集：完成。《郑笺》："集犹成也，其所为南行之事既成。"

③盖："盍"之假借，何不。

我徒我御^①，　　　　我们走路又驾车，

我师我旅^②。　　　　我们有师也有旅。

我行既集，　　　　建筑谢城已完工，

盖云归处^③！　　　　何不大家回家去！

【注释】

①徒：步行者，指步卒。御：驾车者。

②我师我旅：旧以为五百人为旅，五旅为师。王引之以为师旅为官名，师大于旅。

③归处：回去安居。

肃肃谢功^①，　　　　谢城工程快速成，

召伯营之^②。　　　　召伯策划并经营。

烈烈征师^③，　　　　威武雄壮筑城军，

召伯成之^④。　　　　召伯指挥成大功。

【注释】

①肃肃：迅疾貌。谢功：指营谢工程。谢，地名，周宣王徙封申伯于

谢邑。功,通"工"。

②营:经营。

③烈烈:威武貌。征师:远行之人。征,远行。师,众。

④成:成就。

原隰既平①,	高原洼地已平整,
泉流既清②。	泉水河流整治清。
召伯有成,	召伯成就此大功,
王心则宁。	周王欢喜心安宁。

【注释】

①原隰:高平曰"原",低洼曰"隰"。平:治,平整土地。

②清:《毛传》:"水治曰清。"此指疏通泉流。

隰桑

【题解】

这是一位女子的爱情自白。被爱的"君子",可能是她的丈夫,也可能是情人。我们在此采用了程俊英先生的说法:"这是一位妇女思念丈夫的诗。"(《诗经译注》)因诗中表现的感情热烈而坦荡,很像是夫妻久别重逢。方玉润则认为此诗"思贤人之在野也","桑而曰隰,则以兴贤人君子之在野者可知。夫以贤人君子而隐处岩阿,则朝廷之上所处非贤人君子之俦又可知"(《诗经原始》)。朱熹认为"此喜见君子之诗,……辞意大概与《菁莪》相类。然所谓君子,则不知其何所指矣"(《诗集传》)。

隰桑有阿^①，　　　　　　洼地桑树多婀娜，
其叶有难^②。　　　　　　叶子繁茂又润泽。
既见君子^③，　　　　　　见到我的丈夫归，
其乐如何。　　　　　　　　心中快乐难述说。

【注释】

①隰桑：长在低洼地里的桑树。阿：通"婀"，柔美的样子。
②难(nuó)：茂盛的样子。
③君子：指丈夫。

隰桑有阿，　　　　　　　　洼地桑树多婀娜，
其叶有沃^①。　　　　　　叶子丰厚又润泽。
既见君子，　　　　　　　　见到我的丈夫归，
云何不乐。　　　　　　　　心里怎能不快活。

【注释】

①沃：肥厚润泽。

隰桑有阿，　　　　　　　　洼地桑树多婀娜，
其叶有幽^①。　　　　　　叶子碧绿密又多。
既见君子，　　　　　　　　见到我的丈夫归，
德音孔胶^②。　　　　　　知心话儿难尽说。

【注释】

①幽：青黑色。这里指叶子深绿的样子。

②德音:美好的声音,好话。孔胶:很牢固。一说很盛,很多。

心乎爱矣,	爱你爱在内心窝,
遐不谓矣①?	何不明白对你说?
中心藏之②,	思念之情藏心中,
何日忘之!	哪有一日忘记过!

【注释】

①遐:何不。谓:说。

②中心:心中。

白华

【题解】

　　这是贵族的弃妇所写的一首怨诗。《毛诗序》说:"《白华》,周人刺幽后也。幽王取申女以为后,又得褒姒而黜申后,……周人为之作是诗也。"朱熹《诗集传》说:"申后作此诗。"《诗序辩说》又说:"此事有据,《序》盖得之。但幽后字误,当为申后刺幽王也。"方玉润赞同朱熹的看法,他说:"此诗情词凄惋,托恨幽深,非外人所能代,故《集传》以为申后作也。"但在其他典籍中找不到申后作《白华》的佐证。也有人认为这是一篇怀人的"闺怨"诗。诗言"之子之远,俾我独兮",显然是男子远出、女子思念之作。此诗每章前两句均用比兴,借物寄托自己的哀怨,倾诉心中的伤痛和幽怨。后二句直抒胸臆,诉说内心的不平,很有特色。方玉润《诗经原始》说:"全诗皆先比后赋,章法似复,然实创格。"这样的表现手法,即刻画出一位纯洁善良、直爽痴情的女子形象,也刻画了一个薄情寡义的负心汉的形象,使诗很具感染力。

白华菅兮①，	芬芳菅草开白花，
白茅束兮②。	白茅束好送给他。
之子之远③，	如今这人去远方，
俾我独兮④。	让我寂寞守空房。

【注释】

①白华：即"白花"，是指"菅"之白花。菅（jiān）：为茅的一种，亦名芦芒。

②白茅：又名丝茅，因叶似矛而得名。朱熹《诗集传》："盖言白华与茅尚能相依，而我与子乃相去如此之远。"

③之远：往远方。指弃己而去。

④俾：使。

英英白云①，	浓浓云雾空中飘，
露彼菅茅②。	沾湿菅草和丝茅。
天步艰难③，	我的命运多艰难，
之子不犹④。	他还不如云露好。

【注释】

①英英：又作"泱泱"，云洁白之貌。

②露：指水气下降为露珠，兼有沾濡之意。

③天步：指命运。

④不犹：不如。指不如云露还能滋润菅茅。

| 滮池北流①， | 滮池之水向北流， |

浸彼稻田。   浸润稻田绿油油。

啸歌伤怀②，   边号边歌心伤痛，

念彼硕人③。   思念那人在心头。

【注释】

①滮(biāo)池：古水名。在今陕西西安西。

②啸歌：谓号哭而歌。伤怀：忧伤而思。

③硕人：高大的人，犹"美人"，此处当指其心中的英俊男子。

樵彼桑薪①，   砍下桑树做柴薪，

卬烘于煁②。   烧在灶里暖在身。

维彼硕人，   想起那个健美人，

实劳我心③。   实在让我伤透心。

【注释】

①樵：薪柴，此处指采木为樵。桑薪：桑木柴火。是较好的薪柴。

②卬(áng)：我。女子自称。烘：烧，指烧火。煁(shén)：一种可移
动的小炉灶。

③劳：忧愁。

鼓钟于宫①，   宫中敲起大乐钟，

声闻于外。   钟声飘响在全城。

念子懆懆②，   怀念使我神不宁，

视我迈迈③。   你却视我如路人。

【注释】

①鼓钟：即敲钟。鼓，敲。

②懆懆(cǎo)：忧愁不安貌。

③迈迈：朱熹《诗集传》："迈迈，不顾也。"

有鹙在梁^①，	丑恶鹙鹰在鱼梁，

有鹙在梁^①，　　　　　丑恶鹙鹰在鱼梁，

有鹤在林^②。　　　　　高洁白鹤在林中。

维彼硕人，　　　　　想起那个健美人，

实劳我心。　　　　　实在煎熬我的心。

【注释】

①鹙(qiū)：水鸟名。其状如鹤而大，头项皆无毛。其性贪恶，好啖鱼、蛇及鸟雏。梁：鱼梁，拦鱼的石坝。

②鹤：鹤为高洁之鸟，亦食鱼。鹙、鹤皆以鱼为食，鹙之性贪恶而今在梁，鹤洁白而反在林，比喻所爱男子离己远去。

鸳鸯在梁^①，　　　　　一对鸳鸯在鱼梁，

戢其左翼^②。　　　　　嘴插翅下睡得香。

之子无良，　　　　　可恨这人没良心，

二三其德^③。　　　　　转眼之间把我忘。

【注释】

①鸳鸯：水鸟，亦食鱼。

②戢(jí)其左翼：鸳鸯把嘴插在左翼下休息。

③二三其德：三心二意，指感情不专一。

有扁斯石①，　　　　　　扁扁平平乘车石，
履之卑兮②。　　　　　　虽然低下有人踩。
之子之远，　　　　　　　恨他离我如此远，
俾我疷兮③。　　　　　　让我痛苦实难挨。

【注释】

①有扁：即"扁扁"，乘石的样子。乘石是乘车时所踩的石头。

②履：踩，指乘车时踩在脚下。此说乘石虽低，犹有人踩踏，自己还
　不如乘石。

③疷(qí)：忧病，指相思病。

绵蛮

【题解】

　　这首诗写的是行役之人，苦于长途跋涉，又困于饥渴，在十分无奈
的时候，遇上了一位好心的贵族，把他载在副车上，并给他吃喝，还安慰
他，开导他。他很感动，故作此诗以表达感激之情。这也体现了我们民
族助人为乐的传统美德。

绵蛮黄鸟①，　　　　　　那只美丽小黄鸟，
止于丘阿②。　　　　　　落在弯曲的山阿。
道之云远③，　　　　　　道路实在太遥远，
我劳如何④。　　　　　　我的劳累难诉说。
饮之食之，　　　　　　　他给我吃给我喝，
教之诲之。　　　　　　　教导我又开导我。

命彼后车⑤,　　　　　　命那后车停一停,
谓之载之⑥。　　　　　　吩咐让我坐上车。

【注释】

①绵蛮:双声词,文采貌。一说"鸟声"。黄鸟:黄雀。

②阿(ē):山坡弯曲处。

③云:语中助词,无实义。

④劳:劳累,疲劳。

⑤后车:后边的车,又名"副车"。

⑥谓之载之:命副车的驾车者载行役者而行。谓,告。

绵蛮黄鸟,　　　　　　那只美丽小黄鸟,
止于丘隅①。　　　　　　落在山丘的一角。
岂敢惮行②,　　　　　　哪敢害怕走远路,
畏不能趋③。　　　　　　只怕不能快快跑。
饮之食之,　　　　　　他给我喝给我吃
教之诲之。　　　　　　对我教育又开导。
命彼后车,　　　　　　命令后车停一停,
谓之载之。　　　　　　让他坐上歇歇脚。

【注释】

①丘隅:丘之一角。《郑笺》:"丘角也。"

②惮行:怕行路。《郑笺》:"难也。"

③趋:疾行。

绵蛮黄鸟，	那只美丽小黄鸟，
止于丘侧^①。	落在斜坡那山腰。
岂敢惮行，	哪敢害怕走远路，
畏不能极^②。	只怕目标到不了。
饮之食之，	他给我喝给我吃，
教之诲之。	对我教育又开导。
命彼后车，	命令后车停一下，
谓之载之。	让他坐上快点到。

【注释】

①丘侧：丘陵之旁，指山丘的旁坡。

②极：犹"至"，指到达目的地。

瓠叶

【题解】

这是一篇关于宴饮的诗。《毛诗序》说："《瓠叶》，大夫刺幽王也。上弃礼而不能行，虽有牲牢饔饩，不肯用也。故思古之人，不以微薄废礼焉。"《郑笺》："牛羊豕为牲，系养者曰牢，熟曰饔，腥曰饩，生曰牵。'不肯用'者，自养厚而薄于宾客。"朱熹《诗序辩说》云："《序》说非是，此亦燕饮之诗。"王质《诗总闻》曰："当为在野君子相见为礼。"诗中写到烧菜、烤兔肉、饮酒，菜肴虽然简约，但气氛融洽，宾主情绪快乐。诗的作者大概是宴会中的一位客人。第一章言初宴，第二章言献酒于宾，第三章言客人回敬主人，第四章言主客相互劝酒。生活中一个小片段，写出了友情的美好。

幡幡瓠叶①，
采之亨之②。
君子有酒，
酌言尝之③。

瓠叶翩舞瓠瓜香，
采来做菜又煮汤。
君子拿出香醇酒，
斟满酒杯请客尝。

【注释】

①幡幡（fān）：风吹瓠叶翻动貌。瓠（hù）：瓠瓜，又叫"葫芦"，果实、嫩叶皆可食。
②亨：即古"烹"字，煮的意思。
③酌：斟酒。言：助词。犹"而"。尝：品尝。

有兔斯首①，
炮之燔之②。
君子有酒，
酌言献之③。

野兔肉儿嫩又鲜，
有炮有烤香喷喷。
君子拿出香醇酒，
斟满酒杯献客人。

【注释】

①斯：语助词。首：头，只。朱熹《诗集传》："有兔斯首，一兔也。犹数鱼以尾也。"
②炮：以泥裹带毛肉而烧之曰"炮"。燔（fán）：去毛在火上烤曰"燔"。
③献：主人向宾客敬酒曰献。

有兔斯首，
燔之炙之①。

野兔肉儿鲜又嫩，
有燔有烤香喷喷。

君子有酒，　　　　　　君子备好香醇酒，
酌言酢之②。　　　　　　斟满酒杯敬主人。

【注释】

①炙(zhì)：用叉子叉着肉在火上烤。

②酢(zuò)：客饮主人所献酒后，向主人回敬酒叫"酢"。

有兔斯首，　　　　　　鲜嫩兔肉味儿美，
燔之炮之。　　　　　　有烤有炮成美味。
君子有酒，　　　　　　君子备好香醇酒，
酌言酬之①。　　　　　　相互敬酒同举杯。

【注释】

①酬：劝酒。

渐渐之石

【题解】

这是东征兵士慨叹征途劳苦的诗。《毛诗序》说："《渐渐之石》，下国刺幽王也。戎狄叛之，荆舒不至，乃命将率东征，役久病在外，故作是诗也。"朱熹《诗序辩说》认为"《序》得诗意，但不知果为何时耳"。此诗前两章均用赋体描述山高路远，征途劳苦。第三章突兀出现"有豕白蹢，烝涉波矣。月离于毕，俾滂沱矣"四句，造语奇峭。注家有各种解释，有认为写雨前的，有认为写雨后的，有说描摹实境的，有说虚拟起兴的。唯方玉润《诗经原始》解释十分到位，他说："此必当日实事。月离

毕而大雨滂沱，虽负涂曳泥之豕，亦烝然涉波而逝，则人民之被水灾而
几为鱼鳖者可知，即武人之沾体涂足，冒险东征，而不遑他顾者更可见。
四句只须倒说，则文理自顺，情景亦真。诗人造句结体与文家迥异，不
可以辞而害意也。"此段话对理解全诗也有启发。

渐渐之石①，　　　　　　　　　山峰险峻层岩峭，
维其高矣。　　　　　　　　　　高高上耸入云霄。
山川悠远，　　　　　　　　　　山重重来水迢迢，
维其劳矣②。　　　　　　　　　日夜行军多辛劳。
武人东征③，　　　　　　　　　将帅士兵去东征，
不皇朝矣④。　　　　　　　　　赶路不论晚和朝。

【注释】

①渐渐："崭崭"之借，山石高峻貌。

②劳：劳苦。一说读为"辽"，指辽远。

③武人：指东征将士。

④皇：遑，闲暇。朝：早上。朱熹《诗集传》："皇，暇也。言无朝旦之
　　暇也。"

渐渐之石，　　　　　　　　　　山峰险峻层岩险，
维其卒矣①。　　　　　　　　　高峻陡峭难登攀。
山川悠远，　　　　　　　　　　山川逶迤又遥远，
曷其没矣②。　　　　　　　　　不知何时到终点。
武人东征，　　　　　　　　　　士兵将帅去东征，
不皇出矣③。　　　　　　　　　一直向前不顾险。

【注释】

①卒(cuì)："崒"之借,高峻而危险貌。

②曷其没:言何时是尽头。没,尽,终。

③出:出险。朱熹《诗集传》:"谓但知深入,不暇谋出也。"

有豕白蹢①,	白蹄子的大小猪,
烝涉波矣②。	成群涉水踏波过。
月离于毕③,	月亮靠近天毕星,
俾滂沱矣④。	大雨滂沱汇成河。
武人东征,	士兵将帅去东征,
不皇他矣。	其他事情无暇做。

【注释】

①蹢(dí):蹄。

②烝:进。《毛传》:"进涉水波。"

③离:"丽"的假借,靠近。毕:星名,二十八宿之一的"毕宿",又叫"天毕"。

④滂沱:大雨貌。

苕之华

【题解】

这是饥民自伤生而不幸的诗。《毛诗序》说:"《苕之华》,大夫闵时也。幽王之时,西戎、东夷交侵中国,师旅并起,因之以饥馑。君子闵周室之将亡,伤己逢之,故作是诗也。"《序》说"大夫闵时",可为一说。全诗情调凄怆悲愤,造语奇特警辟。如"牂羊坟首,三星在罶"二句,写出因野无青草,而羊饿得头大体小;因水无鱼鳖,而水沉静可映星光。真是"举一羊而陆物之萧索可知,举一鱼而水物之凋耗可想"(王照圆《诗说》)。

苕之华①,	凌霄开了花,
芸其黄矣②。	花儿黄又黄。
心之忧矣,	内心真忧愁,
维其伤矣!	痛苦又悲伤!

【注释】

①苕(tiáo):又称凌霄、紫薇,花赤黄色。

②芸:极黄之貌。

苕之华,	凌霄开了花,
其叶青青。	叶子青又青。
知我如此,	知我这样苦,
不如无生!	不如不出生!

牂羊坟首①,	雌羊头很大,
三星在罶②。	鱼篓映星光。
人可以食,	人有食可吃,
鲜可以饱③!	岂望饱肚肠!

【注释】

①牂(zāng)羊:母羊。坟首:头大。这里指因饥饿所致,体小头大。

坟,大。

②三星:一说指参宿、心宿、河鼓三星。一说泛指星光,即三三两两
　的星光。罶(liǔ):鱼篓。此指罶中无鱼而水静,映出星光点点。

③人可以食,鲜可以饱:朱熹《诗集传》解作:"苟且得食足矣,岂可
　望其饱哉!"

何草不黄

【题解】

此诗是《小雅》中的最后一首,是征夫苦于行役的怨诗。西周末年,
"周室将亡,征役不息,行者苦之,故作此诗"(朱熹《诗集传》)。这首充
满抗议和控诉的诗,用反问的语调,诉说了征夫所过的非人生活。他们
被统治者视为草芥,视为禽兽,常年在外奔波,不能和家人团聚。这样
的痛苦已难以抑制,只能唱出来以宣泄这愤懑之情。

何草不黄?　　　　　　　什么草儿不枯黄?

何日不行?　　　　　　　什么日子不奔忙?

何人不将①,　　　　　　什么人儿不出征,

经营四方?　　　　　　　东西南北奔四方?

【注释】

①将:行,出征。

何草不玄①?　　　　　　什么草儿不腐烂?

何人不矜②?　　　　　　什么人儿不做单身汉?

哀我征夫，　　　　　可怜我们出征人，
独为匪民③。　　　　　偏偏不被当人看。

【注释】

①玄：黑，草枯烂的颜色。
②矜（guān）：通"鳏"，老而无妻。
③匪民：不是人。

匪兕匪虎①，　　　　　既非野牛又非虎，
率彼旷野②。　　　　　常在旷野里奔走。
哀我征夫，　　　　　可怜我们出征人，
朝夕不暇。　　　　　早晚忙碌不停休。

【注释】

①兕（sì）：野牛。
②率：循，沿着。

有芃者狐①，　　　　　狐狸尾巴毛蓬松，
率彼幽草。　　　　　躲进深深绿草丛。
有栈之车②，　　　　　高高役车道中行，
行彼周道。　　　　　行进漫长大路中。

【注释】

①有芃（péng）：即"芃芃"，兽毛蓬松的样子。
②有栈：即"栈栈"，役车高高的样子。

大雅

《大雅》三十一篇，是庙堂祭祀的乐章，全为西周时期作品，其作者多为周王朝的上层人物。内容以歌颂周朝先王先公的功绩，记述周朝的历史，以及政治、军事、祭祀等方面的活动为主。总的看来，格调比较庄严肃穆，很少风云月露之态，没有《小雅》灵秀清丽的风格及内容的多姿多样。但布局严整，叙事高妙曲折，读来也颇具神韵，同时也是了解周朝历史极其宝贵的第一手资料。

文王

这是一首政治诗，为周公旦所作。《毛诗序》说："《文王》，文王受命作周也。"《郑笺》："受天命而王天下，制立周邦。"全诗通篇用"赋"的手法，歌颂周文王受命于天建立周邦的功绩，叙述商周兴亡隆替的道理，告诫和勉励周成王及后世君王，要吸取殷商的教训，效法周文王顺应天命，实行德政。对周朝臣子及殷商归周诸臣，也反复叮咛告诫，要顺应天命效忠周朝，情意十分恳切。但对诗中的"天命观"思想，应批判对待。此诗的艺术手法很特别，下章首句和前章末句，文字或内容都相互承接，有的句子还完全相同，这样，使诗的内容相承不绝，又增加了诗的节奏感和音乐美。

文王在上①，　　　　　文王之灵在上方，
於昭于天②。　　　　　在那天上放光芒。
周虽旧邦③，　　　　　周朝虽然是旧邦，
其命维新④。　　　　　国运出现新气象。
有周不显⑤，　　　　　周朝前途真辉煌，
帝命不时⑥。　　　　　上天意志不可挡。
文王陟降⑦，　　　　　文王神灵升与降，
在帝左右。　　　　　　无时不在天帝旁。

【注释】

①文王：指周文王，名姬昌。

②於（wū）：赞叹声。昭：光明。

③旧邦：旧国。周由文王的祖父古公亶父建国，所以称"旧邦"。

④命：指天命。维：是。

⑤有：词头，无实义。不：通"丕"，大。下句"不时"之"不"同此。
　显：明。

⑥帝：上帝。时：善美。

⑦陟：升。降：下。

亹亹文王①，　　　　　亹勉辛勤周文王，
令闻不已②。　　　　　美好声誉传得广。
陈锡哉周③，　　　　　上帝令他兴周朝，
侯文王孙子④。　　　　子孙后代为侯王。
文王孙子，　　　　　　文王子孙多兴旺，
本支百世⑤，　　　　　本宗旁支百世昌。

凡周之士⑥，　　　　　　　凡在周朝为臣子，
不显亦世⑦。　　　　　　　世代显贵又荣光。

【注释】

①亹亹（wěi）：勤勉的样子。

②令闻：好声誉。

③陈：读为"申"，一再，重复。锡：同"赐"，赐予。哉：读为"兹"，此。

④侯：使之为侯。作动词用。

⑤本支：树木的根和枝。引申为本宗和支属旁系。

⑥士：指周朝的百官大臣。

⑦亦世：同"奕世"，累世。

世之不显，　　　　　　　世代显贵又荣光，
厥犹翼翼①。　　　　　　　为国谋划真周详。
思皇多士②，　　　　　　　英才贤士真正多，
生此王国。　　　　　　　有幸出生在周邦。
王国克生③，　　　　　　　周邦能出众贤士，
维周之桢④；　　　　　　　都是国家的栋梁。
济济多士⑤，　　　　　　　人才济济聚一堂，
文王以宁。　　　　　　　文王以此来安邦。

【注释】

①厥：其。犹：计谋。翼翼：思虑深远貌。

②思：发语词。皇：美好。

③克：能。

④维:是。桢:支柱,骨干。

⑤济济:多而整齐的样子。

穆穆文王①,	严肃恭敬周文王,
於缉熙敬止②。	正大光明又端庄。
假哉天命③,	天帝之命真伟大,
有商孙子。	殷商子孙归周邦。
商之孙子,	殷商子孙多又多,
其丽不亿④。	何止亿万难估量。
上帝既命,	上帝既已有命令,
侯于周服⑤。	他们臣服于周邦。

【注释】

①穆穆:仪表美好,容止端庄恭敬。

②於:感叹词。缉熙:奋发前进。敬:谨慎负责。止:语气词。

③假:大。

④丽:数目。不亿:不止一亿。古时以十万为亿。

⑤侯于周服:即“侯服于周”。侯,乃,就。服,臣服。

侯服于周,	殷商臣服归周邦,
天命靡常①。	可见天命不恒常。
殷士肤敏②,	殷臣壮美又敏捷,
祼将于京③。	来京助祭周廷上。
厥作祼将,	他们就在灌祭时,
常服黼冔④。	穿戴还是殷服装。

王之荩臣⑤，　　　　　　　周王任用诸臣下，

无念尔祖⑥。　　　　　　　牢记祖德不能忘。

【注释】

①靡常：无常。

②殷士：指殷商后人。肤：壮美。敏：敏捷。

③祼（guàn）：一种祭祀仪式。也称灌祭。将：举行。京：周朝京师。

④常：通"尚"，还是。服：穿戴。黼（fǔ）：古代贵族穿的绣有黑白相
间花纹的礼服。冔（xǔ）：殷商贵族戴的礼帽。

⑤王：指成王。荩（jìn）臣：进用之臣。

⑥无：语助词，无实义。

无念尔祖，　　　　　　　牢记祖德不能忘，

聿修厥德①。　　　　　　　继承其德又发扬。

永言配命②，　　　　　　　顺应天命不违背，

自求多福。　　　　　　　自求多福多吉祥。

殷之未丧师③，　　　　　　殷商未失民心时，

克配上帝。　　　　　　　能应天命把国享。

宜鉴于殷④，　　　　　　　借鉴殷商兴亡事，

骏命不易⑤。　　　　　　　国运不易永盛昌。

【注释】

①聿（yù）：唯。

②配命：合乎天命。

③师：众人。

④鉴：镜子。这里为借鉴。

⑤骏：大。

命之不易，	国运不易永盛昌，
无遏尔躬①。	不要断送你手上。
宣昭义问②，	宣扬美善好名声，
有虞殷自天③。	殷商前鉴是天降。
上天之载④，	上天之事有恒道，
无声无臭⑤。	无声无闻难知详。
仪刑文王⑥，	只要敬法周文王，
万邦作孚⑦。	天下万邦皆敬仰。

【注释】

①遏：停止，断绝。

②宣昭：宣明。义：善。问：通"闻"，声誉。

③有：又。虞：度，鉴戒。

④载：事。

⑤臭：气味。

⑥仪刑：效法。

⑦作：则。孚：信。

大明

【题解】

《毛诗序》说："《大明》，文王有明德，故天复命武王也。"这是周部族的史诗之一,从周武王的祖父母、父母写起,一直叙述到周武王与殷纣王在牧野的最后决战,生动形象地展现了这一波澜壮阔的历史画面。像这样的史诗,还有《生民》《公刘》《绵》《皇矣》等篇,这些篇章叙述了从周的始祖后稷创业到武王灭商的全部历史。读这些诗,我们不仅能得到高雅的艺术享受,还可获得不少历史知识。诗中虽然有不少天命论的思想,但也有对天命产生怀疑、强调以德兴国的正确主张。此诗规模宏大,结构严谨,跌宕起伏,气势恢宏,有较强的艺术表现力。尤其是对牧野之战的描写,绘声绘色,似乎再现了当时的战争场面。诗的语言也很精彩,如"洋洋""煌煌""彭彭"这样的形容词,不仅写出了战势的浩大和紧张,读起来也铿锵有力,琅琅上口。一些诗句,如"小心翼翼""天作之合"等也成了后人常用的成语。

明明在下①,	明明君德施天下,
赫赫在上②。	赫赫天命在上方。
天难忱斯③,	天命不变难相信,
不易维王④。	君王不能轻易当。
天位殷适⑤,	王位本属殷纣王,
使不挟四方⑥。	却又让他失四方。

【注释】

①明明:光明的样子,意指君王的德政。

②赫赫:显耀的样子,意指天命。

③忱(chén):相信。

④易:轻率怠慢。

⑤殷适(dí):殷的嫡嗣,即殷纣王。适,同"嫡"。

⑥使:此字上省略了主语"天"。挟:据有。

挚仲氏任①，	挚国任氏二姑娘，
自彼殷商，	来自大国叫殷商，
来嫁于周，	出嫁到我周国来，
曰嫔于京②。	京都成婚做新娘。
乃及王季③，	她与王季结成双，
维德之行④。	品德高尚美名扬。

【注释】

①挚:殷的一个属国名。仲氏:次女。任:姓。

②嫔:嫁。京:指周的京师。

③王季:太王古公亶父之子,文王的父亲。

④行:实行。

大任有身①，	婚后怀孕喜成双，
生此文王。	生下贤儿周文王。
维此文王，	就是这个周文王，
小心翼翼。	小心谨慎又图强。
昭事上帝②，	一片诚心侍上帝，
聿怀多福③。	带来福事一桩桩。
厥德不回④，	他的品德很高尚，
以受方国⑤。	四方归附民所望。

【注释】

①有身:怀孕。

②昭:明。事:侍奉。

③聿：同"曰"，语助词。怀：来。

④厥(jué)：其，他的。回：邪，违背正道。

⑤方国：方百里之国。一说四方归附之国。

天监在下①，	上天明察眼光亮，
有命既集②。	天命归于周文王。
文王初载③，	文王即位之初年，
天作之合④。	上天撮合配新娘。
在洽之阳，	新娘家在洽水北，
在渭之涘。	就在渭水河岸旁。
文王嘉止⑤，	文王爱慕新嫁娘，
大邦有子⑥。	赞美大国好姑娘。

【注释】

①监：视。

②有命：指天命。集：归。

③初载：初年。

④合：匹配。

⑤嘉止：美之，以之为美。止，同"之"，指太姒。

⑥大邦：大国。指莘国。子：指莘国国君的女儿。

大邦有子，	大国这位好姑娘，
俔天之妹①。	好比天仙一个样。
文定厥祥②，	下了聘礼订了婚，
亲迎于渭。	文王亲迎渭水旁。

造舟为梁，	大船相连当桥梁，
不显其光③。	大显光彩美名扬。

【注释】

①伣(qiàn)：如同，好比。

②文：礼。指聘礼。定：订婚。祥：吉。

③不：通"丕"，大。

有命自天，	上天来把天命降，
命此文王，	命令这位周文王，
于周于京。	在那周京建家邦。
缵女维莘①，	莘国有位好姑娘，
长子维行②，	长女大姒嫁文王，
笃生武王③。	天降厚恩生武王。
保右命尔，	命你保佑周武王，
燮伐大商④。	联合诸侯伐殷商。

【注释】

①缵(zuǎn)："㜺"的假借字，好。莘：古国名。

②行：出嫁。

③笃：厚。指天降厚恩。

④燮(xiè)：联合，协和。

殷商之旅，	殷商纠集大部队，
其会如林。	士兵多如密林样。

矢于牧野①：　　　　　武王誓师在牧野：

"维予侯兴②，　　　　"唯我周军最盛强，

上帝临女，　　　　　上帝在天看着你，

无贰尔心！"　　　　休怀二心争荣光！"

【注释】

①矢：发誓。这里可理解为誓师。牧野：古地名，在今河南淇县南。

②维：语助词，有"只"的意思。侯：乃。兴：强盛。

牧野洋洋①，　　　　广阔牧野是战场，

檀车煌煌，　　　　　檀木战车闪亮亮，

驷騵彭彭②。　　　　四马驾车真雄壮。

维师尚父③，　　　　参谋指挥师尚父，

时维鹰扬④。　　　　如同雄鹰在飞翔。

凉彼武王⑤，　　　　辅佐武王打胜仗，

肆伐大商，　　　　　穷追猛打伐殷商，

会朝清明⑥。　　　　清明世界一朝创。

【注释】

①洋洋：宽广辽阔的样子。

②驷騵(sì yuán)：四匹驾车的战马。騵，赤毛白腹的马。彭彭：健壮的样子。

③师：太师，官名。尚父：即吕尚，姓姜，后人称姜太公。

④鹰扬：像雄鹰展翅飞翔。

⑤凉：《韩诗》作"亮"，辅佐的意思。

⑥会朝：会战的早晨。清明：战争结束天下太平。

绵

【题解】

　　这是颂扬周民的祖先古公亶父由豳迁岐，建立家园，以及周文王驱逐混夷，任用贤臣，使周族日益强大的一首颂歌。全诗如同一幅幅按时间顺序绘制的连环画，生动而细腻地描绘出周原的广袤肥沃、人民的勤劳勇敢。特别是对劳动场面的描写，极其精彩生动，为我们了解古代人民的生活情况提供了很好的资料。

绵绵瓜瓞①，　　　　　连绵不绝瓜连瓜，
民之初生，　　　　　　周民诞生渐发达，
自土沮漆②。　　　　　从土迁到漆水下。
古公亶父③，　　　　　古公亶父创业难，
陶复陶穴④，　　　　　挖窑掏洞挡风寒，
未有家室⑤。　　　　　没有房屋怎么办。

【注释】

①绵绵：连绵不绝。瓞(dié)：小瓜。

②土：或作"社"，水名。沮："徂"的借字，到。漆：水名。

③古公亶(dǎn)父：文王的祖父。武王伐纣定天下后，追尊他为太王。古公，号。亶父，名或字。

④陶："掏"的借字。复：通"覆"，窑洞。穴：窟穴。

⑤家室：房屋。

古公亶父，	古公亶父忙视察，
来朝走马①。	清晨快马离开家。
率西水浒②，	沿着渭水向西奔，
至于岐下③。	来到岐山山脚下。
爰及姜女④，	偕同妻子贤太姜，
聿来胥宇⑤。	勘察地址好建房。

【注释】

①来朝：第二天早上。走马：马奔驰。

②率：循，沿着。水浒（hǔ）：水边。

③岐下：岐山之下。

④爰：乃，于是。姜女：古公亶父的妻子，姓姜，也称太姜。

⑤聿：语助词。胥：相，视察。宇：居处。

周原朊朊①，	周原肥美又宽广，
堇荼如饴②。	堇荼苦菜如饴糖。
爰始爰谋③，	大家谋划又商量，
爰契我龟④：	刻龟占卜求吉祥：
曰止曰时⑤，	卜辞说此可定居，
筑室于兹⑥。	就在这里建新房。

【注释】

①周：地名，在岐山南面。朊朊（wǔ）：土地肥美。

②堇（jǐn）荼：都是野菜，味苦。饴（yí）：饴糖。

③始、谋：计划。

④契：刻。龟：龟甲。此指用龟甲占卜。

⑤曰止曰时：曰，语助词。止，止于此，指居住在这里。时，是，同"止"意。

⑥兹：此。

乃慰乃止①，	于是安心住岐乡，
乃左乃右②，	左边右边都盖房，
乃疆乃理③，	划定疆界理好田，
乃宣乃亩④。	开沟松土整田忙。
自西徂东，	从西到东一个样，
周爰执事⑤。	各任其事喜洋洋。

【注释】

①慰：安心。

②左、右：分左右居住。

③疆：划定田地疆界。理：整理农田。

④宣：松土。亩：开沟筑垄。

⑤周：普遍。爰：语助词。执事：从事工作。

乃召司空①，	任命司空管工程，
乃召司徒②，	土地劳力司徒掌，
俾立室家③。	尽快建起新住房。
其绳则直④，	拉紧绳墨吊直线，
缩版以载⑤，	竖起木板打土墙，
作庙翼翼⑥。	建起宗庙真高敞。

【注释】

①司空:掌握建筑工程的官。

②司徒:掌管土地和调配劳力的官。

③室家:宫室房舍。

④绳:绳墨,准绳,以正地基。

⑤缩:束。版:筑墙时两边挡土的木板。载:载土。

⑥庙:宗庙。翼翼:严正的样子。

捄之陾陾①,	铲土噌噌扔进筐,
度之薨薨②。	投入版中轰轰响,
筑之登登③,	捣土之声登登登,
削屡冯冯④。	削墙之声呼呼呼。
百堵皆兴⑤,	百堵土墙皆竖立,
鼛鼓弗胜⑥。	人声更比鼓声旺。

【注释】

①捄(jū):把土铲进去。陾陾(réng):铲土声。

②度:把土投入版内。薨薨(hōng):填土声。

③筑:捣土使墙坚实。登登:捣土声。

④削屡:把土墙隆起处刮平。冯冯(píng):刮土声。

⑤兴:建成。

⑥鼛(gāo)鼓:大鼓名,长一丈二尺。敲此以鼓舞精神。弗胜:指胜
　不过人声。

乃立皋门①,	建起都城外城门,
皋门有伉②。	城门高大又雄壮。

乃立应门③，　　　　　建起王宫的正门，
应门将将④。　　　　　正门庄严又堂皇。
乃立冢土⑤，　　　　　建造土坛来祭祀，
戎丑攸行⑥。　　　　　大家前来祈吉祥。

【注释】

①皋门：王都的郭门。

②伉(kàng)：高大的样子。

③应门：王宫的正门。

④将将(qiāng)：庄严堂皇的样子。

⑤冢土：大社。指祭土神的坛。冢，大。土，通"社"。

⑥戎：大。丑：众。攸：乃。行：往。

肆不殄厥愠①，　　　　对敌愤怒未消除，
亦不陨厥问②。　　　　太王声誉传得广。
柞棫拔矣③，　　　　　柞树棫树都拔尽，
行道兑矣④。　　　　　交通要道皆通畅。
混夷駾矣⑤，　　　　　昆夷惊慌忙奔逃，
维其喙矣⑥！　　　　　气喘吁吁苦头尝。

【注释】

①肆：故，所以。殄(tiǎn)：杜绝，消灭。厥：其，指狄人。愠：愤怒。

②陨：坠，丧失。厥：指太王。问：通"闻"，声闻，声誉。

③柞棫(yù)：均为丛生灌木。拔：拔除干净。

④兑：通畅。

⑤混夷：古代西北部的少数民族，也称"昆夷"。驳(tuì)：受惊奔逃。

⑥维其：何其。喙(huì)：气短困顿的样子。

虞芮质厥成①，	虞芮两国不再争，
文王蹶厥生②。	文王感化改其性。
予曰有疏附③，	我有贤臣来归附，
予曰有先后④，	我有良才辅国政，
予曰有奔奏⑤，	我有良士在奔走，
予曰有御侮⑥！	我有猛将来御侮。

【注释】

①虞、芮：古代二国名。相传两国国君争田，到周文王前请求评断。他们到周朝境内被周人礼让之风所感动，不再争地。质：评断。成：指两国纠纷平息。

②蹶(guì)：动，感动。生：通"性"，天性，资质。此指虞、芮国君礼让的天性。

③曰：助词。疏附：归附。

④先后：指在王前后辅佐之臣。

⑤奔奏：指奔走效力之臣。

⑥御侮：指抵御外侮之臣。

棫朴

【题解】

这是歌颂周文王及其左右大臣的诗。歌颂文王能以"德"化育人材，使国家稳定，四方归附。《毛诗序》说："《棫朴》，文王能官人也。"方玉润《诗经原始》说:"文王能作士也。"这里说明文王既能培养人材,又善于选拔和任用人材,文臣武将各尽其职,同心协力,国家的景象如"倬彼云汉,为章于天"一样光明灿烂。

芃芃棫朴[1],	棫树朴树枝叶茂,
薪之槱之[2]。	可做祭天的柴烧。
济济辟王[3],	仪态端庄的君王,
左右趣之[4]。	群臣左右常围绕。

【注释】

[1]芃芃(péng):同"蓬蓬",草木茂盛貌。棫(yù):丛生小树,有刺。朴:木名,枣树的一种。

[2]薪:薪柴,此处作动词,砍柴。槱(yǒu):积木以点燃。这是古代祭祀的一种方式。《郑笺》:"祭皇天上帝及三辰(日、月、星),则聚积以燎之。"

[3]济济:仪容端庄貌。一说:美好貌。辟王:君王。此指周文王。

[4]左右:周王左右群臣。一说:助祭诸侯。趣:"趋"之借字,趋,快步走。此当指奔趋助祭。

济济辟王,	仪态端庄的君王,
左右奉璋[1]。	左右有人捧圭璋。
奉璋峨峨[2],	手捧圭璋著盛装,
髦士攸宜[3]。	俊士举止无不当。

【注释】

[1]奉:捧。璋:一种玉器。这里指一种玉柄的祭祀用的酒杯。

②峨峨:盛服严装之貌。一说:奉璋之貌。

③髦士:英俊之士。攸:所。宜:适合。

淠彼泾舟①,	战船行驶泾水上,
烝徒楫之②。	士卒划桨迎风浪。
周王于迈③,	周王顺流去征伐,
六师及之④。	六军跟随浩荡荡。

【注释】

①淠(pì):舟行水中声。泾舟:泾水之舟。泾,泾水。

②烝:众。徒:役夫,此指船夫。楫:划船的桨,这里指划船。

③于:往。迈:行。旧以为指出征。

④六师:指天子六军。及:追随,跟从。这是写文王伐崇。

倬彼云汉①,	看那明亮的天河,
为章于天②。	夜空美丽又莹彻。
周王寿考③,	周王健康且长寿,
遐不作人④?	造就人材多又多。

【注释】

①倬(zhuō)彼:即"倬倬",大而明貌。云汉:天河。

②章:文章,文采。此指天河星光灿烂。

③寿考:长寿,高寿。

④遐:长远。不:语助词。作人:造就人材。

追琢其章①，　　　　　精心雕琢勤修养，

金玉其相②。　　　　　品质金玉一个样。

勉勉我王③，　　　　　勤奋不已我周王，

纲纪四方。　　　　　领导天下保四方。

【注释】

①追琢：雕琢。追，"雕"之借字。章：外表，气度。

②相：品质，指内质。此言其本质如金玉之美。

③勉勉：勤勉不已貌。

旱麓

【题解】

　　这是歌颂周文王祭祀祖先而得福的诗。《毛诗序》说："《旱麓》，受祖也。周之先祖世修后稷、公刘之业，大王、王季申以百福干禄焉。""受祖"，即祭祀而得福。此诗多用"比兴"手法，风格接近民歌。首章、五章、六章以林木之盛兴周王福禄之多。二章以酒与器之精，兴周王福禄之盛。三章以鸟鱼各得其所，兴人材各得其用。四章言备牲酒祭祀，神灵必赐大福。五章言民来助祭，神来保佑。末章言求福得福。

瞻彼旱麓①，　　　　　遥看旱山那山麓，

榛楛济济②。　　　　　密密丛生榛与楛。

岂弟君子③，　　　　　平易和乐的周王，

干禄岂弟④。　　　　　和乐平易求福禄。

【注释】

①旱麓:旱山山麓。旱山在今陕西南郑西南。

②榛:木名。果实似栗而小,可食。楛(hù):木名,叶如荆而赤,又名赤荆。济济:众盛貌。

③岂弟(kǎi tì):和乐平易。君子:指周王。

④干禄:求福。

瑟彼玉瓒①,　　　　　　　鲜亮洁白玉酒壶,

黄流在中②。　　　　　　　装有金黄醇美酒。

岂弟君子,　　　　　　　　平易和乐的周王,

福禄攸降③。　　　　　　　天降福禄你享有。

【注释】

①瑟:"璱"之借,玉洁净鲜明貌。玉瓒:即"圭瓒",天子祭祀所用的酒器。

②黄流:指瓒中黄色之酒。

③攸降:所降。言福禄降于其身。

鸢飞戾天①,　　　　　　　苍鹰展翅飞上天,

鱼跃于渊②。　　　　　　　鱼儿跳跃在深渊。

岂弟君子,　　　　　　　　平易和乐的周王,

遐不作人③。　　　　　　　造就人材有远见。

【注释】

①鸢(yuān):即鹞鹰。戾天:至天。指飞至天上。

②渊:深潭。言皆得其所。"鸢飞戾天,鱼跃于渊",是说上下自然,
各得其所也。

③遐:长远。不:语助词。作人:造就人材。

清酒既载①,　　　　　　　祭神清酒已备好,
骍牡既备②。　　　　　　　红色公牛也备齐。
以享以祀,　　　　　　　　以此祭品祭神灵,
以介景福③。　　　　　　　祈求天降大福气。

【注释】

①载:陈设。或以为承载,言酒载于樽中。

②骍牡:毛色赤黄的公牛。周人尚赤,故祭祀用骍牡。

③介:求。景福:大福。

瑟彼柞棫①,　　　　　　　茂盛柞树棫树林,
民所燎矣②。　　　　　　　祭神可以做柴薪。
岂弟君子,　　　　　　　　平易和乐的周王,
神所劳矣③。　　　　　　　神灵佑助好国君。

【注释】

①瑟:众多貌。柞棫:二木名。

②燎:烧柴祭天。

③劳:慰劳。一说佑助。

莫莫葛藟①,　　　　　　　繁茂葛藤枝条长,

施于条枚②。	爬满树干树梢上。
岂弟君子,	平易和乐的周王,
求福不回③。	不违祖道求福祥。

【注释】

①莫莫:茂密貌。葛藟(lěi):藤本植物。

②施(yì):蔓延。条:树枝。枚:树干。

③不回:不违,言不违先祖之道。《郑笺》:"不回者,不违先祖之道。"

思齐

【题解】

这是歌颂周文王善于修身、齐家、治国的诗。《毛诗序》:"《思齐》,文王所以圣也。"朱熹《诗集传》说:"此诗亦歌文王之德,而推本言之。曰此庄敬之大任,乃文王之母,实能媚于周姜,而称其为周室之妇。至于大姒,又能继其美德之音,而子孙众多。上有圣母,所以成之者远;内百贤妃,所以助之者深。"朱氏概括得较为全面。诗的第一章很特别,不是直接赞美文王,而是先歌颂文王的母亲太任、太王古公亶父之妻,文王祖母周姜(太姜)以及文王的妻子太姒。文王的崇高优秀,正因为他继承了母亲庄敬诚笃的品质,以及祖母和悦婉顺的美好品德,同时也得力于他妻子太姒的帮助。这一章非常重要,这是"推本言之",然后才为歌颂文王奠定了基础。第二章歌颂他能忠于祖先遗训,光大祖业。第三章颂扬他处事和睦庄敬,修身自省。第四章歌颂他能排除重重危难及百姓的疾苦,善于倾听善言。最后一章,称颂他能培养人材,任用贤人,使周民族不断强大,盛德不会败坏。这里没有叙述他具体的功绩,但他高大的形象已展现出来。

思齐大任①，	太任端庄又严谨，
文王之母。	她是文王的母亲。
思媚周姜②，	周姜可亲又温顺，
京室之妇③。	都是王室的妃嫔。
大姒嗣徽音④，	太姒继承好遗风，
则百斯男⑤。	子孙繁盛周室兴。

【注释】

①思：发语词。齐：端庄。大任：即"太任"，文王父王季之妻，文王之母。

②媚：美好。周姜：即"太姜"，古公亶父之妻，王季之母，文王祖母。

③京室：犹"周室"，即周王室。

④大姒：即"太姒"，文王之妻。嗣徽音：继承美誉。徽音，美好声誉。

⑤则：乃。百：虚数，言其多。斯：其。男：男孩。这里指子孙。

惠于宗公①，	文王为政顺祖宗，
神罔时怨②，	祖宗神灵无怨容，
神罔时恫③。	祖宗安心没伤痛。
刑于寡妻④，	文王以礼待嫡妻，
至于兄弟，	友爱各位好兄弟，
以御于家邦⑤。	以身作则家邦理。

【注释】

①惠:亲顺,顺从。宗公:指先公,祖宗。

②神:指祖宗之神。罔:无。时:或,所。怨:怨恨。

③恫(tōng):伤痛。

④刑:通"型",典范。寡妻:嫡妻。

⑤御:治理。

雍雍在宫①,　　　　　　　宫中和睦又相亲,

肃肃在庙②;　　　　　　　肃穆庄重敬祖宗。

不显亦临③,　　　　　　　明处审察能自省,

无射亦保④。　　　　　　　僻处谨慎能自重。

【注释】

①雍雍:和谐貌。宫:宫室。

②肃肃:严肃恭敬貌。

③不:语助词。显:明。临:省察。

④无:语助词。射:通"夜",暗处,僻处。马瑞辰《毛诗传笺通释》认
　为以上二句的"不""亦""无"均为语助词,无实义,而"射"字与
　"夜""夕"叠韵,亦通用,有晦暗之意。故"不显亦临",犹如"显则
　临";"无射亦保",犹如"射则保"。临者,临视之意;保者,保守之
　意。言文王无时不惊惕也。

肆戎疾不殄①,　　　　　　大灾大难已消除,

烈假不瑕②。　　　　　　　恶疾害人也除尽。

不闻亦式,　　　　　　　　听到善言就采纳,

不谏亦入③。　　　　　　　有人劝谏倾心听。

【注释】

①肆:故,所以。戎疾:凶恶,灾难。不:语助词。殄:断绝。

②烈假:恶疾。不:语助词。瑕:远去。王先谦《诗三家义集疏》:"言凡如恶病害人者已退远矣。"

③不闻亦式,不谏亦入:以上二句,王引之《经传释词》曰:"两'不'字,两'亦'字皆语词。式,用也。入,纳也。言闻善言则用之,进谏则纳之。"不、亦,皆语助词。闻,听。式,用。入,纳。

肆成人有德,	成人都有好品行,
小子有造①。	青年也可立功勋。
古之人无斁②,	古人教导永继承,
誉髦斯士③。	选拔英才和贤能。

【注释】

①小子:指青少年,儿童。造:作为,造就。

②斁(yì):厌足。一说败坏。

③誉:有声誉。髦:俊,出类拔萃。斯士:指这些成人小子。王先谦《诗三家义集疏》:"言古之人教士无厌斁,故能使斯士皆成为誉髦也。"

皇矣

【题解】

这是一首叙述周王先祖功德的诗,诗中先叙述了太王开辟岐山,使昆夷退去之事;次写太伯、王季德行美好,得以传位文王;最后写文王伐密、伐崇的胜利。诗中特别强调了周人"敬天保民"的思想,这是周人成

功的关键,是全诗的主题。《毛诗序》说:"《皇矣》,美周也。天监代殷,
莫若周;周世世修德,莫若文王。"《郑笺》:"监,视也。天视四方可以代
殷王天下者,维有周耳。世世修行道德,唯有文王盛耳。"历代研究者多
赞同此说。朱熹《诗集传》说:"此诗叙大王、大伯、王季之德,以及文王
伐密伐崇之事也。"概括得准确扼要。全诗共八章,每章十二句,是《诗
经》周史中最长的一篇。诗中叙事虽多,但井然有序,语言精练生动,是
很有特色的篇章。孙鑛《批评诗经》说:"长篇繁叙,规模闳阔,笔力甚驰
骋纵放。然却有精语为之骨,有浓语为之色,可谓兼终始条理。"

皇矣上帝①,	英明伟大的上帝,
临下有赫②。	在上监临着人间。
监观四方③,	监察天下四方事,
求民之莫④。	了解万民的苦难。
维此二国⑤,	统治天下殷商国,
其政不获⑥。	不得民心政昏暗。
维彼四国⑦,	再看周边诸侯国,
爰究爰度⑧?	天下重任谁当担?
上帝耆之⑨,	上帝旨意在周国,
憎其式廓⑩。	并要增大他封疆。
乃眷西顾⑪:	于是回头望西方:
此维与宅⑫!	"在此居住最安详!"

【注释】

①皇:英明,伟大。

②临:从高处俯视。有赫:即"赫赫",明亮貌。

③监观:从高处观察。

④求:借为"救"。莫:通"瘼",病,疾苦。

⑤二国:当指夏、商二国。《尚书·石诰》:"我不敢不监于有夏,亦不可不监于有殷。"以夏、商的盛衰为教训。

⑥不获:指不得民心。

⑦四国:四方的国家。指殷商之外的其他诸侯国。

⑧爰究爰度:林义光《诗经通解》:"谓就四方之国而究度之,以求可作民主之人。其度究之者,天也。"爰,于是。究,谋,考虑。度,审度,辨识。

⑨耆:林义光《诗经通解》据《潜夫论》引作"恉",以为当训为"指",意向。"恉之言指,谓意之所向也。言上帝究度四国之后,意向于周,以为可作民主。"

⑩憎:憎恶。一说"增"的假借,扩大。式廓:规模。朱熹《诗集传》:"苟上帝之所欲致者,则增大其疆境之规模。"

⑪眷:回顾貌。西顾:向西顾视。周在西,故云。

⑫此:此地,指岐周。与:当读为"予",即"我"。宅:居住。此句是假想上帝说的话。

作之屏之①,　　　连砍带拔除杂草,
其菑其翳②。　　　枯枝朽木全除掉。
修之平之③,　　　修剪乱枝和散条,
其灌其栵④。　　　还有灌木新出苗。
启之辟之⑤,　　　开启山林辟出道,
其柽其椐⑥。　　　河柳椐树都除掉。
攘之剔之⑦,　　　剔除坏树留好树,
其檿其柘⑧。　　　山桑黄桑长得好。

帝迁明德⑨,	上帝保佑明德王,
串夷载路⑩。	犬戎失败满路逃。
天立厥配⑪,	上天立他当君主,
受命既固⑫。	接受天命国祚牢。

【注释】

①作:"槎"的假借,砍。屏:同"摒",除去。

②菑(zì):直立的枯树。翳:指倒地枯木。《毛传》:"木立死曰菑,自毙为翳。"

③修:修剪。平:平整。

④灌:灌木。栵(lì):"烈"的假借,《方言》:"烈,栒余也。"栒余,指树木砍伐后又生出的小枝。

⑤启:开发。辟:开辟。

⑥柽(chēng):河柳,生水旁,皮绛红色,枝叶似松。椐:又名灵寿木,节中肿,可以作手杖、马鞭。

⑦攘:除去。剔:剔剪。此指清除繁冗枝条,使之更快生长。

⑧檿(yǎn):又名山桑,可作弓及车辕。柘(zhè):又名黄桑,叶可以喂蚕。

⑨帝迁明德:此句言上帝的心向着有明德之人,故由殷王身上转移到周王身上。帝,上帝。迁,转移。明德,品德光明的人。

⑩串夷:指昆夷,亦称犬戎。载路:方玉润《诗经原始》:"谓满路而去。"言犬戎失败而逃。

⑪厥配:其配。配,指上可配天的君主。

⑫受命:接受天命。固:坚固。指国家巩固。

帝省其山①,	上帝考察这岐山,

柞棫斯拔②，	柞树棫树已拔光，
松柏斯兑③。	松柏林中道路畅。
帝作邦作对④，	帝建周邦选贤王，
自大伯王季⑤。	太伯王季始开创。
维此王季，	正是伟大的王季，
因心则友⑥，	体恤父心爱兄长。
则友其兄，	热爱兄长不辞让，
则笃其庆⑦。	福禄笃厚幸福长。
载锡之光⑧，	天赐王位显荣光，
受禄无丧，	接受福禄永不丧，
奄有四方⑨。	拥有四方疆域广。

【注释】

①省：视察。

②柞棫：两种丛生灌木名。斯：语助词。拔：连根拔除。

③兑：道路通畅。与《绵》篇"行道兑矣"的"兑"字同意。朱熹《诗集传》："言帝省其山，而见其木拔道通，则知民之归之者益众矣。"

④作邦：建立周国。对：《毛传》："对，配也。"《郑笺》："天为邦，谓兴周国也。作配，谓为生明君也。"《诗集传》："对，犹当也，言择其可当此国者以君之也。"

⑤大伯：即"太伯"，古公亶父的长子，文王的伯父。王季：文王之父。据史传记载，古公亶父有三子，长子太伯，次子仲雍，少子季历。季历有子曰昌，有才德，太伯想让他继承王位。太伯和仲雍知道父亲的意思，就逃到吴地，让位于季历。大王死后，季历为君，后来传位给昌，便是文王。

⑥因心：方玉润《诗经原始》引姚际恒曰："因心者，王季因大王之心

也,故受大伯之让而不辞,则是能友矣。"友:友爱。《毛传》:"善
　兄弟曰友。"

⑦笃:厚,多。庆:福气,福分。

⑧载:乃,则。锡:同"赐"。光:光荣,指王位。

⑨奄有:尽有。

维此王季,	这位英明的王季,
帝度其心,	上帝了解他思想,
貊其德音①。	清静美德传四方。
其德克明②,	他具美德明是非,
克明克类③,	分辨坏人和善良,
克长克君④。	能为人师做君王。
王此大邦⑤,	在这大国作君王,
克顺克比⑥。	上下和顺民心向。
比于文王,	直到文王即了位,
其德靡悔⑦。	文王德行美无双。
既受帝祉⑧,	上帝赐予的福祉,
施于孙子⑨。	施于子孙万代长。

【注释】

①貊(mò):清静。《诗集传》:"《春秋传》《乐记》皆作"莫",谓其莫然
　清静也。"德音:好声誉。

②克明:能明察是非。

③克类:能分别善恶种类。

④克长:教诲不倦,能为人师。克君:言能为人君主。

⑤王(wàng)：称王统治之意。大邦：指周。

⑥顺：和顺。比：三家《诗》作"俾"，训"服从"。于省吾认为此二句
　应作"王此大邦，克顺克从"，因古文"从"和"比"二字形近而误。
　这样，用词与韵读无有不符。

⑦靡悔：无遗恨。

⑧帝祉：上天之福。

⑨施(yì)：延续。孙子：即"子孙"。

帝谓文王：　　　　　　　上帝教诲周文王：

无然畔援①，　　　　　　不要攀援无主张，

无然歆羡②，　　　　　　不要美人贪欲强，

诞先登于岸③。　　　　　先登高岸胜在望。

密人不恭④，　　　　　　密人对周不恭顺，

敢距大邦⑤，　　　　　　胆敢抗拒周大邦，

侵阮徂共⑥。　　　　　　侵阮袭共太猖狂。

王赫斯怒⑦，　　　　　　文王勃然动了怒，

爰整其旅⑧，　　　　　　周军整顿去抵抗，

以按徂旅⑨，　　　　　　遏制密人侵邻邦，

以笃于周祜⑩，　　　　　国祚巩固周更强，

以对于天下⑪。　　　　　显扬天下国永昌。

【注释】

①无然：不要如此。畔援：又作"伴奂""畔换"等，当即"彷徨""盘
　桓"之音转，犹逍遥之意。

②歆羡：贪羡。非分的贪欲。

③诞：发语词。先：初。岸：高位。此数句是拟想上帝劝文王的话，
　要文王先占据有利地位。

④密：密须，古国名，姞姓，在今甘肃灵台西。恭：恭敬。

⑤距：通"拒"，抗拒。言拒周之命令。大邦：指周国。

⑥阮：古国名，在今甘肃泾川。徂：往，到。共：古国名，在今甘肃泾
　川北。一说阮国之地名。《毛传》："国有密须氏，侵阮，遂往
　侵共。"

⑦赫斯怒：勃然大怒。斯，语助词。

⑧爰：于是。旅：师旅，军队。

⑨按：遏止。徂：往。旅：军队，指密人侵略阮再袭击共的部队。

⑩笃：巩固。祜（hù）：福，此指国祚。

⑪对：扬。《广雅·释诂》："对，扬也。"

依其在京，　　　　　　　文王大军驻京地，
侵自阮疆①。　　　　　　此前息兵在阮疆。
陟我高冈②：　　　　　　我登高冈向远望：
无矢我陵③，　　　　　　没人再登我山陵，
我陵我阿；　　　　　　　这是我们山和冈；
无饮我泉，　　　　　　　没人再饮我泉水，
我泉我池。　　　　　　　这是我们泉和塘。
度其鲜原④，　　　　　　规划鲜原的土地，
居岐之阳，　　　　　　　徙居岐山面向阳，
在渭之将⑤。　　　　　　地方就在渭水旁。
万邦之方⑥，　　　　　　成为万邦的榜样，
下民之王⑦。　　　　　　天下人民的君王。

【注释】

①依其在京,侵自阮疆:此二句,《郑笺》云:"文王但发其依居京地之众,以往侵阮国之疆。"马瑞辰《毛诗传笺通释》辩驳曰:"侵当为寑(寑,息也),'依其在京'是已还兵于周京;则'侵自阮疆'是追述其息兵于阮疆之始。周人伐密,所以救阮,不得言侵阮也。"马氏所说为是。依,依凭。京,周地名。马瑞辰《毛诗传笺通释》曰:"王氏《经义述闻》曰:'依,盛貌。……言文王之兵盛,依然其在京地也。"

②陟:登。此是说文王收复了被密人占领的失地,登上了高冈。

③矢:一说为"逝"的借字,往意。一说指陈兵之陈。《郑笺》:"矢,犹当也。"意为当。

④度:度量,规划。一说训"宅",居也。鲜原:指小山下的平原。马瑞辰《毛诗传笺通释》:"鲜原,盖泛言小山下原,非地名也。"

⑤将:侧,旁边。

⑥方:法则,榜样。一说方犹"向",为万邦所向往。

⑦王:君王。一说通"往",归往。

帝谓文王:　　　　　　上帝告诉周文王:

予怀明德①,　　　　　你的美德我赞赏,

不大声以色②,　　　　没有疾言厉色样,

不长夏以革③。　　　　不用鞭棍治家邦。

不识不知④,　　　　　如同不知又不觉,

顺帝之则⑤。　　　　　遵循天意是法章。

帝谓文王:　　　　　　上帝明确示文王:

询尔仇方⑥,　　　　　有事咨询你友邦,

同尔弟兄⑦。　　　　　同你兄弟多商量。

以尔钩援⑧,	拿起攀城的钩援,
与尔临冲⑨,	临车冲车上战场,
以伐崇墉⑩。	讨伐崇国周更强。

【注释】

①予：我，上帝自称。怀：心向。明德：品德高尚的人，指文王。

②不大声以色：言不以大声与怒色对待下民。大声以色，犹言"声色俱厉"。以，与。

③不长夏以革：不用刑具对待人民。夏，通"榎"，指用夏木制作的打人工具。革，鞭革。也是刑具。

④不识不知：指不知不觉，自然而然。陈奂《诗毛氏传疏》："言文王性与天合。"

⑤顺：顺从，遵循。则：法则。

⑥询：谋。有征询、商量的意思。仇方：友邦。仇，匹也。

⑦弟兄：《孔疏》本作"兄弟"，今据《后汉书·伏湛传》引改。一说弟兄指同姓诸侯国。

⑧钩援：攻城时所用的战具。又叫钩梯。首端装有金属钩，钩于城沿，人可攀援而上，故叫"钩援"。

⑨临：临车，可居高临下以攻城的战车。冲：冲车，可冲击城墙的战车。

⑩崇墉：崇国的城堡。崇，古国名，是商的与国。在今陕西西安。据《史记》记载，崇侯虎谮西伯于纣，纣囚西伯于羑里。西伯之臣闳夭之徒求美女、奇物、善马以献纣，纣乃赦西伯，赐之弓矢铁钺，得专征伐。曰："谮西伯者，崇侯虎也。"西伯三年，伐崇侯虎而作丰邑。

临冲闲闲①，　　　　　临车冲车向前冲，
崇墉言言②。　　　　　崇国城墙高高耸。
执讯连连③，　　　　　接连不断抓俘虏，
攸馘安安④。　　　　　割下敌耳态从容。
是类是祃⑤，　　　　　举行类祭和祃祭，
是致是附⑥，　　　　　安抚残敌劝他降，
四方以无侮⑦。　　　　四方与国不受伤。
临冲茀茀⑧，　　　　　临车冲车气势壮，
崇墉仡仡⑨。　　　　　崇国城墙坚又强。
是伐是肆⑩，　　　　　突然袭击敌难挡，
是绝是忽⑪，　　　　　斩草除根敌命丧，
四方以无拂⑫。　　　　各国不敢再违抗。

【注释】

①闲闲：强盛貌。

②言言：高大貌。

③执讯：抓获的俘虏。讯，俘虏。连连：接连不断貌。

④攸：所。馘(guó)：割下敌军尸体左耳以记功叫"馘"。安安：从容
　不迫貌。

⑤类：出师前祭天。祃(mà)：出师后军中祭天。

⑥致：招致。一说送还。已克而不取其地。附：通"拊"，安抚。

⑦无侮：不敢欺侮，指四方诸国不敢欺侮周的与国。

⑧茀茀(fú)：强盛貌。

⑨仡仡(yì)：同"屹屹"，高耸貌。

⑩肆：突袭。

⑪绝、忽：都是灭绝的意思。

⑫拂：抗拒，违命。

灵台

【题解】

　　这是歌颂周文王建成灵台并游赏奏乐的诗。《毛诗序》："《灵台》，民始附也。文王受命，而民乐其有灵德，以及鸟兽昆虫焉。"朱熹《诗集传》："东莱吕氏曰：'前二章乐文王有台池鸟兽之乐也。后二章言文王有钟鼓之乐也。皆述民乐之词也。'"概括了诗的内容。而《孟子·梁惠王上》说："文王以民力为台为沼，而民欢乐之，谓其台曰灵台，谓其沼曰灵沼，乐其有麋鹿鱼鳖。古之人与民偕乐，故能乐也。"文王能与民同乐，才是这首诗的主旨。诗重在写园囿之乐，全诗充满了快乐的气氛。第一章言灵台功毕之速，以见民之乐事于此。第二章言王与民在苑中，与鹿乐处，不相惊扰的祥和景象。第三章言飞禽鳞介，各适其性的自得景象。后二章言辟廱钟鼓之乐。总之，全篇充满欢乐祥和的气氛。

经始灵台①，	开始规划造灵台，
经之营之②。	筹划经营巧安排。
庶民攻之③，	百姓闻风齐参建，
不日成之。	大功告成速度快。

【注释】

　　①经：经度。始：开始。灵台：台观名，其址在今陕西西安西北。《括地志》说：灵台唐时尚存，孤高二丈。马瑞辰《毛诗传笺通释》："《说苑·修文篇》云：'积恩为爱，积爱为仁，积仁为灵。灵台之所以为台者，积仁也。'"灵，亦训"善"，因文王有善德，而名

　　其台为灵台。

②经:度,测量地基。营:建立标记。

③攻:治,建造。

经始勿亟①,	建台本来不太急,
庶民子来②。	庶民百姓踊跃来。
王在灵囿③,	周王游览灵园中,
麀鹿攸伏④。	群鹿安卧在草丛。

【注释】

①勿亟:不必太着急。亟,同"急"。

②庶民子来:意思是说民众大人小孩都来参加建造灵台的劳动。或以为"子来"如子为父事而来那般热心。朱熹《诗集传》:"虽文王心恐烦民,戒令勿急,而民心乐之,如子趣父事,不召自来也。"

③囿:古代帝王蓄养禽兽以供游览的园林。还有一种是供帝王打猎的园囿。此指前者。

④麀(yōu):母鹿。攸伏:此指园中鹿群不受惊扰的状态。攸,所。伏,伏卧。

麀鹿濯濯①,	温顺母鹿壮又美,
白鸟翯翯②。	白鹤白鹭羽亮白。
王在灵沼③,	周王来到灵台沼,
於牣鱼跃④。	啊,满塘鱼儿游又跳。

【注释】

①濯濯:肥美貌。

②白鸟:指白鹭或白鹤。翯翯(hè):羽毛洁白光泽貌。

③灵沼:灵台所在地的池塘,因在灵台下,故称曰"灵沼"。

④於:美叹声。牣(rèn):满。朱熹《诗集传》:"鱼满而跃,言多而得其所也。"

虡业维枞①,	钟架崇牙已架好,
贲鼓维镛②。	大鼓大钟也挂牢。
於论鼓钟③,	啊,钟鼓排列已井然,
於乐辟廱④!	啊,辟廱之中乐无边!

【注释】

①虡(jù):悬挂钟磬木架的直柱子。业:装在虡上的横木大版,用以悬挂钟鼓磬等乐器。维:与,和。枞(cōng):又称"崇牙",业上的一排锯齿。《孔疏》:"悬钟磬之处,又以彩色为大牙,其状隆然,谓之崇牙。"

②贲(fén)鼓:大鼓。贲,借为"鼖"。镛:大钟。

③论:通"伦",次序。此指钟鼓排列有序。

④辟廱:文王离宫名,与汉儒所说的指皇家学校而言的"辟雍"不同。廱,指水泽池沼。离宫中有圆形池沼形如璧,所以称"辟廱"。

於论鼓钟,	啊,鼓声钟声齐声鸣,
於乐辟廱!	啊,快乐无边在辟廱!
鼍鼓逢逢①,	嘭嘭鼍鼓震天响,
矇瞍奏公②。	瞽师演奏庆成功。

【注释】

①鼍(tuó)鼓：鼍皮蒙的鼓。鼍，即扬子鳄，皮坚厚，可以制鼓。逢逢
（péng）：鼓声。

②矇瞍：盲人，古代乐师常由盲人充任。公：通"功"，成功。乐师奏
乐庆祝灵台建成。一说通"颂"。指乐师演奏颂歌。

下武

【题解】

这是赞美周武王能继承先王德业的诗。《毛诗序》："《下武》，继文
也。武王有圣德，复受天命，能昭先人之功焉。"《郑笺》："继文者，继文
王之王业而成之。昭，明也。"此诗的特别之处，是创造了一种被后人称
作"顶真"的修辞方法，如一、二、三和五、六各章，前章的尾句和后章的
首句相同，依次首尾相承，有如连环，读来朗朗上口，增加了诗的表
现力。

下武维周①，　　　　　　能继祖业唯周邦，
世有哲王②。　　　　　　我周世代有明王。
三后在天③，　　　　　　周初三祖神在天，
王配于京④。　　　　　　武王在镐为周王。

【注释】

①下武：指继承先人事业。下，后嗣。武，足迹。

②哲王：明哲之王。哲，明智。

③三后：指太王、王季、文王。后，王。

④王：指武王。配：上配祖德。京：镐京，周的都城。《郑笺》："此三

后既没登遐,精气在天矣。武王又能配行其道于京,谓镐京也。"

王配于京,	武王在镐为周王,
世德作求①。	世代祖德聚身上。
永言配命②,	言行符合上帝意,
成王之孚③。	为王诚信有威望。

【注释】

①世德:世代积德。作:为。求:通"述",匹配。言世代功德累聚,
　故能"永配天命"。

②配命:配合天命。

③成:完成。成就王业。孚:诚信,威信。一说:言能成为王者,可
　使天下信服。

成王之孚,	为王诚信有威望,
下土之式①。	成为四海的榜样。
永言孝思②,	永怀恭敬尽孝道,
孝思维则③。	孝行即是法先王。

【注释】

①下土:指天下。式:法式,典型。

②孝:孝心,孝道。思:语助词。

③则:法则。或效法。言周王之孝为臣民的典型。或以为"则"是
　指"则其先人"。《毛传》:"则其先人也。"

媚兹一人①，　　　　　四海爱慕周武王，
应侯顺德②。　　　　　顺祖之德好声望。
永言孝思，　　　　　　永怀恭敬尽孝道，
昭哉嗣服③。　　　　　昭告子孙切勿忘。

【注释】

①媚：爱。或以为美好。兹：此。一人：指周武王。

②应：当。侯：维，语助词。顺德：孝顺之德。或以为"顺"通"慎"。
　《郑笺》："能当此顺德，谓能成其祖考之功也。"

③昭哉嗣服：昭，当读为"诏"，告也。一说光明。哉，同"兹"，"兹"
　与"哉"声相近，故通用。嗣服，即继任其事者。嗣，继。服，事。
　此是告诉继事者要永怀孝心。

昭兹来许①，　　　　　昭告子孙要牢记，
绳其祖武②。　　　　　遵循祖先的足迹。
於万斯年③，　　　　　啊，周的基业万年长，
受天之祜④。　　　　　受天赐福永无量。

【注释】

①来许：后进。与上章"嗣服"意同。许，通"御"，进。

②绳：继承、遵循之意。祖武：祖先的足迹，指事业。武，迹。

③於：美叹声。万斯年：犹"万其年"，有"使其万年"的意思。

④祜(hù)：福。

受天之祜，　　　　　　受天赐福永无量，

四方来贺①。　　　　　　四方来贺国永昌。
於万斯年，　　　　　　啊，周的基业万年长，
不遐有佐②。　　　　　　远方各国为屏障。

【注释】

①四方：指四方诸侯。

②不遐有佐：言远方之国来佐助天子。遐，远。佐，助。

文王有声

【题解】

　　这是歌颂文王伐崇后迁都于丰、武王灭纣后迁都于镐两件大事的诗。《毛诗序》说："《文王有声》，继伐也。武王能广文王之声，卒其伐功也。"这是说武王继承文王之志，接着讨伐殷纣，平定天下。朱熹《诗集传》说："此诗言文王迁丰、武王迁镐之事。"方玉润《诗经原始》说："此诗专以迁都定鼎为言。"概括得很准确。迁都是周王朝的大事，它关系着国运兴衰。《诗经》中的史诗，多首都记载了迁都的事，如《生民》记后稷居邰，《公刘》讲公刘迁豳，《绵》述太王迁岐。几次迁都，都使周朝王业更加光大，成就了周代的光辉历史。此诗在表现手法上也有特点，即诗的各章的最后一句皆以单句赞辞结尾，可能这是配乐吟唱时，众口合唱之句，可以想见，气氛一定相当热烈。另外，首尾各二章末句直呼"文王""武王"来赞叹，三、四两章称文王为"王后"，五、六两章称武王为"皇王"，不仅写出了文、武二王的文武并美，称呼的变化也显现出作者的修辞工夫。

文王有声①，　　　　　　文王拥有好名望，

遹骏有声②。	巨大声誉扬四方。
遹求厥宁③,	求得天下得安宁,
遹观厥成。	终观大业已成功。
文王烝哉④!	啊! 文王伟大又英明!

【注释】

①声:好名声。

②遹(yù):同"聿""曰",发语词。骏:大。

③厥:其。宁:安宁。指邦国安宁。

④烝:美。这里是称赞之辞。

文王受命①,	文王接受天指命,
有此武功②。	成就辉煌的武功。
既伐于崇③,	举兵讨伐崇侯虎,
作邑于丰④。	建立新都就在丰。
文王烝哉!	啊! 文王伟大又英明!

【注释】

①受命:受天命。一说受纣命为西伯。

②武功:指伐四国及崇之功。

③崇:殷纣所封的诸侯国,殷末,其国君为崇侯虎。《周本纪》:"明年伐邘,明年伐崇侯虎而作丰邑。"

④丰:在今陕西西安丰水西。文王所都。

筑城伊淢①,	依照旧河筑城墙,

作丰伊匹②。	丰邑规模也相当。
匪棘其欲③,	并非满足己欲望,
遹追来孝④。	效法祖先兴周邦。
王后烝哉⑤!	啊!人人赞美周文王!

【注释】

①伊:为。淢(xù):借为"洫",即城沟,护城河。

②匹:相配,相称。《郑笺》:"方十里曰成。淢,其沟也,广深各八尺。文王受命而犹不自足,筑丰邑之城,大小适与成偶,大于诸侯,小于天子。"

③棘:非。棘:急。欲:欲望。《郑笺》:"此非以急成从己之欲。"

④遹:发语词。追来孝:朱熹《诗集传》:"特追先人之志,而来致其孝耳。"

⑤王后:君王,指文王。

王公伊濯①,	文王功业真辉煌,
维丰之垣②。	好似巍峨丰邑墙。
四方攸同③,	四方诸侯同归向,
王后维翰④。	支撑天下是栋梁。
王后烝哉!	啊!人人赞美周文王!

【注释】

①王公:王功,即王事。指文王的事业。濯:显著。

②垣:墙。指丰邑城垣。

③攸同:所同。此指四方同归于丰。

④翰:通"幹",言主干。

丰水东注^①,	丰水悠悠流向东,
维禹之绩^②。	大禹留下巨伟功。
四方攸同,	四方诸侯同归向,
皇王维辟^③。	武王是我好榜样。
皇王烝哉!	啊!光明武王美名扬!

【注释】

①丰水:源出于陕西秦岭,东北流,经丰邑之东与渭水合,注入黄河。

②禹之绩:禹之功绩。《郑笺》:"昔尧时洪水,而丰水亦泛滥为害。禹治之,使入渭东注于河,禹之功也。"

③皇王:大王。皇,大。指武王。辟:法则。

镐京辟廱^①,	离宫建成在镐京,
自西自东,	天下各地西到东,
自南自北,	从南到北都来聚,
无思不服^②。	没人对周不服从。
皇王烝哉!	啊!光明武王留美名!

【注释】

①镐京:西周都城,在陕西西安西,丰水东岸。武王灭商后,自丰迁都于此。辟廱:离宫。

②无思不服:指四方之人没有不归服者。思,语助词。

考卜维王^①,	武王占卜问吉凶,

宅是镐京②。	能否定都在镐京。
维龟正之③,	迁都之策龟兆定,
武王成之④。	建都工程武王成。
武王烝哉!	啊!武王伟大又英明!

【注释】

①考卜:指用龟甲卜卦。

②宅:居。

③正:定。或以为"正"为"贞"之借,指卜问。

④成:完成。指完成迁都之事。

丰水有芑①,	丰水岸边芑草旺,
武王岂不仕②?	武王岂能在闲逛?
诒厥孙谋③,	留下安民好谋略,
以燕翼子④。	保护子孙把国享。
武王烝哉!	啊!伟大英明周武王!

【注释】

①芑:草名,水芹菜。

②仕:事。

③诒:贻,遗留。厥孙:即"其孙",指子孙。言遗其子孙以善谋。

④以燕翼子:此句是以燕覆翼其子,喻武王之遗谋后嗣。朱熹《诗集传》:"言丰水之旁生物繁茂,武王岂不欲有事于此哉?但以欲遗孙谋以安翼子,故不得而不迁耳。"

生民

【题解】

　　这是周人记述其始祖后稷从出生到创业的长篇史诗,它是最早、最完整、最生动记录后稷这位农神的诗篇。《毛诗序》说:"《生民》,尊祖也。后稷生于姜嫄,文武之功起于后稷,故推以配天焉。"周人认为后稷的出生,是上天对周部族的眷顾。后稷一出生就充满了神异色彩。全诗共八章,首章写姜嫄怀孕的神异情况。一天她到野外去参加祭天的禋祭,踩在上帝的足迹上,欣然有感,怀上了后稷。这反映了周人此时尚处于母系氏族社会时代。第二章写后稷诞生时的神异情况。姜嫄十月怀胎,后稷顺利出生,但出生时,产妇产门不破,婴儿胞衣不裂,显然有异于普通的孩子。第三章写后稷多次被弃而遇难成祥的奇异经历。姜嫄因为生了这样一个奇怪的孩子,很害怕,就把他丢弃到狭巷中,但牛羊都庇护他。又丢到树林里,伐木人又救了他。丢到寒冰上,大鸟用羽翼温暖他。大鸟飞走,他大声哭了出来,人们都很惊讶,家人才开始抚养他。可见后稷从小就是一个不同寻常的人。后来他渐渐长大,刚会爬行,就聪明异常,会自己找食物吃,后来就会种豆、种瓜、种麦、无论种什么都生长茂盛,获得丰收。他还有一套种植方法,如除去杂草、选用良种等。可见后稷对我国早期的农业生产做出了巨大的贡献。诗中还细致、生动地描绘了周人耕种、收获,及丰收后祭祀上帝的壮美场面,语言极其优美生动,词汇也十分丰富,读来如见其人。《生民》一诗可谓古代诗歌中的一朵瑰丽的奇葩。

厥初生民①?　　　　周族祖先是谁生?
时维姜嫄②。　　　　她的名字叫姜嫄。
生民如何?　　　　　周族祖先怎降生?

克禋克祀^③,	祈祷上苍祭神灵,
以弗无子^④。	乞求生子有继承。
履帝武敏歆^⑤,	踩帝足迹怀了孕,
攸介攸止^⑥。	注意休息善养生。
载震载夙^⑦,	十月怀胎行端庄,
载生载育,	生下儿子养育忙,
时维后稷^⑧。	就是后稷周先王。

【注释】

①厥初：当初。民：周族人民。

②时：是，这。维：是。姜嫄（yuán）：也作"姜原"，传说为周人的女
始祖，后稷的母亲。

③克：能够。禋（yīn）：古代祭祀上帝的礼仪。

④弗：祛去灾难的祭祀。弗，为"祓"的假借字。

⑤履：践踏。帝：上帝。武：足迹。敏：大脚趾。歆：欢喜。

⑥攸：语助词。介：休息。止：止息。

⑦载：加强语气的助词。震：怀孕。夙：严肃。

⑧后稷：周人始祖，姓姬，名弃，后稷为官名。

诞弥厥月^①,	怀胎足月孕期满,
先生如达^②。	生下是个肉蛋蛋。
不坼不副^③,	既没开裂也没破,
无菑无害^④,	无灾无害身康健,
以赫厥灵^⑤。	显示灵异不平凡。
上帝不宁^⑥,	唯恐上帝心不安,

不康禋祀⑦,　　　　　　　　赶忙祭祀求吉祥,

居然生子⑧。　　　　　　　　虽生儿子不敢养。

【注释】

①诞:发语词。弥:满。此指怀孕足月。

②先生:初生。达:通"羍",初生的小羊。一说顺利,顺畅。

③坼(chè):裂开。指产门裂开。副(pì):破裂。指衣胞破裂。《毛
传》:"不坼不副,无菑无害,言易也。"此指后稷出生顺利,没给母
亲带来痛苦。

④菑:同"灾"。

⑤赫:显示。灵:灵异。

⑥宁:安。

⑦康:安。

⑧居然:徒然。

诞寘之隘巷,　　　　　　　　把他扔在胡同里,

牛羊腓字之①。　　　　　　　牛羊爱护来喂乳。

诞寘之平林②,　　　　　　　把他丢在树林里,

会伐平林。　　　　　　　　　恰巧有人来砍树。

诞寘之寒冰,　　　　　　　　把他丢在寒冰上,

鸟覆翼之③。　　　　　　　　鸟儿展翅将他护。

鸟乃去矣,　　　　　　　　　后来鸟儿飞走了,

后稷呱矣。　　　　　　　　　后稷啼哭声呱呱。

实覃实讦④,　　　　　　　　哭声又长又洪亮,

厥声载路。　　　　　　　　　路人听了都驻足。

【注释】

①腓:通"庇",庇护。字:爱。

②平林:平原上的树林。

③覆翼:用翅膀遮盖。

④实:是,这样。覃(tán):长。讦(xū):大。

诞实匍匐①,	后稷刚会地上爬,
克岐克嶷②,	显得聪明又乖巧,
以就口食。	小嘴能把食物找。
蓺之荏菽③,	长大一些会种豆,
荏菽旆旆④。	豆苗茂盛长得好。
禾役穟穟⑤,	种出谷子穗垂垂,
麻麦幪幪⑥,	麻麦葱葱无杂草,
瓜瓞唪唪⑦。	瓜儿累累也不少。

【注释】

①匍匐:爬行。

②岐、嶷:有知识,能识别。《毛传》:"岐,知意也。嶷,识也。"

③蓺:种植。荏菽:大豆。

④旆旆(pèi):茂盛的样子。

⑤禾役:禾穗。穟穟(suì):下垂的样子。

⑥幪幪:茂密的样子。

⑦瓞(dié):小瓜。唪唪(běng):果实累累的样子。

诞后稷之穑①,	后稷他会种庄稼,

有相之道② 。	他有生产好方法。
茀厥丰草③ ，	爱护禾苗勤锄草，
种之黄茂④ 。	选择良种播种早。
实方实苞⑤ ，	种子破土露嫩芽，
实种实褎⑥ 。	禾苗粗壮渐长高。
实发实秀⑦ ，	拔节抽穗结了实，
实坚实好。	谷粒饱满成色好。
实颖实栗⑧ ，	穗儿沉沉产量高，
即有邰家室⑨ 。	来到邰地乐陶陶。

【注释】

①穑:种植五谷。

②相:助。道:方法。

③茀(fú):除草。丰草:茂密的草。

④黄茂:金黄的谷类,良种谷物。

⑤方:萌芽刚出土。苞:禾苗丛生。

⑥种:谷种生出短苗。褎(yòu):禾苗渐渐长高。

⑦发:禾茎舒发拔节。秀:结穗。

⑧颖:禾穗籽粒饱满下垂。栗:收获众多。

⑨即:往。有邰(tái):古代氏族,传说帝尧因后稷对农业生产的贡
　献而封他于邰。

诞降嘉种① ，	上天赐予优良种，
维秬维秠② ，	黍种就是秬与秠，
维穈维芑③ 。	还有穈子和高粱。

恒之秬秠④，	秬子秠子遍地长，
是获是亩⑤。	成熟季节收获忙。
恒之穈芑，	穈子高粱种满地，
是任是负⑥，	挑着背着运家里，
以归肇祀⑦。	归来开始把神祭。

【注释】

①降：赐与。

②维：是。秬(jù)：黑黍。秠(pī)：黍的一种，一壳中含有两粒黍米。

③穈(mén)：一种谷物，又名赤粱粟。芑(qǐ)：一种白苗高粱。

④恒(gèn)：通"亘"，遍，满。

⑤获：收割。亩：堆在田里。

⑥任：挑。

⑦肇祀：开始祭祀。

诞我祀如何？	祭祀场面什么样？
或舂或揄①，	有的舂米或舀米，
或簸或蹂②。	有的搓米扬谷糠。
释之叟叟③，	淘米之声嗖嗖响，
烝之浮浮④。	蒸饭热气喷喷香。
载谋载惟⑤，	祭祀之事共商量，
取萧祭脂⑥。	燃脂烧艾味芬芳。
取羝以軷⑦，	杀了公羊剥了皮，
载燔载烈⑧，	烧烤熟了供神享，
以兴嗣岁⑨。	祈求来年更兴旺。

【注释】

①揄(yóu)：将舂好的米从臼中舀出。

②簸：扬去糠皮。蹂：用手揉搓。

③释：淘米。叟叟：淘米声。

④烝：蒸。浮浮：蒸气上升的样子。

⑤惟：考虑。

⑥萧：艾蒿。脂：牛肠脂。古时祭祀用牛油和艾蒿合烧。

⑦羝(dī)：公羊。载(bá)：剥羊皮。一说祭道路之神。

⑧燔(fán)：烧烤。烈：把肉串起来烤。

⑨嗣岁：来年。

卬盛于豆①，	我把祭品装碗里，
于豆于登②，	木碗盛肉盆盛汤，
其香始升。	香气四溢满庭堂。
上帝居歆③，	上帝降临来尝尝，
胡臭亶时④。	饭菜味道实在香。
后稷肇祀，	后稷开创祭祀礼，
庶无罪悔⑤，	幸蒙保佑无灾殃，
以迄于今。	流传至今好风尚。

【注释】

①卬(áng)：我。《毛传》："卬，我也。"豆：一种盛肉的高脚碗。

②登：瓦制的盛汤碗。

③居：语助词。歆：享受。

④胡：大。臭(xiù)：香气。亶：确实。时：好，善。

⑤庶：幸。

行苇

【题解】

这是一首描写贵族和兄弟宴会、较射、祭神、祈福的诗。《毛诗序》说:"《行苇》,忠厚也。周家忠厚,仁及草木,故能内睦九族,外尊事黄耇,养老乞言,以成其福禄焉。"诗的首章以道旁芦苇起兴,那芦苇初生的苞芽嫩叶,绿油油逗人喜爱,面对此景,不由发出牛羊不要践踏的呼声。仁者之心施及草木,那么对兄弟的相亲相爱也就是自然的了。次章写宴饮歌乐的盛况:设席、铺筵、设几,侍者来往不停,主人献酒,客人回敬,洗杯斟酒,丰美菜肴,击鼓歌唱,热闹非凡,描写细致生动。第三章由宴饮转入较射,写较射过程井然有序,四人一组,依序进行,如何挽弓,如何引射,如何评比都作了形象生动的描绘。第四章以敬酒祝福作结,向坐中老人祝福,愿他们健康长寿,天赐景福。此诗让我们看到了周代贵族家宴的盛况,也体现了从古至今中华民族和睦友爱、尊老敬老的传统美德。

敦彼行苇^①,	丛丛芦苇长路旁,
牛羊勿践履^②。	勿让牛羊踩踏伤。
方苞方体^③,	嫩苞刚刚成了形,
维叶泥泥^④。	叶子娇嫩才成长。
戚戚兄弟^⑤,	亲亲热热众兄弟,
莫远具尔^⑥。	莫要疏远聚一堂。
或肆之筵^⑦,	或为兄弟设座席,
或授之几^⑧。	或为兄弟安靠几。

【注释】

①敦(tuán):苇草丛生貌。行苇:道边的芦苇。

②践履:践踏。

③方苞:指枝尚包裹未分之时。方体:指芦苇初具形体。

④泥泥:苇叶嫩泽貌。

⑤戚戚:亲热貌。

⑥莫远具尔:指关系不疏远,都是亲近之人。莫,不要。远,疏远。具,通"俱",都。尔,"迩"的古字,亲近。一说此言不要疏远,都应亲近些。

⑦肆:陈设。筵:竹席。

⑧几:古人席地而坐时,所依靠的小木桌,一般是老人才用。

肆筵设席①,	摆好酒菜铺座席,
授几有缉御②。	侍者相继安靠几。
或献或酢③,	主人敬酒客回敬,
洗爵奠斝④。	洗杯放盏多亲密。
醓醢以荐⑤,	肉汁肉酱齐献上,
或燔或炙⑥。	烧肉烤肉都摆齐。
嘉殽脾臄⑦,	佳肴百叶和牛舌,
或歌或咢⑧。	弹琴击鼓歌不已。

【注释】

①设席:此处当与"肆筵"同意。《毛传》:"设席,重席也。"古人席地而坐,铺上多重席子,以表尊重。

②授几有缉御:此句与上句是说设席、授几,都有专人相继侍候。缉,续。御,侍者。一说"缉御"为恭敬貌。《郑笺》:"兄弟之老

者,既为设重席,授几,又有相续代而侍者,谓敦史(侍者)也。"

③献:主人向客人敬酒。酢:客人回敬。

④洗爵:主客献酢之后,主人再给客人敬酒时,先将酒杯洗一洗。爵,古代青铜酒器。圆口,上两柱,下有三足。奠:置。斝(jiǎ):青铜酒器。此指客饮毕,放杯于席上。

⑤醓(tǎn):多汁的肉酱。醢(hǎi):肉酱。荐:进献。

⑥燔:烧肉。炙:烤肉。

⑦脾:通"膍",牛胃,即牛百叶。臄(jué):牛舌。

⑧或歌或咢(è):配着琴瑟唱曰"歌",只击鼓不歌唱曰"咢"。《毛传》:"歌者,比于琴瑟也。徒击鼓曰咢。"

敦弓既坚①,	雕弓坚固力强劲,
四鍭既钧②;	四箭轻重既均等;
舍矢既均③,	每人射次也相同,
序宾以贤④。	宾客排序论技能。
敦弓既句⑤,	雕弓已经拉满弓,
既挟四鍭⑥。	手挟四箭手法精。
四鍭如树⑦,	四箭齐齐射中靶,
序宾以不侮⑧。	排序输者莫看轻。

【注释】

①敦(diāo)弓:雕弓,即经雕画之弓。敦,通"雕"。坚:坚固,坚劲。

②鍭(hóu):以金属为箭头的箭。钧:均匀,指箭首尾轻重适宜。一说指四人所用箭均等齐一。

③舍矢:发箭。均:训"遍",指每人都已射过。

④序宾以贤:指根据射技高低排列次序。贤,贤才,指射技。

⑤句(gōu)："彀"的假借,张弓引满。

⑥挟:指用手挟箭于弦,准备发射。

⑦四镞如树:四支箭都命中,像竖立在靶上一样。树,竖立。

⑧不侮:指没因不中而受羞侮。

曾孙维主①,　　　　　　主祭曾孙是主人,

酒醴维醹②。　　　　　　献祭甜酒美又醇。

酌以大斗③,　　　　　　用那大杯斟满酒,

以祈黄耇④。　　　　　　祈求人们享长命。

黄耇台背⑤,　　　　　　黄发台背人已老,

以引以翼⑥。　　　　　　有人扶持引路行。

寿考维祺⑦,　　　　　　长寿高年是吉庆,

以介景福⑧。　　　　　　天赐洪福给寿星。

【注释】

①曾孙:主祭者之称,他对祖先神灵自称曾孙。维主:为主人。

②酒醴:泛指酒。醹(rú):酒味醇厚。

③斗:舀酒的器具。大斗柄长三尺。此指用大勺斟酒以痛饮。

④祈:求。黄耇(gǒu):指高寿。

⑤台背:即"鲐背",鲐鱼背有黑色花纹,老年人气衰,背部皮肤暗黑
　如鲐鱼之背,故称。或以为老人背伛偻如台,故曰"台背"。

⑥引:引道。翼:辅助,扶持。指引、扶老人。

⑦寿考:长寿。祺:福,吉祥。

⑧景福:大福。

既醉

【题解】

这是周王祭祀祖先,祝官代表神尸对主祭者周王传达神灵旨意的诗歌。周代祭祀祖先,有人饰祖先的神,名为"尸"。在祭祀中,由祝官代表尸,向主祭者说一些祝福的话,称作"嘏辞"。这首诗当是祝官所致嘏辞。《毛诗序》曰:"《既醉》,太平也。醉酒饱德,人有士君子之德焉。"也可为一说。

既醉以酒①,　　　　　　　美酒喝得醉醺醺,
既饱以德②。　　　　　　　您的美德也感人。
君子万年③,　　　　　　　君子享有万年寿,
介尔景福④。　　　　　　　祈得更大的福分。

【注释】

①既:已经。
②德:恩惠。或以为"食"字之讹。
③君子:指周王。
④介:佑助。尔:你。景福:大福。

既醉以酒,　　　　　　　　美酒喝得醉醺醺,
尔殽既将①。　　　　　　　菜肴也将端进门。
君子万年,　　　　　　　　君子享有万年寿,
介尔昭明②。　　　　　　　祈求洪福如日明。

【注释】

①将:行。《毛传》:"将,行也。"朱熹《诗集传》:"将,行也。亦奉持而进之意。"一说美。

②昭明:光明。

昭明有融①,	光明之福永无穷,
高朗令终②。	德声美誉善始终。
令终有俶③,	美好终结由善始,
公尸嘉告④。	神尸将有美祝颂。

【注释】

①有融:犹"融融",光明长盛之貌。马瑞辰《毛诗传笺通释》:"谓既已昭明,而又融融不绝,极言其明之长且盛也。"

②高朗:高明。令终:善终,好结果。

③俶(chù):始。朱熹《诗集传》:"盖欲善其终者,必善其始。"

④公尸:祭礼时扮作先公先王的神尸。嘉告:善言相告。一说:嘉,通"嘏",即祝官代表尸向主祭者所致之嘏辞。下五章皆为公尸之告词。

其告维何①?	神尸告知是什么?
笾豆静嘉②。	祭器祭品洁而精。
朋友攸摄③,	朋友以礼来助祭,
摄以威仪④。	循礼蹈矩心虔诚。

【注释】

①维何:为何。

②笾豆：两种盛食物的容器。静嘉：清洁而美好。

③朋友：指宾客助祭者。摄：佐，即辅助、助祭。

④威仪：典礼的仪式、礼节。

威仪孔时①，	祭祀礼仪很完美，
君子有孝子②。	天子又尽孝子情。
孝子不匮③，	孝子孝心永不竭，
永锡尔类④。	赐你子孙永昌盛。

【注释】

①孔时：非常好。

②有：又。

③匮："坠"之借，"不坠"为周人常用语，此指奋勉不废坠。

④锡：即"赐"。类：族类，此指其德能广及其族类。

其类维何？	你的族类会如何？
室家之壸①。	家家宽裕享太平。
君子万年，	君子享有万年寿，
永锡祚胤②。	赐你子孙福无穷。

【注释】

①壸(kǔn)：齐家，治理家室。《国语》引此句而释曰："壸者，广裕民之谓也。"

②祚：福禄。胤：子孙。

其胤维何？	你的子孙怎么样？
天被尔禄^①。	天赐福禄将永享。
君子万年，	君子享有万年寿，
景命有仆^②。	天赐妻妾和儿郎。

【注释】

①被：覆盖，加给。禄：福。

②景命：大命，指天命。仆：奴仆。

其仆维何？	妻妾儿郎怎么样？
釐尔女士^①。	赐你才女做新娘。
釐尔女士，	赐你才女做新娘，
从以孙子^②。	子子孙孙把福享。

【注释】

①釐：通"赉"，赐予。女士：女子。

②从：随从。

凫鹥

【题解】

这是周王绎祭神尸时所唱的诗。古代天子诸侯祭祀，第一天正祭，享祀神灵。第二天绎祭，则是为扮作神灵的公尸（又称宾尸）设宴。此即周王绎祭燕饮公尸时所唱的歌。诗中主要用酒肴的香馨丰盛来表现主人宴请的诚意，公尸则以和悦欢饮及助神降福作为回报。孙𬱖评论说:"满篇欢宴福禄,而以'无有后艰'收,可见古人兢戒慎意。"表现出"居安思危"之意。《毛诗序》曰:"《凫鹥》,守成也。太平之君子,能持盈守成,神祇祖考安乐之也。"可备一说。

凫鹥在泾①,	野鸭白鸥水中游,
公尸来燕来宁②。	公尸泰然来饮酒。
尔酒既清③,	你的美酒清又醇,
尔殽既馨④。	你的菜肴香喷喷。
公尸燕饮,	公尸快乐地饮酒,
福禄来成⑤。	成就福禄和好运。

【注释】

①凫:野鸭。鹥(yī):鸥鸟。泾:径直前流之水。

②公尸:先公的神尸。燕:通"宴",宴饮。来:是。宁:安宁。或以为宴安、宴乐,形容神尸的仪态,有安闲快乐意。

③尔:指主祭者,即周王。

④馨:香气。

⑤成:成就,成全。

凫鹥在沙①,	野鸭白鸥在沙滩,
公尸来燕来宜②。	公尸宴饮神泰然。
尔酒既多,	你的美酒真丰富,
尔殽既嘉。	你的菜肴美又鲜。
公尸燕饮,	公尸快乐地饮酒,
福禄来为③。	福禄不停来身边。

【注释】

①沙:水边沙滩。

②宜:顺适。与"宁"意同。

③为:帮助。

凫鹥在渚①,　　　　　　野鸭白鸥在沙滩,

公尸来燕来处②。　　　公尸宴饮心喜欢。

尔酒既湑③,　　　　　　你的美酒多清澈,

尔殽伊脯④。　　　　　　你的干肉香又甜。

公尸燕饮,　　　　　　　公尸快乐地饮酒,

福禄来下⑤。　　　　　　福禄悄悄来身边。

【注释】

①渚:水中小沙洲。

②处:止,居。一说"安乐"。

③湑(xū):指酒过滤去滓。去滓后酒则变清,故有清意。

④伊:是。脯:肉干。

⑤下:降临。

凫鹥在潀①,　　　　　　野鸭白鸥在水湾,

公尸来燕来宗②。　　　公尸宴饮在宗庙。

既燕于宗③,　　　　　　既然燕乐在宗庙,

福禄攸降。　　　　　　　福禄双双也来到。

公尸燕饮,　　　　　　　公尸快乐地饮酒,

福禄来崇④。　　　　　　福禄绵绵积聚高。

【注释】

①漴(zhōng):众水交会之处。

②宗:尊或聚。一说指宗庙。

③既燕于宗:此"宗"指宗庙。

④崇:重叠,积聚。形容福禄之多。

凫鹥在亹①,	野鸭白鸥在水边,
公尸来止熏熏②。	公尸已是醉醺醺。
旨酒欣欣③,	美酒气味扑鼻香,
燔炙芬芬④。	烧肉烤肉味芳芬。
公尸燕饮,	公尸快乐地饮酒,
无有后艰⑤。	灾难不会再临门。

【注释】

①亹(méi):通"湄",水边。一说山间通水之处,即峡口。

②来止:当从《鲁诗》作"来燕"。熏熏:当是酒醉貌,即今所谓醉醺醺。

③欣欣:形容酒香之盛。

④燔炙:指烧烤肉。芬芬:肉味香浓貌。

⑤艰:灾难,不幸。

假乐

【题解】

这是周王宴会群臣,群臣歌功颂德的诗。《毛诗序》说:"《假乐》,嘉成王也。"《鲁诗》则认为是美宣王。何楷《诗经世本古义》又认为美武王。既然其说不一,就只好阙如了。总之,全诗都是歌功颂德之辞,一章言天命福王。所谓"德",在于"宜民宜人",符合臣民之心,上天就会保佑。二章言法祖。三章言多听取臣民意见。四章言民心归向。以上内容说明周代礼乐文明乃是以儒家民本思想为基础的,同时也表现了周臣对其君主的忠心和爱戴。

假乐君子①,	美好和乐的君子,
显显令德②。	美德赫赫真显明。
宜民宜人③,	符合臣民的心意,
受禄于天。	承受福泽天赐定。
保右命之④,	上天下令保佑你,
自天申之⑤。	多赐福禄国兴盛。

【注释】

①假:通"嘉",嘉美,赞美。乐:喜爱。君子:指周王。

②显显:光明貌。令德:美德。

③宜:适合。民:庶民。人:指群臣。

④保右:即"保佑"。命:天之令,即上天的旨意。

⑤申:重复。指一再降福降禄。

干禄百福①,	天赐福禄数不清,
子孙千亿②。	子孙千亿多繁盛。
穆穆皇皇③,	庄重威严又堂皇,
宜君宜王。	宜作国君或作王。
不愆不忘④,	不犯过错不忘祖,

率由旧章。　　　　　　　　严格遵循旧典章。

【注释】

①干：祈求。或以为"干"字是"千"字之误。

②千亿：虚数，极言其多，是夸张之词。

③穆穆：肃敬貌。皇皇：光明貌。

④愆：过失。忘：糊涂。

威仪抑抑①，　　　　　　　你的仪态多庄重，

德音秩秩②。　　　　　　　你的言谈条理清。

无怨无恶，　　　　　　　　没有抱怨没厌烦，

率由群匹③。　　　　　　　群臣建议就欢迎。

受禄无疆，　　　　　　　　享受福禄多无边，

四方之纲④。　　　　　　　四方邦国遵王命。

【注释】

①威仪：仪容举止。抑抑：通"懿懿"，庄重盛美貌。

②德音：旧以为美誉或教令。当指言谈之美。秩秩：有条不紊。

③群匹：群臣。匹，类。

④纲：纲纪，准绳。

之纲之纪，　　　　　　　　四方邦国遵王命，

燕及朋友①。　　　　　　　大宴群臣和亲朋。

百辟卿士②，　　　　　　　诸侯卿士都赴宴，

媚于天子③。　　　　　　　天子满意喜心中。

不解于位④，	勤于职守不懈怠，
民之攸墍⑤。	民众安定国运亨。

【注释】

①燕：宴请。

②百辟：指众诸侯。卿士：周王室最高执政官。

③媚：爱戴。

④解：通"懈"，怠惰。

⑤攸：所。墍：一说"愒"的假借，休息。

公刘

【题解】

    这是记录周人祖先公刘带领周民从邰迁豳的一首长篇史诗。诗中生动地记录了迁移的全过程：迁徙前的准备，迁徙后选址测量，训练军队，发展农业，举行祭祀，扩建京城等等。歌颂了公刘的勤劳和智慧，塑造了一位受民拥护的民族英雄形象。司马迁在《史记·周本纪》中，用散文形式概括了诗的内容，他说："公刘虽在戎狄之间，复修后稷之业，务耕种，行地宜。自漆、沮渡渭，取材用。行者有资，居者有蓄积。民赖其庆，百姓怀之，多徙而保归焉。周道之兴自此始，故诗人歌乐思其德。"《毛诗序》说："《公刘》，召康公戒成王也。成王将莅政，戒以民事。美公刘之厚于民，而献是诗也。"《郑笺》："公刘者，后稷之曾孙也。夏之始衰，见迫逐，迁于豳而有居民之道。成王始幼少，周公居摄政，反归之。成王将莅政，召公与周公相成王，为左右。召公惧成王尚幼稚，不留意于治民之事，故作诗美公刘以深戒之。"《毛序》认为此诗作者是召公，方玉润则持异议，他说："《序》以此为召康公作者，盖因《七月》既属之周公，则此诗不能不属诸召公矣。其有心附会周、召处，明白显然。"
方氏认为这是牵强附会之说。大多数研究者认为这首诗是西周后期的
作品。

笃公刘①，	老实厚道的公刘，
匪居匪康②。	居住之地不安康。
乃埸乃疆③，	整理田地分疆界，
乃积乃仓④。	收集粮食装进仓。
乃裹糇粮⑤，	备好行路的干粮，
于橐于囊⑥。	装满小袋和大囊。
思辑用光⑦，	和睦团结争荣光，
弓矢斯张⑧。	张弓带箭齐武装。
干戈戚扬⑨，	盾戈斧钺拿在手，
爰方启行⑩。	开始动身向远方。

【注释】

①笃：忠实厚道。公刘：周族首领，后稷的后代。公为爵，刘为名。

②匪：同"非"，不。康：安乐。

③埸(yì)：田界。

④积：露天堆放粮食的地方，亦称庚。仓：仓库。

⑤糇(hóu)粮：干粮。

⑥橐(tuó)：没底的口袋，装物后结扎两头。囊：有底的口袋。

⑦思：发语词。辑：和睦团结。用光：以为光荣。

⑧斯：语助词。张：张开。此指拉弓。

⑨干戈：盾牌与戈矛。戚扬：斧钺，小斧大斧。

⑩爰：于是。方：开始。启行：动身，出发。

笃公刘，　　　　　　　　老实厚道的公刘，
于胥斯原①。　　　　　　豳地原野考察忙。
既庶既繁，　　　　　　　百姓众多事繁杂，
既顺乃宣②，　　　　　　民心归顺又舒畅，
而无永叹。　　　　　　　长吁短叹永扫光。
陟则在巘③，　　　　　　时而登上小山坡，
复降在原。　　　　　　　时而下到平原上。
何以舟之④？　　　　　　身上佩带是什么？
维玉及瑶⑤，　　　　　　美玉宝石闪亮光，
鞞琫容刀⑥。　　　　　　佩刀玉鞘真漂亮。

【注释】

①于:在。胥:视察。斯:此,这。原:指豳地的原野。

②顺:民心顺畅。宣:舒畅。

③巘(yǎn):小山。

④舟:通"周",环绕。

⑤维:是。瑶:似玉的美石。

⑥鞞(bǐng):刀鞘。琫(běng):刀鞘上的玉饰。容刀:佩刀。

笃公刘，　　　　　　　　老实厚道的公刘，
逝彼百泉①，　　　　　　来到百泉泉水旁，
瞻彼溥原②。　　　　　　眺望平原宽又广。
乃陟南冈，　　　　　　　登上南边高山冈，
乃觏于京③。　　　　　　发现京师好地方。
京师之野④，　　　　　　京师田野真辽阔,

于时处处⑤，	于是定居建新邦，
于时庐旅⑥。	于是准备建新房。
于时言言，	于是人人出主意，
于时语语。	于是大家共商量。

【注释】

①逝：往。百泉：指泉水多的地方。一说为地名，在今宁夏固原东南。

②溥（pǔ）：广大。

③觐：看见。京：豳的地名。

④京师：京邑。后世专指帝王所住的都城。

⑤于时：于是。处处：止息，居住。

⑥庐旅：寄居。

笃公刘，	老实厚道的公刘，
于京斯依①。	定居京师原野上。
跄跄济济②，	众人快速又整齐，
俾筵俾几③。	来到犒赏宴会堂。
既登乃依④，	宾客主人都坐定，
乃造其曹⑤。	先祭猪神求吉祥。
执豕于牢⑥，	圈里拉出猪儿肥，
酌之用匏⑦。	葫芦瓢儿舀酒香。
食之饮之，	大家喝酒又吃肉，
君之宗之⑧。	推举公刘为君长。

【注释】

①依:凭依。

②跄跄(qiāng):步伐快疾有节奏的样子。济济:多而整齐的样子。

③俾:使。筵:竹席。

④依:凭依小几。

⑤造:告诉,告祭。曹:"褿"之假借,祭猪神。

⑥执:捉。牢:猪圈。

⑦酌:舀取。匏(páo):葫芦。此指葫芦制的酒器。

⑧君:为京地君主。宗:为宗族之长。

笃公刘,	老实厚道的公刘,
既溥既长①,	开拓豳地广又长,
既景乃冈②。	观测日影上高冈。
相其阴阳,	山南山北勘察忙,
观其流泉。	查明水源和流向。
其军三单③,	军队分为三班倒,
度其隰原④,	测量洼地来垦荒,
彻田为粮⑤。	开垦田亩好种粮。
度其夕阳⑥,	又到山西去测量,
豳居允荒⑦。	豳地确实很宽广。

【注释】

①既溥既长:指在京地土地开拓又广又长。既,已。溥,广大。

②景:日影。这里指测日影定方向。

③单:轮番更休。这里指成立三军,而每次用其一军,更番相代。

④度:测量。隰原:低平之地。

⑤彻田：开垦荒地。

⑥夕阳：指山的西面。

⑦允：确实，实在。荒：广大。

笃公刘，	老实厚道的公刘，
于豳斯馆①。	豳地广野建房屋。
涉渭为乱②，	渡过渭水采石料，
取厉取锻③。	磨石矿石都备好。
止基乃理④，	再把地基打牢靠，
爰众爰有⑤。	民康物阜齐欢笑。
夹其皇涧⑥，	住在皇涧两岸边，
溯其过涧⑦。	放眼望去是过涧。
止旅乃密⑧，	移民定居人众多，
芮鞫之即⑨。	一直住到芮水湾。

【注释】

①馆：建筑馆舍。此处作动词用。

②渭：渭水。乱：横流而渡。

③厉：同"砺"，磨刀石。锻：冶炼金属的材料。

④止：既。基：地基。理：治理。

⑤爰：于是。众：人口众多。有：富有。

⑥夹：夹岸而居。皇涧：豳地涧名。

⑦溯：面向。过涧：涧名。

⑧旅：寄居。

⑨芮：《毛传》："芮，水厓也。"《郑笺》："芮之言内也。水之内曰隩，水之外曰鞫(jū)。公刘居豳既安，军旅之役止，士卒乃安，亦就涧

水之内外而居,修田事也。"之:这,指芮水尽头。即:往就。

泂酌

【题解】

这是歌颂周王得民心的颂歌。可能是祭祀时唱的歌,但用在什么场合,已不可得知。诗中提到的罍和溉,是祭祀时用的器物。由此推之,这可能是祭祀前人们备水时唱的歌。《左传·隐公三年》说:"泂溪沼沚之毛,蘋蘩蕴藻之菜,筐筥锜釜之器,潢污行潦之水,可荐于鬼神,可羞于王公。"可证。

泂酌彼行潦[①],　　　　　　远处舀取流潦水,

挹彼注兹[②],　　　　　　　舀来灌在水缸里,

可以饙饎[③]。　　　　　　　做菜做饭味甘美。

岂弟君子[④],　　　　　　　平易和乐的君子,

民之父母。　　　　　　　　如同百姓的父母。

【注释】

①泂(jiǒng):"迥"的借字,远。酌:舀取。行潦(lǎo):路边小水沟中的积水,又称流潦。

②挹(yì)彼注兹:此句是说舀上潦水灌在这个器皿里。古时缺水地,多掘池储存雨水,以为饮食洗涤之用。挹,舀。彼,指行潦。注,灌。兹,此,指盛水的器皿。

③饙(fēn):蒸煮。饎(chì):酒食。

④岂弟:即"恺悌",和易。亦指品德高尚。

泂酌彼行潦，	远处舀取流潦水，
挹彼注兹，	舀来存在水缸里，
可以濯罍①。	可以用来洗酒器。
岂弟君子，	平易和乐的君子，
民之攸归②。	百姓之心归向你。

【注释】

①濯：洗。罍(léi)：古酒器。形似壶而大，青铜或陶制成。
②攸归：所归，指人心归附。

泂酌彼行潦，	远处舀取流潦水，
挹彼注兹，	舀来存在水缸里，
可以濯溉①。	可以用它洗祭器。
岂弟君子，	平易和乐的君子，
民之攸塈②。	百姓安居爱戴你。

【注释】

①溉：通"概"，古漆器酒尊。
②塈：休息。

卷阿

【题解】

这首诗当是周成王与群臣出游卷阿，诗人陈诗以歌颂成王。《毛诗序》说："《卷阿》，召康公戒成王也。言求贤用吉士也。"据《竹书纪年》记载:"成王三十三年,游于卷阿,召康公从。"成王为武王之子,继位后,依靠周公和召公,平定了管叔、蔡叔和武庚的叛乱,使西周出现了政治稳定、经济繁荣的局面,历史上称为"成康"之治,此诗就是歌颂成王功绩的。一章言成王游卷阿而歌,二章赞其能继先公之道,三章赞其能主百神之祭,四章赞其能永享大福,五章赞其有良佐而能为则四方,六章赞其有美誉而能为纲四方,七章赞其有良材恭从,八章赞其惠及庶民,九章赞其能致太平光景,十章赞车马之盛,而以进颂歌作结。

有卷者阿①,　　　　　丘陵曲折又回环,
飘风自南②。　　　　　旋风吹进来自南。
岂弟君子③,　　　　　平易和乐的君王,
来游来歌,　　　　　到此游玩并歌唱,
以矢其音④。　　　　　臣献颂歌声嘹亮。

【注释】

①有卷:即"卷卷",曲折貌。阿:大的丘陵。

②飘风:旋风。

③岂弟(kǎi tì):即"恺悌",和气平易。君子:指贤人。

④矢:陈献。音:指歌声。

伴奂尔游矣①,　　　　逍遥自在任游玩,
优游尔休矣②。　　　　优哉游哉暂消闲。
岂弟君子,　　　　　平易和乐的君王,
俾尔弥尔性③,　　　　祝你平安享天年,
似先公遒矣④。　　　　继承先祖功完满。

【注释】

①伴奂:盘桓、逍遥之意。《郑笺》:"伴奂,自纵弛之意也。"

②优游:闲暇自得貌。

③俾:使。弥:终,尽。性:同"生",生命。

④似:通"嗣",继承。先公:指周之先公先王。道:或作"猷",谋划,
　政策。

尔土宇昄章①,　　　　　　你的版图和疆域,
亦孔之厚矣②。　　　　　　幅员辽阔无边际。
岂弟君子,　　　　　　　　平易和乐的君王,
俾尔弥尔性,　　　　　　　祝你平安享天年,
百神尔主矣③。　　　　　　祭祀百神你主祭。

【注释】

①土宇:国土,疆域。一说指土地房屋。昄章:版图。

②孔:非常。厚:广大辽阔。

③百神:天地山川的众神。主:主祭者。古天子主祭百神。

尔受命长矣①,　　　　　　接受天命时久长,
茀禄尔康矣②。　　　　　　福禄使你永安康。
岂弟君子,　　　　　　　　平易和乐的君王,
俾尔弥尔性,　　　　　　　祝你平安享天年,
纯嘏尔常矣③。　　　　　　享受大福最久常。

【注释】

①受命:指受天命为天子。

②茀禄：福禄。茀，通"福"。康：安康。

③纯嘏（gǔ）：大福。

有冯有翼①，	贤才良士为依凭，
有孝有德②，	还有孝子与贤德，
以引以翼③。	共同引导和辅佐。
岂弟君子，	平易和乐的君王，
四方为则④。	四方效仿为法则。

【注释】

①冯（píng）：依凭。翼：辅佐。

②有孝有德：有孝敬者，有修德者。或以为孝、德皆指美德。

③引：引导。翼：辅助。《郑笺》："在前曰引，在旁曰翼。"

④则：法则，榜样。

颙颙卬卬①，	恭谨温厚气轩昂，
如圭如璋②，	品德纯洁如圭璋，
令闻令望③。	美好声誉传四方。
岂弟君子，	平易和乐的君王，
四方为纲④。	四方诸侯好榜样。

【注释】

①颙颙（yóng）：恭敬温顺貌。卬卬：气宇轩昂貌。卬，通"昂"。

②圭、璋：古代礼器，美玉制成。

③令：善，好。

④纲:纲纪,法度。

凤皇于飞①,	凤凰空中在飞翔,
翙翙其羽②,	发出翙翙的声响,
亦集爰止③。	或上或下落树上。
蔼蔼王多吉士④,	众多贤人济一堂,
维君子使⑤,	听您差遣四处忙,
媚于天子⑥。	天子喜爱加褒奖。

【注释】

①凤皇:即"凤凰",传说中的神鸟。

②翙翙(huì):飞行时翅膀发出的声音。

③爰:于。或以为是"于焉"的合音,即"在这里"。止:栖止。

④蔼蔼:众多貌。一说贤士之貌。吉士:贤士,指周王的群臣。

⑤君子:指周王。使:役使。

⑥媚:爱戴。《郑笺》:"王之朝多善士蔼蔼然,君子在上位者率化之,使之亲爱天子,奉职尽力。"

凤皇于飞,	凤凰空中在飞翔,
翙翙其羽,	发出翙翙的声响,
亦傅于天①。	时或高飞上穹苍。
蔼蔼王多吉人②,	众多贤人济一堂,
维君子命,	服从君命四处忙,
媚于庶人③。	受到百姓的赞扬。

【注释】

①傅：至。

②吉人：犹"吉士"。

③庶人：平民。

凤皇鸣矣，	凤凰叫声多嘹亮，
于彼高冈。	在那高高山冈上。
梧桐生矣，	高大梧桐拔地长，
于彼朝阳。	面对朝阳的方向。
萋萋菶菶^①，	梧桐枝叶浓又密，
雍雍喈喈^②。	凤鸣其间声悠扬。

【注释】

①菶菶（běng）萋萋：形容梧桐枝叶茂盛。

②雍雍喈喈：形容凤鸣声和谐。

君子之车，	君王车辆已齐备，
既庶且多^①。	车辆既多又华美。
君子之马，	君王马匹高又壮，
既闲且驰^②。	善于奔驰快如飞。
矢诗不多^③，	贤臣献诗真够多，
维以遂歌^④。	遂被乐师谱成歌。

【注释】

①庶：众多。多："侈"的假借，指车饰侈丽。

②闲:熟练。

③矢诗:陈诗。不多:《毛传》:"不多,多也。"不,语助词,无实义。

④维:只。或以为发语词。遂歌:遂被乐官谱为歌曲。《毛传》:"王使公卿献诗以陈其志,遂为工师之歌焉。"

民劳

【题解】

这是一首劝告周厉王要安民防奸的诗。《毛诗序》:"《民劳》,召穆公刺厉王也。"《郑笺》:"厉王,成王七世孙也。时赋敛重数,徭役繁多,人民劳苦,轻为奸宄,强凌弱,众暴寡,作寇害,故穆公以刺之。"一说这是王朝正直官员规劝周王与同僚的诗。方玉润《诗经原始》认为:"《民劳》,召穆公警同列以戒王也。"朱熹《诗集传》说:"乃同列相戒之辞。"都有一定道理。全诗共五章,每章前两句都讲百姓劳苦,应稍休息。三、四句讲欲安四方之民先恤京师之民。中间四句说防奸,既防诡随者谎言骗君,又防无良者欺压百姓。最后二句讲辅成君德,同时也是告诫同朝官吏。纵观全诗,言辞诚挚凄婉,充分表现了作者满怀的忠君爱民之情。

民亦劳止①,	百姓实在太劳苦,
汔可小康②。	只求稍许的安宁。
惠此中国③,	畿内人民享恩惠,
以绥四方④。	四方诸侯便稳定。
无纵诡随⑤,	莫信狡诈欺骗言,
以谨无良⑥。	谨防坏人乱朝政。
式遏寇虐⑦,	遏制暴虐的官吏,

憯不畏明⑧。　　　　逮捕违法的奸佞。
柔远能迩⑨，　　　　安抚远近众百姓，
以定我王⑩。　　　　周王内心才安定，

【注释】

①劳：劳苦。止：语助词。

②汔(qì)：乞求。小康：小安，稍安。

③惠：爱。中国：指周天子直接统治的区域，即王畿。与下句"四方"相对。

④绥：安抚。指安抚四方诸侯之国。

⑤纵：通"从"，听从。诡随：狡诈欺骗的人。

⑥谨：慎防，提防。无良：不好的人。

⑦式：发语词。遏：遏止，抑制。寇虐：暴虐的人。

⑧憯：曾，乃。明：礼法。

⑨柔：怀柔，安抚。远：远方之人。能：亲善。迩：近处之人。

⑩定：安定。王：指周王。

民亦劳止，　　　　百姓实在太劳苦，
汔可小休①。　　　　只求稍许的休息。
惠此中国，　　　　畿内人民享恩惠，
以为民逑②。　　　　人民集居享安宁。
无纵诡随，　　　　莫信狡诈欺骗言，
以谨惛恍③。　　　　谨防政敌乱朝政。
式遏寇虐，　　　　遏制暴虐的官吏，
无俾民忧④。　　　　莫让百姓心忧惧。

无弃尔劳⑤，　　　　　　从前功劳莫抛弃，
以为王休⑥。　　　　　　成就君王好名誉。

【注释】

①小休：稍休息。

②逑：聚合，人民聚居之所。

③愪恌(hūn náo)：朝政昏乱。

④俾：使。

⑤尔：指执政者。劳：功绩。

⑥休：美。

民亦劳止，　　　　　　百姓实在太劳苦，
汔可小息。　　　　　　只求稍许的休息。
惠此京师①，　　　　　京师人民享恩惠，
以绥四国。　　　　　　四方诸侯都安定。
无纵诡随，　　　　　　莫信狡诈欺骗言，
以谨罔极②。　　　　　谨防两面三刀人。
式遏寇虐，　　　　　　遏制暴虐的官吏，
无俾作慝③。　　　　　莫让他们逞奸佞。
敬慎威仪④，　　　　　谨慎自己的举止，
以近有德⑤。　　　　　亲近高尚的君子。

【注释】

①京师：指镐京。

②罔极：无行，指品行不端，没有准则。

③慝(tè)：邪恶。

④威仪：仪容举止。

⑤近：靠近。有德：有道德的人。

民亦劳止，	百姓实在太劳苦，
汔可小愒①。	只求少许的休息。
惠此中国，	畿内人民享恩惠，
俾民忧泄②。	宣泄百姓的怨气。
无纵诡随，	莫信狡诈欺骗言，
以谨丑厉③。	险恶之人要警惕。
式遏寇虐，	遏制暴虐的官吏，
无俾正败④。	莫使王政败涂地。
戎虽小子⑤，	你今年龄虽不大，
而式弘大⑥。	责任宏大难比拟。

【注释】

①愒(qì)：休息。

②泄：发泄，除去。

③丑厉：丑恶之人。

④正败：政治败坏。一说指正道败坏。

⑤戎：你。犹"汝"，指周王。小子：年轻人。

⑥式：用。

| 民亦劳止， | 百姓实在太劳苦， |
| 汔可小安。 | 只求少许的安宁。 |

惠此中国，	畿内人民享恩惠，
国无有残^①。	国家完整民安定。
无纵诡随，	莫信狡诈欺骗言，
以谨缱绻^②。	谨防营私的恶行。
式遏寇虐，	遏制暴虐的官吏，
无俾正反^③。	莫让他们颠王政。
王欲玉女^④，	君王贪财爱美女，
是用大谏。	因用直言来谏诤。

【注释】

①残：伤害。

②缱绻（qiǎn quǎn）：固结不散之意，这里指结帮营私。

②正反：政事颠覆。

③玉：金玉财宝。女：美女。或认为"王欲玉女"，是说王将重用你。

板

【题解】

《毛诗序》说："《板》，凡伯刺厉王也。"这是凡伯写的一首劝告周厉王的诗。《郑笺》："凡伯，周同姓，周公之胤也，入为王卿士。"凡伯是周公的后裔，是王朝的卿士。据魏源考证，凡伯就是共伯和，当厉王流亡彘地时，诸侯立凡伯为王。厉王是个昏庸贪暴的君主，他在朝任用奸佞，大肆搜刮人民钱财，以摧残折磨人为乐。又遍置巫者监视民众言行，人们见面不敢说话，只能"道路以目"。在忍无可忍的情况下，人民推翻了厉王，把他流放到彘（今山西霍县东北）。这首诗就是告诫厉王和他身边那些奸佞之臣的，创作年代可能在厉王末年。

上帝板板①，　　　　　上帝行为已反常，
下民卒瘅②。　　　　　天下百姓都遭殃。
出话不然③，　　　　　讲过的话不算数，
为犹不远④。　　　　　制定政策没眼光。
靡圣管管⑤，　　　　　不法圣人自主张，
不实于亶⑥。　　　　　不讲诚信真荒唐。
犹之未远，　　　　　　制定谋略无远见，
是用大谏。　　　　　　所以谏言劝我王。

【注释】

①上帝：明指上天，暗指厉王。板板：邪僻不正之貌。一说相隔辽
　远之貌。
②卒瘅（cuì dǎn）：即"瘁瘅"，劳累痛苦。
③不然：不对，不是。或以为说话不算数。
④犹：谋。
⑤靡圣：心中没有圣人的法度。管管：无所依凭，自以为是貌。
⑥不实：不落实。亶：诚信。

天之方难①，　　　　　上天正把灾难降，
无然宪宪②。　　　　　你休还要喜洋洋。
天之方蹶③，　　　　　上天不安正动荡，
无然泄泄④。　　　　　你休得意把形忘。
辞之辑矣⑤，　　　　　如果政令合民意，
民之洽矣⑥。　　　　　百姓和睦乐融融。
辞之怿矣⑦，　　　　　如果政令民高兴，

民之莫矣⑧。　　　　　　　百姓生活就安定。

【注释】

①方：正在。难：灾难。

②无然：同"不然"，不是这样。宪宪：犹"欣欣"，喜悦貌。

③蹶：扰乱，动乱。一说失脚，颠倒。

④泄泄(yì)：和乐自得貌。

⑤辞：指政令之辞。辑：和谐。或以为言辞，指对人民说的话。

⑥洽：融和团结。

⑦怿：和悦。

⑧莫：定。

我虽异事①，　　　　　　　我们职责虽不同，
及尔同寮②。　　　　　　　毕竟同僚在官场。
我即尔谋③，　　　　　　　现在和你谈国事，
听我嚣嚣④。　　　　　　　不听我言乱开腔。
我言维服⑤，　　　　　　　我说都是治国事，
勿以为笑⑥。　　　　　　　莫要当作笑话讲。
先民有言⑦：　　　　　　　古人有话讲得好：
询于刍荛⑧。　　　　　　　樵夫也有好主张。

【注释】

①异事：指职位不同。

②及：与，和。同寮：指同朝为官。

③即：往就。谋：商议。

④嚣嚣(áo)：傲慢不愿接受人言之貌。《郑笺》："嚣嚣然不肯受。"

⑤服：治。指合理的意见。

⑥笑：嘲笑，嬉笑。

⑦先民：古人。

⑧刍荛(ráo)：此指割草与打柴的人。

天之方虐①，	上天正把灾难降，
无然谑谑②。	你还胡闹不像样。
老夫灌灌③，	老夫诚恳对你讲，
小子蹻蹻④。	你却骄傲又张狂。
匪我言耄⑤，	并非是我老糊涂，
尔用忧谑⑥。	拿我开心太轻狂。
多将熇熇⑦，	坏事做得过了头，
不可救药⑧。	不可救药国将亡。

【注释】

①虐：暴虐。

②谑谑：嬉乐貌。

③老夫：诗人自称。灌灌：犹"款款"，情意恳切貌。

④小子：年轻后生。实指厉王。蹻蹻(jiǎo)：骄傲貌。

⑤耄(mào)：年八十曰"耄"，这里指老而昏聩。

⑥忧谑：戏谑，调笑。

⑦多：适，只。将：扶持，这里当"助长"讲。熇熇(hè)：炽盛貌，此处指行残害荼毒之事。

⑧救药：即治疗。药，通"疗"。

天之方㦖①，	上天愤怒降灾难，

无为夸毗② 。　　　　　　　你休卑躬显奴颜。

威仪卒迷③ ，　　　　　　　仪容举止都迷乱，

善人载尸④ 。　　　　　　　好人闭口如尸样。

民之方殿屎⑤ ，　　　　　　人民受苦在呻吟，

则莫我敢葵⑥ 。　　　　　　国运何往难猜想。

丧乱蔑资⑦ ，　　　　　　　丧乱局面没稳定，

曾莫惠我师⑧ 。　　　　　　未给民众带福祥。

【注释】

①恔(jī)：愁。一说"怒"。

②夸毗：《孔疏》引孙炎曰："夸毗，屈己卑身以柔顺人也。"

③威仪：仪容礼节。卒迷：全都迷乱。

④载：则。尸：神主。《孔疏》："尸，谓祭时之尸，以为神像，故终祭不言。贤人君子则如尸不复言语，畏政故也。"

⑤殿屎(xī)：痛苦呻吟声。

⑥葵：揆度。

⑦蔑资：此言丧乱不定。蔑，无，未。资，借为"济"，止息。

⑧曾：乃。惠：施恩惠。师：民众。

天之牖民① ，　　　　　　　上天开启向善心，

如埙如篪② ，　　　　　　　如埙如篪相和应，

如璋如圭③ ，　　　　　　　又如两璋为一圭，

如取如携④ 。　　　　　　　如同取物带身上。

携无曰益⑤ ，　　　　　　　提物没有丝毫障，

牖民孔易⑥ 。　　　　　　　因势利导很顺当。

民之多辟⑦,　　　　　　　如今法规已太多,

无自立辟。　　　　　　　不要再立新规章。

【注释】

①牖(yǒu):开启。一说通"诱",诱导。

②埙:古代陶制的椭圆形吹奏乐器,有三五不等音孔。篪(chí):古代竹制的管乐器,单管横吹。

③璋、圭:玉器。半圭为璋,合二璋则成圭。《毛传》:"如埙如篪,言相和也。如圭如璋,言相合也。"

④携:提。一说携亦"取"。

⑤曰:语助词。益:通"隘",阻碍。

⑥孔易:非常容易。

⑦辟(bì):法。

价人维藩①,　　　　　　武士好比是篱樊,

大师维垣②,　　　　　　民众好比是城垣。

大邦维屏③,　　　　　　大国好比是屏障,

大宗维翰④。　　　　　　强族如同那栋梁。

怀德维宁⑤,　　　　　　施德百姓国运昌,

宗子维城⑥。　　　　　　宗子好比是城墙。

无俾城坏⑦,　　　　　　不要让那城墙塌,

无独斯畏⑧。　　　　　　不要让他孤无傍。

【注释】

①价人:即"善人"。价,通"介",善。藩:篱笆。

②大师:大众。垣:墙。

③大邦:大诸侯国。屏:屏障。

④大宗:天子同姓宗族。翰:栋梁。

⑤怀德:以德相和。怀,和。一说怀德即有德。

⑥宗子:嫡长子。

⑦无俾城坏:不要使城破坏。

⑧无独斯畏:不要使自己孤独,孤独是可怕的。

敬天之怒①,	上天愤怒要敬畏,
无敢戏豫②。	不敢嬉戏莫放荡。
敬天之渝③,	上天降灾要敬畏,
无敢驰驱④。	不敢放纵招祸殃。
昊天曰明⑤,	上天眼睛最明亮,
及尔出王⑥。	让你和王走他乡。
昊天曰旦⑦,	上天眼光最明察,
及尔游衍⑧。	让你和王去流浪。

【注释】

①敬:敬畏。

②戏豫:嬉戏娱乐。

③渝:变,指灾异。

④驰驱:放纵自恣。

⑤昊天:上天。曰:语助词,犹“维”。

⑥及:与。出王:出往,出行。疑指厉王。厉王遭国人之乱,逃离镐京,故曰“出王”。

⑦旦:与“明”同义。

⑧游衍:游逛。此有流浪之意。指厉王被逐出周京后的生活。

荡

【题解】

此诗和《板》内容相近,都是指斥周厉王的。不同的是,《板》是直接指斥,谆谆告诫;而《荡》则是借古讽今,假托文王斥责纣王,以指责厉王。《毛诗序》说:"《荡》,召穆公伤周室大坏也。厉王无道,天下荡荡然无纲纪文章,故作是诗也。"认为是召公所作。此诗自二章以下皆托言商纣来指斥厉王。方玉润《诗经原始》说:"此诗自二章以下,皆托言文王叹商以刺厉王。盖臣子奉君,不敢直斥其恶,而目击时事日非,纪纲大坏,又难自忍,故假托往事以警时王。虽败坏已极,而犹冀其感悟,庶几一改厥图,以臻于治。"概括了此诗主旨。

荡荡上帝①,	骄纵放荡的上帝,
下民之辟②。	他是下民的主宰。
疾威上帝③,	暴虐无常的上帝,
其命多辟④。	政令偏邪多更改。
天生烝民⑤,	上天生下众百姓,
其命匪谌⑥。	命运多变难确定。
靡不有初,	其初都以善开始,
鲜克有终⑦。	很少能够有善终。

【注释】

①荡荡:本指大水奔流的样子,此指法度废弛。《郑笺》:"荡荡,法

　　度废坏之貌。"

②辟(bì)：君主。

③疾威：暴虐。《郑笺》："疾，重赋敛也。威，峻刑法也。"

④命：本性。一说"政令"。辟：邪僻。

⑤烝民：众人。

⑥匪谌(chén)：指命运无常不可信。谌，诚。一说信。

⑦鲜：少。

文王曰咨①，	文王曾有此叹息：
咨女殷商②！	"唉，你这殷商的纣王！
曾是强御③，	竟然凶暴又强横，
曾是掊克④。	聚敛钱财害百姓。
曾是在位⑤，	竟能登上君王位，
曾是在服⑥。	竟能专横发号令。
天降滔德⑦，	天降傲慢恶德人，
女兴是力⑧。	群臣助长他横行。"

【注释】

①咨：嗟叹声。此下数章都是借文王之言指责殷商以讽喻厉王。

②女：汝，你。

③曾：乃，竟然。强御：为强盛威武之意。又作"强圉"。

④掊克：聚敛之臣。

⑤在位：指处于统治地位。

⑥在服：指从事。服，事。

⑦滔德：傲慢骄横。滔，通"慆"，倨慢。

⑧女兴是力：《郑笺》："女群臣又相与而力为之。言竞于恶。"女，

你,指群臣。兴,助长。

文王曰咨,	文王曾有此叹息:
咨女殷商!	"唉,你这殷商的纣王!
而秉义类^①,	你应任用善良人,
强御多怼^②。	却用贪暴引众怨。
流言以对^③,	诽谤贤者用谣言,
寇攘式内^④。	强盗窃贼收身边。
侯作侯祝^⑤,	祈求鬼神害忠良,
靡届靡究^⑥。	干的坏事说不完。"

【注释】

①而:尔,你。秉:操持,任用。义类:善类。

②怼(duì):怨恨。

③流言:谣言。对:遂。《毛传》:"对,遂也。"《郑笺》:"皆流言谤毁贤者,王若问之,则又以对。"

④寇攘:盗窃国家资财。式:以,因此。内:入。

⑤侯:有。作、祝:《毛传》:"作、祝,诅也。"《郑笺》:"王与群臣乖争而相疑,日祝诅求其凶咎无极已。"指祈求鬼神加祸于别人。

⑥届:尽。究:穷。

文王曰咨,	文王曾有此叹息:
咨女殷商!	"唉,你这殷商的纣王!
女炰烋于中国^①,	横行天下太猖狂,
敛怨以为德^②。	竟把恶人当忠良。

不明尔德③，　　　　　善恶不分德行昏，

时无背无侧④。　　　　你的身旁无贤人。

尔德不明，　　　　　　不分好坏心不明，

以无陪无卿⑤。　　　　没有陪臣和公卿。"

【注释】

①炰烋(páo xiāo)：即"咆哮"。《郑笺》："炰烋，自矜气健之貌。"《文
　选·魏都赋》注引此诗作"咆哮于中国"。中国：即"国中"。

②敛：聚。怨：指凶暴怨怒者。《郑笺》："敛聚群不逞作怨之人，谓
　之有德而任用之。"

③不明：无知人之明。

④时：是。《韩诗》作"以"，亦通。无背无侧：《毛传》："背无臣，侧无
　人也。"

⑤无陪无卿：《毛传》："无陪贰，无卿士也。"《郑笺》："无臣无人，谓
　贤者不用。"

文王曰咨，　　　　　　文王曾有此叹息：

咨女殷商！　　　　　　"唉，你这殷商的纣王！

天不湎尔以酒①，　　　上天不让你酗酒，

不义从式②。　　　　　不应干那不义事。

既愆而止③，　　　　　行为仪态已大错，

靡明靡晦④。　　　　　不分昼夜没节制。

式号式呼⑤，　　　　　醉后狂呼又乱叫，

俾昼作夜。　　　　　　直把黑夜当白昼。"

【注释】

①湎：沉溺于酒。

②不义从式：不应该跟着去做。《毛传》："有沉湎于酒者，是乃过
也，不宜从而法行之。"义，宜，应该。从，跟从。式，用。

③怨：过失，犯错误。而：尔，你。止：仪态举止。

④靡明靡晦：言不分白天黑夜。明，白天。晦，晚上。

⑤号、呼：指酒后狂呼乱叫。

文王曰咨，　　　　　　　文王曾有此叹息：
咨女殷商！　　　　　　　"唉，你这殷商的纣王！
如蜩如螗①，　　　　　　政局混乱如蝉唱，
如沸如羹②。　　　　　　又如沸水如滚汤。
小大近丧③，　　　　　　大事小事全败坏，
人尚乎由行④。　　　　　一意孤行你崇尚。
内奰于中国⑤，　　　　　国内百姓怒气生，
覃及鬼方⑥。　　　　　　怒火延伸到四方。"

【注释】

①螗：蝉之大而黑色者。蜩螗鸣声嘈杂，此形容时势的混乱。

②沸：开水。羹：菜汤。此是说政局混乱，如水沸，如羹烂。

③丧：失败。

④由行：由此而行。此是说百事尽败，却仍一意孤行。

⑤奰（bì）：盛怒。《毛传》："奰，怒也。不醉而怒曰奰。"《说文》："奰，
壮大也。"奰有怒和壮大之意，可释为盛怒。

⑥覃（tán）：延及。鬼方：远方。

文王曰咨，
咨女殷商！
匪上帝不时①，
殷不用旧②。
虽无老成人③，
尚有典刑④。
曾是莫听，
大命以倾⑤。

文王曾有此叹息：
"咦，你这殷商的纣王！
并非上帝不善良，
是你废弃旧典章。
虽已没有元老臣，
还有祖先旧规章。
这些道理你不听，
国家命运将沦丧。"

【注释】

①时：是，善。

②旧：指旧的典章法制。

③老成人：旧臣。

④典刑：法规。刑，通"型"。

⑤大命：国家的命运。倾：倒塌。

文王曰咨，
咨女殷商！
人亦有言①：
颠沛之揭②，
枝叶未有害，
本实先拨③。
殷鉴不远④，
在夏后之世⑤。

文王曾有此叹息：
"咦，你这殷商的纣王！
人们常说这样话：
'倒伏大树根离地，
枝叶虽未受损伤，
它的根基已拔光。
殷商教训并不远，
夏桀下场在眼前。'"

【注释】

①亦:语助词。

②颠沛:跌倒。揭:高举,指树木倒地后,根部翘起。

③拨:当从《鲁诗》作"败",即毁坏。

④鉴:镜子。

⑤夏后:夏王。夏代一般称国君为"后",不称王。

抑

【题解】

　　这是周朝的一位老臣劝告、讽刺周王并自我警戒的诗。《毛诗序》说:"《抑》,卫武公刺厉王,亦以自警也。"据《国语·楚语》记载:"昔卫武公年数九十有五也矣,犹箴儆于国曰:自卿以下至于师长士,苟在朝者,无谓我老耄而舍我,必恭恪于朝,朝夕以交戒我。闻一二之言,必诵志以纳之,以训道我……于是作《懿》,戒以自儆也。"《懿》就是今《大雅》中《抑》篇。但作者是否是卫武公,所刺是否厉王,引起后人许多纷争。魏源《诗古微》说:"《抑》,卫武公作于为平王卿士之时,距幽没三十余载,距厉没八十余载。尔、女、小子,皆武公自儆之词,而刺王室在其中矣。'修尔车马,弓矢戎兵',冀复镐京之旧,而慨平王不能也。"他认为是刺周平王的,可为一说。就诗的内容来看,这是周王朝一位老臣劝告周王并以此自警的诗是不错的。

抑抑威仪①,	美好仪容礼谦恭,
维德之隅②。	此人品德必端正。
人亦有言:	人们有句老俗话:
靡哲不愚③。	"大智若愚"耳常听。

庶人之愚，　　　　　　普通民众的愚昧，

亦职维疾④。　　　　　　那是缺点很正常。

哲人之愚，　　　　　　智者看来很愚昧，

亦维斯戾⑤。　　　　　　这种情况就反常。

【注释】

①抑抑：通"懿懿"，慎密貌。威仪：容止礼节。

②维德之隅：此句是说：容止礼节，同道德相匹配，有诸内而形于
　　外。维，乃，是。隅，当作"偶"，匹配。

③靡：无。哲：聪明人。一说此句即"大智若愚"之意。

④亦：语助词。末句同。职：只。疾：毛病，缺点。

⑤戾：乖戾，反常。

无竞维人①，　　　　　　国富必须有贤人，

四方其训之②。　　　　　四方诸侯才顺从。

有觉德行③，　　　　　　有了正直的德行，

四国顺之。　　　　　　四方诸侯才服膺。

讦谟定命④，　　　　　　宏伟计划应确定，

远犹辰告⑤。　　　　　　远大谋略时讲明。

敬慎威仪，　　　　　　举止行为要谨慎，

维民之则。　　　　　　百姓以此为典型。

【注释】

①无：发语词。竞：强。维：以，由于。人：指贤人。

②四方：指诸侯。训：顺，顺从。

③有觉:即"觉觉"。觉,为"梏"的假借,《礼记·缁衣》引此诗正作
　"梏",高大正直貌。

④讦(xū):大。谟:谋略,计划。定:确定。命:号令。

⑤远犹:远谋。辰告:指随时宣告。辰,时,随时。

其在于今,	且看当今的情形,
兴迷乱于政①。	国政混乱无人听。
颠覆厥德②,	上上下下品德坏,
荒湛于酒③。	沉湎于酒醉醺醺。
女虽湛乐从④,	只知纵酒和享乐,
弗念厥绍⑤。	先祖伟业难继承。
罔敷求先王⑥,	先王治道不广求,
克共明刑⑦?	昭明法则怎奉行?

【注释】

①兴:语助词。马瑞辰《毛诗传笺通释》曰:"《尔雅》:'虚,闲也。'闲
　即语词。兴与虚双声,兴即虚之假借,亦语词。'兴迷乱于政',
　犹言'迷乱于政',兴不为义。"迷乱:混乱。

②颠覆:败坏。厥:其,指周王。

③荒湛(dān):言废乱沉湎于酒。

④虽:通"维",唯独。从:从事。

⑤弗:不。念:思。绍:继承。一说"绍"指将来。

⑥罔:无,不。敷:遍。

⑦克:能。共:执。刑:法。

肆皇天弗尚①,	上天不肯再保佑,

如彼泉流，	好像泉水空自流，
无沦胥以亡②。	相继沦亡没个头。
夙兴夜寐，	应当早起又晚睡，
洒扫庭内，	就像厅堂常扫除，
维民之章③。	为民表率你领头。
修尔车马，	修好你的车和马，
弓矢戎兵④，	弓箭武器准备足。
用戒戎作⑤，	警惕随时战事起，
用逷蛮方⑥。	征服蛮方的部族。

【注释】

①肆:犹"故"。尚:佑助,保佑。

②无:发语词。沦胥:相率,相随。

③维:为,做。章:法则。

④戎兵:武器。

⑤戎作:指战事发生。

⑥逷(tì):当读为"剔",有剪除、治服之义。蛮方:远方异族。

质尔人民①，	谨慎对待你百姓,
谨尔侯度，	按照君侯法度行,
用戒不虞。	警惕意外事故生。
慎尔出话，	讲话出口要慎重,
敬尔威仪②，	言行举止要端正,
无不柔嘉③。	处处和善美颜容。
白圭之玷④，	白玉如果有瑕疵,

尚可磨也；	还可打磨去除净。
斯言之玷，	要是讲话出毛病，
不可为也！	想要挽救不可能。

【注释】

①玷：《齐诗》作"诰"，《鲁诗》《韩诗》作"告"。马瑞辰《毛诗传笺通
　释》曰："诰当为诘字之讹。"诘，谨。

②敬：敬重，重视。

③柔嘉：和善。

④玷：玉上的污点。

无易由言，	不可轻易发意见，
无曰苟矣。	说话不能太随便。
莫扪朕舌，	虽说没人按你舌，
言不可逝矣。	话一说出难改变。
无言不雠①，	没有出言无反应，
无德不报。	没有施德不报善。
惠于朋友，	友善对待僚和友，
庶民小子。	庶民小子莫轻看。
子孙绳绳②，	子子孙孙无尽穷，
万民靡不承。	万民没人不顺从。

【注释】

①雠：通"酬"，应答。

②绳绳（mǐn）：继续之意。一说戒慎貌。

视尔友君子，	对待同僚与君长，
辑柔尔颜^①，	面色温柔又和善，
不遐有愆^②。	不会有错招人厌。
相在尔室^③，	当你独处于暗室，
尚不愧于屋漏^④。	无愧神明品行端。
无曰不显，	不要认为屋里暗，
莫予云觏^⑤。	行为美丑没人见。
神之格思^⑥，	神灵随时会来到，
不可度思，	无法预知无先见，
矧可射思^⑦。	任意猜度无远见。

【注释】

①辑柔：和柔，指和颜悦色。

②不遐：不至于。愆：过错。

③相：视。一说譬如。

④尚：尚且，庶几。不愧于屋漏：即言不愧于神明。一说指白天日光从天窗照入屋内。屋漏，屋子西北隅隐蔽之处。古代在屋之西北隅设小帐以供神主，称屋漏。

⑤云：语助词。觏：看见。

⑥格：至，来。思：语气词。

⑦矧（shěn）：况且。射：通"致"，厌恶。一说读"射覆"之"射"，即猜中。

辟尔为德^①，	美好品德你彰显，
俾臧俾嘉^②。	尽善尽美人人赞。

淑慎尔止③，	举止谨慎仪态美，
不愆于仪④。	礼仪不错心无悔。
不僭不贼⑤，	不犯错误不害人，
鲜不为则。	成为榜样好口碑。
投我以桃，	你赠给我一颗桃，
报之以李。	我会回报你甜李。
彼童而角⑥，	扎着髻角的顽童，
实虹小子⑦。	头脑昏昏不明理。

【注释】

①辟：明，即修明之意。

②俾：使。臧、嘉：都是美善的意思。

③淑：善。止：举止行为。

④愆：过失。仪：礼节。

⑤僭：差错。贼："贰"字之讹，也作"忒"或"慝"，意即差爽，过失。

⑥彼童而角：此指总角童子。古少年受冠礼前，皆头梳两辫，如两角。

⑦虹："讧"的借字，惑乱。

荏染柔木①，	椅桐梓漆柔又坚，
言缗之丝②。	制成琴瑟安丝弦。
温温恭人③，	温厚谦恭的长者，
维德之基。	道德根基人夸赞。
其维哲人，	唯有智慧的贤人，
告之话言④，	告你古代的善言，

顺德之行。	遵循道德行得端。
其维愚人，	那些愚昧糊涂人，
覆谓我僭⑤，	反说我话是虚言，
民各有心。	人心各异难分辨。

【注释】

①荏染：柔软坚韧之貌。柔木：指椅、桐、梓、漆等，此木可为琴瑟之材。

②缗(mín)：绳，此处作动词用，安上。丝：琴瑟之弦。

③温温：和柔貌。

④话言：古之善言也。话，为"诂"字之误。

⑤覆：反而。僭：错误。

於乎小子①，	后生晚辈太年轻，
未知臧否②！	好坏善恶分不清！
匪手携之③，	非但需我拉你走，
言示之事。	还曾教你办事情。
匪面命之，	当面细心仔细说，
言提其耳④。	拉起耳朵让你听。
借曰未知⑤，	年幼无知尚可谅，
亦既抱子⑥。	你已有子抱怀上。
民之靡盈⑦，	人应谦虚不自满，
谁夙知而莫成⑧？	谁能早慧器晚成？

【注释】

①於乎：呜呼。

②臧否(pǐ)：善恶。

③匪：不只，非但。

④提其耳：拉着耳朵相告以事，指唯恐其听不见。

⑤借曰：假如说。

⑥抱子：指已有了儿子。

⑦靡盈：不是一切都好。

⑧谁夙知而莫成：言谁早慧而反晚成。夙知，早慧。莫，即"暮"。

昊天孔昭①，　　　　　老天看得最明白，

我生靡乐②。　　　　　我这一生没愉快。

视尔梦梦③，　　　　　看你办事懵懂懂，

我心惨惨。　　　　　　我心郁闷又悲哀。

诲尔谆谆④，　　　　　诚诚恳恳教导你，

听我藐藐⑤。　　　　　却对我言不理睬。

匪用为教，　　　　　　你们不用我教导，

覆用为虐⑥。　　　　　反拿我言作笑料。

借曰未知，　　　　　　说你还幼无知识，

亦聿既耄⑦！　　　　　你年实已不老小！

【注释】

①孔昭：非常明亮。

②靡乐：不快乐，没乐趣。

③梦梦：即"昏昏"，糊涂貌。

④谆谆：教诲不倦貌。

⑤藐藐：轻视忽略貌。

⑥虐：通"谑"，戏谑。

⑦耄(mào):老。《吕氏家塾读诗记》:"既耄,非谓其老也,犹今人责未更事者曰:'既老大矣。'甚言之也。"

於乎小子,	后生小子莫轻狂,
告尔旧止①。	告诉你们旧典章。
听用我谋,	如果听从我主张,
庶无大悔②。	不致有悔遭祸殃。
天方艰难,	天下时势正艰难,
曰丧厥国③。	国家可能会沦丧。
取譬不远,	这种例子并不远,
昊天不忒④。	上天报应很允当。
回遹其德⑤,	邪僻之性如不改,
俾民大棘⑥!	将使百姓遭大殃!

【注释】

①旧:旧的典章制度。止:语气词。

②庶:庶几,希冀之词。悔:过失。一说"悔恨"。

③曰:同"聿",发语词。

④忒:偏差。

⑤回遹(yù):邪僻。

⑥棘:通"急",困急,灾难。

桑柔

【题解】

这是西周卿士芮良夫(芮伯)哀伤周厉王暴虐昏庸,任用非人,终于灭亡而作的诗。《毛诗序》说:"《桑柔》,芮伯刺厉王也。"这个说法比较可信。郑玄说:"芮伯,畿内诸侯,王卿士也,字良夫。"《左传·文公元年》引用《桑柔》第十三章时,即称此为"周芮良夫之诗"。王符《潜夫论·遏利篇》也说:"昔周厉王好专利,芮良夫谏而不入,退赋《桑柔》之诗以讽。"此诗写作时间大约在周厉王被流放到彘以后,当时大乱未已,百姓流亡,而朝臣仍然为非作歹。作者沉痛而剀切地陈辞,指出王朝必然倾覆的原因,忠愤之情溢于言表。在诗中,诗人既叹百姓之困穷,又伤国事之昏乱,既探祸乱之根,又言救乱之道;既叹生不逢时,又伤救世无力;既指斥国君之昏庸,又斥群僚不敢进言;既斥责小人乱国之行,又指斥王之不能用贤。最后说明作诗之缘由。全诗呈现在沉郁与忧伤的情调中。沈守正《诗经说通》云:"芮伯世臣,忠愤郁积,又值监谤之世,欲抑则不欲,欲直则不能,故情旨沉绵,不自知其凄婉;文词详娓,不自厌其重复。读者当得其言外之感,不可分章摘句以求之。"此诗对后代诗人也产生很大影响,屈原的《哀郢》《怀沙》诸篇,情调和此诗就极为相近。

菀彼桑柔①,　　　　　繁茂桑树枝叶柔,
其下侯旬②。　　　　　树下一片好绿荫。
捋采其刘③,　　　　　叶被捋尽枝条稀,
瘼此下民④。　　　　　穷困百姓难遮身。
不殄心忧⑤,　　　　　心中忧愁难断绝,
仓兄填兮⑥!　　　　　悲怆长使我郁闷!
倬彼昊天⑦,　　　　　无比光明的上苍,
宁不我矜⑧。　　　　　竟然对我不怜悯。

【注释】

①菀(wǎn)彼：即"菀菀"，茂盛貌。桑柔：即"柔桑"，指柔嫩的桑枝。

②其下：指桑树之下。侯：维，是。旬：树荫遍布。《毛传》："旬，言阴均也。"此句是说因桑叶浓密，桑下满布树荫。

③捋(luō)：用手撸下树叶。刘：指桑叶被采光，枝条稀疏之状。

④瘼(mò)：病，疾苦。下民：下层百姓。

⑤不殄：不绝。《郑笺》："民心之忧无绝已。"

⑥仓兄：通"怆怳"，凄凉纷乱貌。填：通"陈"，长久。

⑦倬(zhuō)彼：即"倬倬"，光明而广大貌。

⑧宁：何。矜：怜悯。

四牡骙骙① ，	四匹雄马不停奔，
旟旐有翩② ，	彩绘大旗迎风扬，
乱生不夷，	祸乱爆发没平息，
靡国不泯③ 。	没有一国不遭殃。
民靡有黎④ ，	百姓死亡无少壮，
具祸以烬⑤ 。	全部遭难尽死光。
於乎有哀⑥ ，	呜呼长叹心悲哀，
国步斯频⑦ ！	国势危急令人伤！

【注释】

①骙骙(kuí)：马奔驰不停貌。

②旟旐：画有鹰隼龟蛇图像的旗子。有翩：即"翩翩"，旌旗翻飞貌。

③泯：灭。一说乱。

④黎：众。姚际恒《诗经通论》曰："民靡有黎，犹'周余黎民，靡有孑遗'之意，以八字缩为四字，简妙。"

⑤具:同"俱"。烬:本指火烧后的灰烬,这里是指人民遭遇战祸,剩
　余无几。

⑥於乎:呜呼,哀痛之声。

⑦国步:国家命运。频:危急。

国步蔑资①,	国家混乱资财尽,
天不我将②。	上天不再扶周邦。
靡所止疑③,	没有地方可安身,
云徂何往?	不知将要向何方?
君子实维④,	君子扪心想一想,
秉心无竞⑤。	存心为国要互让。
谁生厉阶⑥?	是谁制造此祸端?
至今为梗⑦!	至今还在遭灾殃!

【注释】

①蔑:轻,轻蔑。资:资用,资财。

②将:养。《郑笺》:"国家为政,行此轻蔑民之资用,是天不养
　我也。"

③疑:通"凝",定,安靖。

④维:为。一说通"惟",训"思"。

⑤秉心:存心。无竞:无争。言不同人争权夺利。一说通"竟",言
　无穷竟。

⑥厉阶:祸端。

⑦梗:病,灾害。

忧心慇慇①,	忧心忡忡心悲伤,

念我土宇②。　　　　思念故土我家乡。

我生不辰③，　　　　生不逢时实可悲，

逢天僤怒④。　　　　赶上老天怒发狂。

自西徂东，　　　　人们从西逃到东，

靡所定处⑤。　　　　没有安身的地方。

多我觏痻⑥，　　　　遭遇苦难实在多，

孔棘我圉⑦！　　　　边境告急将怎样！

【注释】

①慇慇(yīn)：心痛貌。

②土宇：土地房屋。

③不辰：不时，指出生不是时候。

④僤(dàn)怒：疾怒。

⑤定处：安身之处。

⑥觏痻(mín)：遇到灾难。觏，遇到。痻，病，病困。

⑦孔棘：甚急。圉：边疆。

为谋为毖①，　　　　制定策略要审慎，

乱况斯削②。　　　　动乱局面能减轻。

告尔忧恤③，　　　　劝你尽力忧国事，

诲尔序爵④。　　　　劝你合理用贤能。

谁能执热，　　　　谁能炎炎酷暑下，

逝不以濯⑤？　　　　不去水下冲个凉？

其何能淑，　　　　国事如果没好转，

载胥及溺⑥。　　　　大家接连都丧亡。

【注释】

①谋：谋划。毖：谨慎。

②乱况：祸乱状况。斯：则，乃。削：减少。

③忧恤：忧虑，指忧虑国事。

④序爵：予爵，即给予爵位。指治国当用贤者。

⑤逝不：何不。濯：当指沐浴冲凉。《毛传》："濯，所以救热也。"

⑥载：则。胥：相，相率。溺：淹死。

如彼溯风①，	如同对着劲风行，
亦孔之僾②。	呼吸自然不顺畅。
民有肃心③，	人们都有进取心，
荓云不逮④。	但他有力用不上。
好是稼穑⑤，	应该重视农耕事，
力民代食⑥。	百姓劳作官有粮。
稼穑维宝，	农业生产是个宝，
代食维好。	官家有粮国兴旺。

【注释】

①溯风：迎着风，指逆风而行。

②僾（ài）：呼吸困难貌。

③肃心：进取心。一说肃慎之心。

④荓（pīng）：使。不逮：不及。指不能实现。

⑤好：喜爱。稼穑：指农业劳动。

⑥力民：指尽人之力耕作。代食：代替做官食禄。

天降丧乱，	动乱丧亡从天降，

灭我立王①。	要灭我们的君王。
降此蟊贼②，	降下无数的害虫，
稼穑卒痒。	庄稼禾苗全吃光。
哀恫中国，	可哀可痛我中国，
具赘卒荒③。	接连不断闹灾荒。
靡有旅力④，	我们已经没精力，
以念穹苍⑤。	只能呼告那上苍。

【注释】

①立王：即在位之王。此指周厉王。立，同"位"。

②蟊贼：吃苗根的害虫。这里当泛指天灾。

③具：俱，都。赘：通"缀"，接连。荒：灾荒。

④旅力：体力。

⑤念：当读为"諗"，告也。穹苍：苍天。

维此惠君①，	只有贤惠的君王，
民人所瞻。	人民对他才敬仰。
秉心宣犹②，	心地光明善治国，
考慎其相③。	认真选用良卿相。
维彼不顺④，	唯有无道的昏君，
自独俾臧⑤，	快活只知自己享。
自有肺肠⑥，	别有一副坏心肠，
俾民卒狂⑦。	使民迷惑而疯狂。

【注释】

①惠君：通情达理的君主。

②秉心：持心，存心。宣犹：光明之道。

③考：察看。慎：谨慎。相：相辅。

④不顺：悖理，指无道之君。

⑤臧：善。

⑥自有肺肠：想法与众不同，别具一副心肝。实指坏心肠。

⑦卒狂：全都狂惑迷乱。

瞻彼中林，　　　　　　看那茂密的树林，

牲牲其鹿①。　　　　　众多野鹿结成群。

朋友已谮②，　　　　　朋友之间却欺诈，

不胥以穀③。　　　　　不以善意相接近。

人亦有言：　　　　　　人们常说这样话：

进退维谷④。　　　　　进退两难真苦闷。

【注释】

①牲牲(shēn)：众多貌。

②谮：不信任。一说：谮，谗也。

③胥：相。以：与。穀：善。

④进退维谷：言进退两难。谷，"鞫"的假借，穷，困窘。

维此圣人，　　　　　　唯有圣人有远见，

瞻言百里①。　　　　　百里以外能看清。

维彼愚人，　　　　　　只有愚人蠢透顶，

覆狂以喜。　　　　　　　眼前微利喜发疯。

匪言不能，　　　　　　　并非有口不能言，

胡斯畏忌？　　　　　　　为何如此多忌惮？

【注释】

①瞻：远望。言：语助词。百里：指有远见。《毛传》："瞻言百里，远
　虑也。"

维此良人，　　　　　　　那些心地善良人，

弗求弗迪①；　　　　　　 不去奢求不钻营；

维彼忍心②，　　　　　　 那些残忍狠心人，

是顾是复③。　　　　　　 官爵利禄不放松。

民之贪乱④，　　　　　　 人们唯恐天不乱，

宁为荼毒⑤。　　　　　　 宁受荼毒同完蛋。

【注释】

①求：奢求。迪：干进。

②忍心：即有残忍之心的人。

③顾：顾念，瞻前顾后。是：这个，指利禄官爵。复：反复。陈奂《诗
　毛氏传疏》："彼忍心之人，惟是瞻顾反复无常德也。"

④贪乱：贪欲作乱。

⑤宁：宁愿。荼毒：苦难，残害。

大风有隧①，　　　　　　 狂风必然有道隧，

有空大谷②。　　　　　　 空旷山谷是出处。

维此良人，	那些心地善良人，
作为式穀③；	皆行善道人称颂；
维彼不顺，	那些不懂道理人，
征以中垢④。	好像陷入污泥坑。

【注释】

①隧：道。大风必有来道。

②有空：即“空空”。大。《郑笺》：“大风之行，有所从而来，必从大空谷之中，喻贤愚之所行各由其性。”

③式穀：用善。陈奂《诗毛氏传疏》：“言良人之作为，皆用以善道也。”

④征：行。中垢：《毛传》：“中垢，言暗冥也。”《孔疏》：“垢者，土处地中而有垢，故以中垢言暗冥也。”朱熹《诗集传》：“征，行也。中，隐暗也。垢，污秽也。大风之行有隧，盖多出于空谷之中，以兴下文君子小人所行亦各有道耳。”此句指小人作阴暗之事。

大风有隧，	狂风必然有道隧，
贪人败类①。	贪赃枉法害善类。
听言则对②，	听到途言相应答，
诵言如醉③。	听到谏言就装醉。
匪用其良④，	忠告良言不采用，
覆俾我悖⑤。	反而说我是理悖。

【注释】

①贪人：贪赃枉法之人。败类：残害善类。《毛传》：“类，善也。”

②听言:道听途说之言。对:答。

③诵言:指讽谏之言。诵,《说文》:"诵,讽也。"醉:假作醉态。

④良:指善人。一说"良言"。

⑤覆:反。俾:使。悖:悖逆。

嗟尔朋友①,	我的同僚朋友们,
予岂不知而作?	我岂不知你作为?
如彼飞虫②,	就像乱飞的小鸟,
时亦弋获③。	有时被射从天坠。
既之阴女④,	我来忠告救助你,
反予来赫⑤。	反而恐吓又示威。

【注释】

①嗟尔:犹"嗟乎",叹呼声。

②飞虫:指飞鸟。古鸟兽皆可称虫。

③弋获:射中捕获。《郑笺》:"我岂不知所行者恶与?女所行如是,犹鸟飞行,自恣东西南北,时也为弋射者所得。"马瑞辰云:"诗以飞鸟之难射,时亦以弋射获之,喻贪人之难知,时亦以窥测得之耳。"

④既:已经。之:往。阴:复阴。荫庇、救助之意。女:汝。

⑤反予来赫:你反来威吓我。赫,字亦作"嚇",吓。

民之罔极①,	民众行为没定准,
职凉善背②。	只因官吏善骗人。
为民不利,	他们专干害民事,
如云不克。	不害好人心不宁。

民之回遹③，	民众行为不端正，
职竞用力④。	只因官府施暴政。

【注释】

①罔极:无准则。此句说百姓不守正道,犯上作乱。

②职:指当政者,官吏。凉:薄,不讲信用。善背:互相欺违。

③回遹(yù):邪僻。

④竞:逐,争。用力:任用暴力。《郑笺》:"言民之行维邪者,主由为
　政者逐用彊力相尚故也。"

民之未戾①，	民众至今不安宁，
职盗为寇②。	只因官府盗寇行。
凉曰不可③，	诚劝此法行不通，
覆背善詈④。	背地大骂不听从。
虽曰匪予⑤，	你说恶事非你为，
既作尔歌⑥。	已经作歌让你听。

【注释】

①未戾:没有安定。

②职盗为寇:为政者像盗贼般对百姓抢掠。

③凉:"谅"的假借,确实。

④覆:反而。背:背后。詈(lì):骂。

⑤匪予:意为恶事非自己所为。予,我。指王。

⑥既作尔歌:已为你们作歌。既,已,已经。

云汉

【题解】

这是周宣王求神祈雨的诗。宣王二年至六年间,天大旱,此诗就是宣王向上天求雨的祷词。诗中充满了无可奈何的忧虑,反反复复讲灾难的严重,灾难造成的后果,自己祈祷的虔诚,敬畏恳切之情达到了极点。周宣王被称为"中兴之主",他在位四十六年,由于周公、召公的辅助,能继承文、武、成、康的遗风,征西戎,伐猃狁,征荆蛮,平淮夷,使周王室得到复兴。从求雨真诚急切之意,可见其为政兢兢业业之心。《毛诗序》:"《云汉》,仍叔美宣王也。宣王承厉王之烈,内有拨乱之志,遇灾而惧,侧身修行,欲销去之。天下喜于王化复行,百姓见忧,故作是诗也。"《郑笺》:"仍叔,周大夫也。《春秋》鲁桓公五年夏,'天王使仍叔之子来聘'。"《序》讲宣王在其父厉王衰乱政局之后继承王位,心有拨乱之志,这时遇到大旱年景,他注意自身修养,推行善政,以求消灾免难。周大夫仍叔作此诗赞美他。诗是否为仍叔所作有争议,但诗的内容是赞美宣王的,古今无异议。

倬彼云汉①,	浩瀚广大的天河,
昭回于天②。	不停在空中运转。
王曰於乎③:	周王无奈仰天叹:
何辜今之人!	当今百姓何罪愆!
天降丧乱,	上天降下这丧乱,
饥馑荐臻④。	饥饿灾荒相接连。
靡神不举⑤,	何方神灵都祭祀,
靡爱斯牲⑥。	什么牺牲都贡献。
圭璧既卒⑦,	祭神圭璧已用完,

宁莫我听。	我的祈求不实现。

【注释】

①倬（zhuō）彼：即"倬倬"，光明浩大貌。云汉：天河。

②昭：光明。回：旋转，指银河在天空斜转。

③王：指周宣王。厉王子，名静。他继王室衰亡之后，能内修政治，外安四夷，是一位中兴之主。在位四十六年。於乎：即"呜呼"。

④荐：屡次。臻（zhēn）：至。

⑤靡：无。举：祭祀。言无神不祭。

⑥爱：吝惜。斯：这些。牲：牺牲，祭祀用的牛羊猪等。

⑦圭璧：玉器。周人祭神用玉。卒：尽。指为祭礼鬼神，玉已用尽。

旱既大甚，	旱象实在太严重，
蕴隆虫虫①。	热气蒸腾如熏蒸。
不殄禋祀②，	祭祀从来未停止，
自郊徂宫③。	郊祭直到祖庙中。
上下奠瘗④，	天地百神全祭奠，
靡神不宗⑤。	对待何神都恭敬。
后稷不克⑥？	祖先后稷不保佑？
上帝不临⑦？	上帝不再来光临？
耗斁下土⑧，	地上百姓伤殆尽，
宁丁我躬⑨！	竟让我遇这灾星！

【注释】

①蕴隆：热气郁盛。虫虫：即"爞爞"，熏也，赤也，形容暑热之貌。

②不殄：不断。禋祀：古代祭天之礼。这里泛指祭祀。

③自郊徂宫：从郊野到宫室宗庙。徂，往，到。

④奠：陈列祭品。瘗(yì)：埋，指埋藏祭品。"奠"是祭天神的礼仪。"瘗"是祭地神的礼仪。

⑤宗：尊敬。

⑥不克：《郑笺》："克当作刻。刻，识也。是我先祖后稷不识知我之所困与？"或解为"不能"。

⑦临：照临，监护。临亦有"保"意。

⑧耗：损耗。致(dù)：败坏。

⑨宁：乃。丁：当，逢上。我躬：我身。

旱既太甚，	旱象实在太严重，
则不可推①。	情况不能再转轻。
兢兢业业②，	我们惊恐又不安，
如霆如雷③。	就像霹雷会轰顶。
周余黎民，	周邦剩余的百姓，
靡有孑遗④。	没有生存的可能。
昊天上帝，	广大无边的上帝，
则不我遗⑤。	竟然不对我同情。
胡不相畏⑥？	为何不能施惠爱？
先祖于摧⑦？	依靠祖先也不能？

【注释】

①推：退，排除。指大旱不能排除。

②兢兢业业：危惧恐慌貌。

③霆：霹雷。指旱灾如雷霆使人恐惧。

④子遗:遗留,剩下。言无不受灾者。

⑤遗(wèi):存问,安慰。一说"赠送"。

⑥相畏:即"相爱"。畏,当读为"偎",爱。

⑦摧:就,靠近。《毛传》:"摧,至也。"

旱既太甚,	旱象实在太严重,
则不可沮。	想要阻挡却不能。
赫赫炎炎①,	太阳如火在烘烤,
云我无所。	已无处所可逃生。
大命近止②,	寿命即将要结束,
靡瞻靡顾。	上天不看不顾念。
群公先正③,	先公先贤的神灵,
则不我助。	也不帮我度灾难。
父母先祖④,	还有父母和先祖,
胡宁忍予!	为何忍心不救咱!

【注释】

①赫赫:天旱燥热貌。炎炎:暑气灼人貌。

②大命:寿命。

③群公:指前代先公神灵。先正:前代贤臣的神灵。

④父母:指死去父母的神灵。

旱既太甚,	旱象实在太严重,
涤涤山川①。	江河枯竭草木焦。
旱魃为虐②,	旱神作恶到极顶,

如惔如焚③。　　　　　　　烈日炎炎似火烧。
我心惮暑④，　　　　　　　心里实在畏暑热，
忧心如熏。　　　　　　　　忧心如焚像煎熬。
群公先正，　　　　　　　　先公先正的神灵，
则不我闻⑤？　　　　　　　我的呼叫听不到？
昊天上帝，　　　　　　　　昊天之上的上帝，
宁俾我遯⑥！　　　　　　　你让我向哪里逃！

【注释】

①涤涤：草木干枯无余之貌。《毛传》："涤涤，旱气也。山无木，川
　　无水。"

②旱魃（bá）：神话传说中的旱魔。为虐：作恶。

③惔：借作"炎"，火光升起。

④惮暑：苦热，害怕暑热。惮，惧怕。

⑤闻：一说通"问"，恤问。

⑥宁：难道。遯：今作"遁"，逃。

旱既太甚，　　　　　　　　旱象实在太严重，
黾勉畏去①。　　　　　　　尽心祈祷仍慌恐。
胡宁瘨我以旱②？　　　　　为何酷旱折磨我？
憯不知其故③。　　　　　　其中缘故不知情。
祈年孔夙④，　　　　　　　祈年祭祀不算晚，
方社不莫⑤。　　　　　　　方社之祭也很早。
昊天上帝，　　　　　　　　昊天之上的上帝，
则不我虞⑥？　　　　　　　为何不助不宽饶？

敬恭明神，	对待神明很恭敬，
宜无悔怒。	想来神明不该恼。

【注释】

①黾勉畏去：此句言黾勉从事而犹有所畏却，恐无济于事。马瑞辰《毛诗传笺通释》引《广雅·释诂》曰："畏，恶也。"此句意为"苦此旱而恶去之也"。黾勉，勉力。畏去，当读为"畏却"。

②瘨（diān）：病，害。

③憯（cǎn）：曾，乃。

④祈年孔夙：此句是说祈丰年之祭甚勤。祈年，向神祈求丰年的祭祀。孔夙，甚早。按：早，有勤快之义。

⑤不莫：即不晚。莫，同"暮"。方：祭四方之神。社：祭社神。

⑥虞：帮助。《广雅·释诂》："虞，助也。"

旱既太甚，	旱象实在太严重，
散无友纪①。	群臣无法心散漫。
鞫哉庶正②，	官长陷入贫困境，
疚哉冢宰③。	冢宰大臣也贫病。
趣马师氏④，	养马官和教育官，
膳夫左右⑤，	厨师左右亲近臣，
靡人不周⑥，	周王个个都救济，
无不能止⑦。	救助百姓也不停。
瞻卬昊天，	仰望浩瀚那苍天，
云如何里⑧！	忧愁何时才算完！

【注释】

①友："有"的假借。纪：法纪。

②鞠(jū)：穷困。庶正：众官长。庶，众。正，长。

③疚：病，忧苦。冢宰：官名，即太宰，掌王室总务。

④趣马：养马的官。师氏：掌管教育的官。

⑤膳夫：主管天子饮食的官。左右：泛指周宣王左右的大臣。

⑥周：救济。《郑笺》："周，当作赒，王以诸臣困于食，人人赒救之。"

⑦无不能止：马瑞辰《毛诗传笺通释》解为："言虽赒之而其乏无不
　能救止也。止即救也。"

⑧里："悝"的假借，忧愁。一说通"已"，止也。一说训"忧"。

瞻卬昊天，　　　　　　　仰望昊昊那苍天，
有嘒其星①。　　　　　　满天星光亮闪闪。
大夫君子，　　　　　　　诸位大夫众长官，
昭假无赢②。　　　　　　向神祈祷莫停缓。
大命近止，　　　　　　　我们寿命即将完，
无弃尔成③。　　　　　　不弃前功不怕难。
何求为我④，　　　　　　求雨哪是为自己，
以戾庶正⑤。　　　　　　也为安定众长官。
瞻卬昊天，　　　　　　　抬头仰望那昊天，
曷惠其宁⑥。　　　　　　何时能使我心安。

【注释】

①有嘒其星：马瑞辰《毛诗传笺通释》曰："天旱无雨之象。"

②昭假：向神祈祷。无赢：无缓。

③成：成功，前功。

④我：宣王自称。

⑤戾：安定。

⑥曷：何时。宁：安。

崧高

【题解】

　　这是尹吉甫为申伯送行的诗。申伯是宣王的舅舅，宣王对他极为宠信，增加他的封地，派人为他建筑谢城和宗庙，又让人帮他迁到谢城。临行赐予他车马介圭，为他饯行。宣王的大臣尹吉甫为此作了这首诗，赠给申伯。《毛诗序》："《崧高》，尹吉甫美宣王也。天下复平，能建国，亲诸侯，褒赏申伯焉。"朱熹《诗集传》说："宣王之舅申伯出封于谢，而尹吉甫作诗以送之。"两相比较，朱说更符合诗意。全诗八章，都是赞扬的话。首章盛赞申伯不同寻常的降生，以及在周廷和诸侯中的地位和作用。起句"崧高维岳，骏极于天"气势雄伟，出手不凡。方玉润《诗经原始》说："起笔峥嵘，与岳势竞隆。后世杜甫呈献巨篇，专学此种。"这种起笔不凡的写法，对后世诗赋创作确实影响很大。第二章写分封谢地，世代守业，成为诸侯国的榜样。第三章写宣王派召伯虎建设谢城，并派傅御搬迁家人。第四章写召伯虎为其建成寝庙，宣王赏赐他骏马四匹。第五章写宣王临别赠言，并馈赠宝玉。第六章写宣王在郊邑设宴饯别。第七章写申伯进入谢城盛况。第八章赞美申伯功德，并说明作诗之意。方玉润评论说："以下历叙王命诸臣代伯经营其国，自城郭、宗庙、宫室、车马、宝玉，以及土田、赋税之属，无不具备。所尤异者，伯之家人，亦令傅御代为迁徙；赴国行粮，亦命召伯早为储备。王之宠臣，可谓至矣。"此诗也反映了古代宗法社会中皇亲国戚的特权，及当时的分封情况，极具史料价值。

崧高维岳①，	崇高巍峨太岳山，
骏极于天②。	高高耸立接云天。
维岳降神，	是那太岳降神灵，
生甫及申③。	生下申甫这二贤。
维申及甫，	唯这申伯和甫侯，
维周之翰④。	他是周邦的栋梁。
四国于蕃⑤，	诸侯靠他作屏障，
四方于宣⑥。	王的恩泽他宣畅。

【注释】

①崧：山大而高。岳：四岳。东岳泰山，南岳衡山，西岳华山，北岳恒山。

②骏：通"峻"，高大。极：至。

③甫：读作"吕"，吕、申都是姜姓之国。《郑笺》："申，申伯也。甫，甫侯也。皆以贤知入为周之桢干之臣。"

④翰：栋梁。

⑤于：为。蕃：藩篱，屏障。

⑥宣：宣畅。《毛传》："四方之处恩泽不至，则往宣畅之，使沾王化。"马瑞辰以为宣通"垣"，指垣墙。

亹亹申伯①，	勤劳不倦的申伯，
王缵之事②。	辅助周王继祖业。
于邑于谢③，	在谢修筑了城邑，
南国是式④。	南国诸侯的表率。
王命召伯⑤，	周王命令臣召伯，

定申伯之宅。　　　　　定好申伯的住宅。

登是南邦⑥，　　　　　建成南方的邦国，

世执其功⑦。　　　　　世代守业永不改。

【注释】

①亹亹(wěi)：勤勉貌。

②缵：继承。《韩诗》作"践"。践，任也。之：其，指申伯。

③谢：地名。在今河南唐河南。

④南国：周之南的国家称"南国"。式：法，榜样。

⑤召伯：召虎，即召穆公，宣王大臣。

⑥登：建成。《尔雅》："登，成也。"南邦：指谢邑。

⑦执：守成。言世代守其成。

王命申伯：　　　　　周王命令这申伯：

式是南邦，　　　　　要做南国的榜样，

因是谢人，　　　　　依靠谢地的百姓，

以作尔庸①。　　　　筑好坚固的城墙。

王命召伯：　　　　　周王命令这召伯：

彻申伯土田②。　　　理好申伯的田疆。

王命傅御③：　　　　又命朝廷侍御臣：

迁其私人④。　　　　迁其家臣同前往。

【注释】

①庸："墉"的假借，城。一说：庸，功也。

②彻：治理。

③傅：辅助王治理国政者称"傅"。御：侍御，王的侍从官员。

④私人：大夫的家臣。

申伯之功①，	申伯筑谢立大功，
召伯是营。	召伯继续来经营。
有俶其城②，	修缮完美又坚固，
寝庙既成③。	前庙后寝都建成。
既成藐藐④，	新建庙寝真壮丽，
王锡申伯：	周王赏赐申伯功：
四牡蹻蹻⑤，	四匹雄马很强壮，
钩膺濯濯⑥。	胸前佩饰闪闪明。

【注释】

①功：事，指筑城、彻田等工作。

②有俶（chù）：即"俶俶"，新城完美貌。马瑞辰《毛诗传笺通释》：

"《说文》：'俶，善也。'"《毛传》："俶，作也。"俶，修建。有俶，为城

缮修之貌。

③寝庙：前曰"庙"，为礼神之所。后曰"寝"，是人居住之所。

④藐藐：美盛貌。

⑤蹻蹻（jiǎo）：强壮貌。

⑥钩膺：马胸前颈上的带饰。濯濯：光泽鲜明貌。

王遣申伯，	王让申伯去谢城，
路车乘马①。	路车乘马来赠送。
我图尔居，	"我细考虑你住地，

莫如南土。	唯有南方更适宜。
锡尔介圭②，	赐你珍贵的大圭，
以作尔宝。	作为镇国的宝器。
往迈王舅③，	叫声王舅你快去，
南土是保。	守卫南方的土地。"

【注释】

①路车:诸侯坐的一种车。乘马:四匹马。

②介圭:大圭,古代玉制的礼器。

③迈(jī):语助词,犹"哉"。王舅:申伯是宣王母亲申后的兄弟,故宣王称其为王舅。

申伯信迈①，	申伯决定要上路，
王饯于郿②。	王在郿邑来饯行。
申伯还南，	申伯决定回南方，
谢于诚归③。	诚心诚意归谢城。
王命召伯，	周王命令召穆公，
彻申伯土疆。	申伯地界要划定。
以峙其粻④，	备好足够的粮草，
式遄其行⑤。	好让申伯快起程。

【注释】

①信:确实,信实。《孔疏》:"申伯初不欲离王,王告语复重,心开意解,申伯于是信实欲行。"

②饯:备酒送行。郿:地名,在今陕西眉县东北。

③谢于诚归：即"诚归于谢"。《孔疏》："诚心归于谢国，古人之语多倒，故申明之。诚归者，决意不疑之词。"

④以：乃，就。峙：通"偫"，储备。粻（zhāng）：粮食。言积蓄粮草，准备出发。

⑤遄（chuán）：迅速。

申伯番番①，	申伯英武气轩昂，
既入于谢，	进入新筑的谢城，
徒御啴啴②。	随从人马步安详。
周邦咸喜，	周邦之人露喜容，
戎有良翰③。	国有栋梁实可庆。
不显申伯④，	这位显赫的申伯，
王之元舅⑤，	他是周王的大舅，
文武是宪⑥。	文韬武略人称颂。

【注释】

①番番（bō）：勇武貌。

②徒御：徒步的，驾车的。指随行人马。啴啴（tān）：安舒快乐貌。《孔疏》："啴啴，安舒之状。行则安舒，貌则喜乐。"

③戎：你，指宣王。一说指谢地之人。良翰：好栋梁。

④不显：光显。

⑤元舅：大舅。

⑥文武：指文韬武略。宪：表率，模范。

申伯之德，	申伯美德人人夸，
柔惠且直。	和顺正直又温良。

揉此万邦^①，	安抚天下诸侯国，
闻于四国。	美好声名传四方。
吉甫作诵^②，	吉甫作了这首歌，
其诗孔硕^③，	诗意深切篇幅长，
其风肆好^④，	曲调优美好传唱，
以赠申伯。	以赠申伯表衷肠。

【注释】

①揉：安抚。

②吉甫：即尹吉甫，周宣王卿士。诵：歌，指这篇诗。

③孔硕：甚大，指诗的篇幅长。

④风：曲调。肆好：极好。

烝民

【题解】

此篇与上篇《崧高》同为尹吉甫所作的送别诗。尹吉甫和仲山甫都是周宣王时代的重臣，才德相匹，政绩相类。《烝民》是尹吉甫送别仲山甫的诗。宣王派仲山甫筑城于齐，在他临行时，尹吉甫作了这首诗送给他。《毛诗序》说："《烝民》，尹吉甫美宣王也。任贤使能，周室中兴焉。"朱熹《诗集传》说："宣王命樊侯仲山甫筑城于齐，而尹吉甫作诗送之。"两相比较，朱说更贴近主题。此诗除了赞颂仲山甫的品德功绩外，还有特殊之处，孙𪩘《批评诗经》说："语意高妙，探微入奥，又别是一种风格，大约以理趣胜。"此诗确有多处讲理性的章节，如开头四句"天生烝民，有物有则。民之秉彝，好是懿德"，就以理念取胜，讲的是天道和人性的大道理，转而说明仲山甫的品德才能是顺天之则的。后来《孟子·告子上》就引此诗作为阐述性善论的依据,以后的宋明理学家言性与道,也多引此句作为佐证。此诗说理之处虽多,但读起来并不枯燥,因其道理讲得合乎情理,还不时采用一些民间谚语、俗语,很有趣味。加之用词精当,以致诗中许多词语一直流传到今天,如:柔茹吐刚、小心翼翼、明哲保身、爱莫能助、穆如清风等等。诗中还多用叠字,如:业业、捷捷、彭彭、锵锵等,达到绘声绘色的效果,使此诗既生动又入理,增加了诗的表现力。

天生烝民①,	上天生下众百姓,
有物有则。	世间万物有准绳。
民之秉彝②,	人民禀赋这常理,
好是懿德。	自然喜爱好品行。
天监有周③,	上天考察周王朝,
昭假于下④。	向神祈祷心虔诚。
保兹天子,	保佑当今周天子,
生仲山甫⑤。	生下山甫保太平。

【注释】

①烝(zhēng)民:众民。

②秉彝:禀性,秉质。彝,恒常之性。

③监:由上向下察看。

④昭假:向神灵祈祷,表明诚敬之心。

⑤仲山甫:宣王大臣,因封于樊(今河南济源),排行第二,故又称樊仲、樊侯、樊仲山甫或樊穆仲。据《国语》说,他曾多次谏宣王,是宣王非常得力的宰辅。

仲山甫之德，	山甫具有好品德，
柔嘉维则。	温柔和善有准则。
令仪令色，	和颜悦色仪态美，
小心翼翼。	办事细心真出色。
古训是式①，	先人古训必遵守，
威仪是力②。	礼节仪态都恰合。
天子是若③，	顺从天子的旨意，
明命使赋④。	天子命他颁政策。

【注释】

①古训:指先王遗典。式:效法。

②威仪:庄重的礼节、仪表。力:勤勉,努力。

③若:顺。

④赋:通"敷",颁布。

王命仲山甫：	周王命令仲山甫：
式是百辟①，	要做诸侯的榜样，
缵戎祖考②，	继承祖先的业绩，
王躬是保③。	保护君王身安康。
出纳王命④，	随时传达君王命，
王之喉舌⑤。	君王喉舌你担当。
赋政于外⑥，	要把王令传都外，
四方爰发⑦。	贯彻执行到四方。

【注释】

①百辟:指各国诸侯。

②缵:继承。戎:你。祖考:先祖。考,父亲。

③王躬:周王身体。

④出:宣布周王政令。纳:向周王汇报各处情况。

⑤喉舌:指代言人。

⑥外:指京城以外。

⑦发:行,执行。《郑笺》:"以布政于畿外,天下诸侯于是莫不发应。"

肃肃王命,	王命严肃又神圣,
仲山甫将之①。	山甫领命认真行。
邦国若否②,	邦国治理好不好,
仲山甫明之。	山甫看得最分明。
既明且哲,	知识渊博明事理,
以保其身。	保全节操有美名。
夙夜匪解,	早起晚睡不懈怠,
以事一人③。	对王尽心善侍奉。

【注释】

①将:执行。

②若否(pǐ):即"好坏"。若,善,顺。否,恶,闭塞。

③事:侍奉。一人:指周王。

人亦有言:	民间流传这样话:

柔则茹之^①，　　　　　柿子要拣软的吃，

刚则吐之^②。　　　　　咬不动的吐掉它。

维仲山甫，　　　　　可是这位仲山甫，

柔亦不茹，　　　　　软的东西他不吃，

刚亦不吐。　　　　　硬的东西也不怕。

不侮矜寡^③，　　　　　从不欺侮鳏寡人，

不畏强御^④。　　　　　也不畏惧那恶霸。

【注释】

①茹：吃。

②刚：指坚硬之物。

③侮：欺侮。矜寡：即"鳏寡"，这里指弱者。矜，老而无妻。寡，老
　　而无夫。

④强御：指强悍之人。

人亦有言：　　　　　世俗还有这样话：

德辖如毛^①，　　　　　德如羽毛一样轻，

民鲜克举之。　　　　　人却很难举起它。

我仪图之^②，　　　　　仔细揣摩细思考，

维仲山甫举之，　　　　只有山甫能做到，

爱莫助之。　　　　　爱莫能助心烦恼。

衮职有阙^③，　　　　　天子政令有缺失，

维仲山甫补之^④。　　　只有山甫能补好。

【注释】

①辎（yóu）：轻。

②仪图：揣度，思索。

③衮（gǔn）：古代王侯所穿绣有龙纹的礼服。此处喻周王的政治。

　　职："识"的假借，偶尔，适值。阙：缺，破损。

④补：缝补。此指仲山甫能匡正周王之过错。

仲山甫出祖①，	山甫外出祭路神，
四牡业业②，	高大四马气昂扬。
征夫捷捷③，	从行士兵快速走，
每怀靡及④。	犹恐不及心紧张。
四牡彭彭⑤，	高大四马真雄壮，
八鸾锵锵。	八只鸾铃响叮当。
王命仲山甫，	王向山甫发命令，
城彼东方。	修筑新城于东方。

【注释】

①出：出行。祖：指祖祭，是古代出行时对路神的一种祭祀。

②业业：马高大貌。

③征夫：指随从仲山甫出行的人。捷捷：勤快敏捷貌。

④每怀靡及：常常忧虑事情来不及办理。

⑤彭彭：马奔跑貌。

四牡骙骙①，	四匹雄马疾奔驰，
八鸾喈喈②。	八只鸾铃喈喈鸣。

仲山甫徂齐，	山甫齐国去筑城，
式遄其归③。	筑成快速返回京。
吉甫作诵，	吉甫作了送别歌，
穆如清风④。	美好歌声如清风。
仲山甫永怀⑤，	山甫在外会思家，
以慰其心。	以此安慰别离情。

【注释】

①骙骙(kuí)：马不停蹄貌。一说强壮貌。

②锴锴：和谐的铃声。

③遄(chuán)：快速。

④穆：和美。清风：轻微之风。《郑笺》："穆，和也。吉甫作此工歌之诵，其调和人之性如清风之养万物然。"

⑤永怀：长思。

韩奕

【题解】

这是一首歌颂韩侯的诗。《毛诗序》说："《韩奕》，尹吉甫美宣王也。能锡命诸侯。"朱熹《诗集传》说："韩侯初立来朝，始受王命而归，诗人作此以送之。《序》亦以为尹吉甫作，今未有据。"朱熹认为此诗既不是美宣王，作者也未必是尹吉甫，而是韩侯受册命后，诗人写的送行诗。这种看法符合诗旨。此诗写了韩侯到都城接受册封和返回封国的全过程，叙事全面，脉络清晰。首述受命之重，再述得赏之丰，又述归宴之盛、妻室之贵、国之富庶，末述职权之要。描写之细致生动，如同我们亲临了一场分封诸侯的大典。分封韩侯，和北方少数民族联了姻，就使北方边陲得以稳定,西周政权也能够稳固。因此此诗不仅有审美价值,还具有史料价值。

奕奕梁山①,	梁山巍峨高高耸,
维禹甸之②。	大禹治水洪水平。
有倬其道③,	有条大道宽又广,
韩侯受命④,	韩侯入朝受册命。
王亲命之:	周王亲自下令说:
缵戎祖考⑤。	祖先业绩你继承。
无废朕命,	切莫背弃我命令,
夙夜匪解⑥。	早起晚睡勿懈松。
虔共尔位⑦,	忠于职守要谨敬,
朕命不易。	我不轻易给册封。
榦不庭方⑧,	安定不臣的方国,
以佐戎辟⑨。	辅佐君王来效命。

【注释】

①奕奕:高大貌。梁山:有二说,一说在今陕西韩城西北,一说在今河北固安东南。

②甸:治理。《毛传》:"甸,治也。"《郑笺》:"梁山之野,尧时俱遭洪水,禹甸之者,决除其灾,使成平田,定贡赋于天子。"

③有倬(zhuō):即"倬倬",广阔。

④韩侯:春秋前有二韩:一在今陕西韩城南,一在今河北固安东南,二韩皆姬姓。此诗之"韩"指在河北者。受命:受周王册命。

⑤缵(zuǎn):继承。戎:你。

⑥匪解:不懈。解,通"懈"。

⑦虔共:敬奉,虔诚奉行。

⑧榦(gàn):正,纠正。不庭:不直,指不臣服于周。方:方国。陈奂
《诗毛氏传疏》:"榦不庭方,言四方有不直者则正之,侯伯得专征
伐也。"

⑨戎:你。辟:君主。

四牡奕奕,	驾车四马肥又壮,
孔修且张①。	身躯高大又修长。
韩侯入觐②,	韩侯入京来朝见,
以其介圭③。	手捧大圭上朝堂。
入觐于王,	俯伏丹墀见周王,
王锡韩侯。	王赐礼品来奖赏。
淑旂绥章④,	绘龙锦旗彩羽装,
簟茀错衡⑤。	竹帘绘彩车一辆。
玄衮赤舄⑥,	黑色龙袍红色履,
钩膺镂钖⑦。	马带樊缨金镂装。
鞹鞃浅幭⑧,	蒙轼兽皮和虎皮,
鞗革金厄⑨。	笼头车轭闪金光。

【注释】

①修:长。张:大。

②觐(jìn):朝见。

③介圭:大圭,玉制礼器。

④淑:美。旂:画有蛟龙的旗。绥章:旂杆上的饰物。朱熹《诗集

传》："绥章，染鸟羽或牦牛尾为之，注于旄干之首，为表章者也。"

⑤簟茀(diàn fú)：遮蔽车厢的竹帘。错衡：涂有花纹的车前横木。这些都是诸侯所乘路车的装饰。

⑥玄衮：画有龙纹的黑色礼服。赤舄(xì)：贵族所穿的红色鞋子。

⑦钩膺：亦称樊缨，马颈上的带饰。镂钖(yáng)：嵌刻金属为饰。《诗集传》："镂，刻金也。马眉上饰曰钖，今当庐也。"当庐，指马的额头。

⑧鞹鞃(kuò hóng)：绑在车轼上的兽皮。鞹，去毛的兽皮。鞃，车轼所蒙之兽皮。浅幭(miè)：覆盖车轼上的虎皮。《毛传》："浅，虎皮浅毛也。幭，覆式也。"

⑨鞗(tiáo)革：马笼头。金厄：拴在笼头上的金属套环。《诗集传》："鞗革，辔首也。金厄，以金为环，缠扼辔首也。"

韩侯出祖①，	韩侯回程祭路神，
出宿于屠②。	路上住宿在屠城。
显父饯之③，	显父为他来饯行，
清酒百壶。	百壶清酒醇又香。
其殽维何④？	他的菜肴有什么？
炰鳖鲜鱼⑤。	清蒸甲鱼鱼片香。
其蔌维何⑥？	佐餐蔬菜有什么？
维笋及蒲⑦。	鲜嫩竹笋蒲芽爽。
其赠维何？	赠送韩侯何礼物？
乘马路车⑧。	四马路车真堂皇。
笾豆有且⑨，	笾豆果肴列满席，
侯氏燕胥⑩。	诸侯燕饮喜洋洋。

【注释】

①出祖:出行时祭祀路神。

②屠:地名。《诗集传》:"屠,地名,或曰,即杜也。"姚际恒曰:"屠、
杜古通用。《汉志》注云:古杜伯国,汉宣帝葬其地,因曰杜陵,在
长安南十五里。"

③显父:周朝卿士。饯:设宴送行。

④殽:荤菜。

⑤炰(páo):蒸煮。鲜鱼:鲜,当释为"析"。析鱼,即脍鱼,如今之生
鱼片。

⑥蔌(sù):蔬菜。

⑦笋:竹笋。蒲:水生植物,嫩时可食。

⑧乘马:四匹马。路车:贵族所乘之车。

⑨笾豆:盛果脯及菜肴的容器。且(jū):多貌。

⑩侯氏:诸侯来朝之称,此则指韩侯。燕胥:宴乐。

韩侯取妻①,	韩侯在此娶了妻,
汾王之甥②,	厉王甥女是新娘,
蹶父之子③。	卿士蹶父的女郎。
韩侯迎止,	韩侯亲自来迎娶,
于蹶之里。	在那蹶父的城邑。
百两彭彭④,	百辆大车路上跑,
八鸾锵锵,	八只鸾铃响锵锵,
不显其光⑤。	身份显赫真荣光。
诸娣从之⑥,	陪嫁众妾随新娘,
祁祁如云⑦。	纷纭多如彩云样。
韩侯顾之⑧,	韩侯回头来观看,

烂其盈门⑨。　　　　　　　　新娘众妾皆漂亮。

【注释】

①取：同"娶"。

②汾王：即周厉王。厉王被国人赶跑，流亡汾水之畔的彘（即今山西霍州境内），故称"汾王"。

③蹶父（guì fǔ）：周宣王卿士，姓姞。

④百两：即"百辆"，此言迎亲之车辆众多。彭彭：马强盛貌。

⑤不："丕"的假借，大。显：显耀。

⑥诸娣：指陪嫁的媵妾。《毛传》："诸侯一娶九女，二国媵之。诸娣，众妾也。"

⑦祁祁：众多貌。

⑧顾：曲顾。《白虎通义》曰："夫亲迎，御轮三周，下车曲顾者，防淫佚也。"古代贵族男子到女家亲迎，有三次回顾之礼。

⑨烂其：即"烂烂"，灿烂而有光彩。形容诸娣。

蹶父孔武①，　　　　　　　　蹶父雄壮武艺高，
靡国不到。　　　　　　　　　征伐各国无不到。
为韩姞相攸②，　　　　　　　他为女儿找夫婿，
莫如韩乐，　　　　　　　　　莫如韩国地方好，
孔乐韩土。　　　　　　　　　住在这里乐陶陶。
川泽訏訏③，　　　　　　　　川泽水域宽又广，
鲂鱮甫甫④，　　　　　　　　水中鱼儿蹦又跳。
麀鹿噳噳⑤，　　　　　　　　母鹿雄鹿满山冈，
有熊有罴，　　　　　　　　　深林还有熊和罴，
有猫有虎⑥。　　　　　　　　山猫老虎山中跑。

庆既令居⑦，	美好居所已安定，
韩姞燕誉⑧。	韩姞欢乐心情好。

【注释】

①孔武：很威武。蹶父掌兵权，从事兵甲征伐之事，故有"孔武"之誉。

②韩姞：即韩侯妻，本姓"姞"，因嫁于韩侯，故称"韩姞"。相：看。攸：所。指选择可嫁之所。

③汔汔(xū)：广大貌。

④鲂：鳊鱼。甫甫：鱼肥大貌。

⑤麀(yōu)鹿：母鹿。一说：麀指母鹿，鹿指雄鹿。噳噳(yǔ)：众多貌。

⑥猫：《毛传》："似虎，浅毛色者。"可能为山猫。

⑦庆：庆贺。既：定。令居：好居所。

⑧燕誉：安乐。

溥彼韩城①，	广大壮观的韩城，
燕师所完②。	燕国民众所筑成。
以先祖受命，	自从先祖受册命，
因时百蛮③。	靠这百蛮渐强盛。
王锡韩侯：	周王因功赏韩侯：
其追其貊④，	追貊两族你管辖，
奄受北国⑤，	北方各国归你掌，
因以其伯。	此地方伯你担当。
实墉实壑⑥，	筑城挖壕引来水，

实亩实藉⑦。	整地翻土耕种忙。
献其貔皮⑧，	追貊进献野兽皮，
赤豹黄罴⑨。	赤豹黄罴皮质良。

【注释】

①溥彼：犹"溥溥"，广大貌。溥，大也。

②燕：国名。周有二燕：一为南燕，故城在今河南汲县西，国君姓姞，相传为黄帝之后。一为北燕，即在今北京大兴，国君姓姬，召公奭始封于此。古代学者或以为指北燕，或以为指南燕。师：民众。完：修筑，建造。《诗集传》曰："韩初封时，召公为司空，王命以其众为筑此城。"

③因：依靠。时：是，此。百蛮：众蛮，指北方少数民族。

④王锡韩侯：其追其貊(mò)：此二句是说宣王赐给韩侯追、貊等国，让其为一方之伯。《诗集传》曰："王以韩侯之先，因是百蛮而长之，故锡之追、貊，使为之伯。"追、貊，古代北方的两个民族。《山海经》有貊国。

⑤奄受：全部接受。北国：北方各诸侯国。

⑥墉：城。壑：城壕。这里皆作动词，指筑城挖壕。

⑦亩：指整理田埂地垄。藉：旧以为"税也"，当指耕地。

⑧貔(pí)：猛兽名。一名白狐，辽东人谓之白熊。

⑨赤豹黄罴：赤豹与黄罴的皮。

江汉

【题解】

这是叙述召虎奉宣王之命平淮夷之乱获得成功的诗。《毛诗序》

说:"《江汉》,尹吉甫美宣王也。能兴衰拨乱,命召公平淮夷。"此诗所讲确为召公平淮夷之事,但说作者为尹吉甫,后人多不认可。有人认为作者就是召虎。方玉润《诗经原始》说:"《江汉》,召穆公平淮铭器也。"即认为此诗就召穆公平淮铭器的铭文。今存《召伯虎簋》,所记也是平淮夷之事,但文辞有别。召伯虎的先祖是召公奭,谥康公,是周文王之子。召伯虎救过宣王的性命,又扶其继位,帮助化解宗族矛盾,和合诸侯,平定外患,其功甚伟。此诗主要记述了他讨伐淮夷的武功,同时,诗中用更多的笔墨来叙述宣王的命令和指示,表现宣王的英明和智慧。全诗意深笔曲,高词媲皇典,通篇极典则,极古雅,极生动。韩愈《平淮西碑》祖此而词意不及。吴闿生《诗义会通》评此诗说:"以美武功为主,而无一字铺张威烈。后半专叙王命及召公对扬之词,雍容揄扬,令人意远。"指出了此诗的特色。

江汉浮浮①,	长江汉水波涛涌,
武夫滔滔②。	武士出征如奔腾。
匪安匪游③,	不为享乐和游玩,
淮夷来求④。	为把淮夷叛乱平。
既出我车,	我们战车已出动,
既设我旟⑤。	军旗竖起在大营。
匪安匪舒⑥,	不为安乐和嬉戏,
淮夷来铺⑦。	制止淮夷的入侵。

【注释】

①江汉:长江与汉水。浮浮:水流盛长貌。

②武夫:指出征淮夷的将士。滔滔:顺流而下貌。陈奂《诗毛氏传疏》认为上二句当作"江汉滔滔,武夫浮浮",滔滔,水大貌;浮浮,

众强貌。似有一定道理。

③安:安逸。游:游乐。

④淮夷:指淮河流域江苏近海一带的夷族。来求:是求。求,通
　　"纠",有讨伐之意。

⑤设:树起。旐:画有鸟隼的旗。

⑥舒:徐,缓行。

⑦铺:马瑞辰《毛诗传笺通释》:"来铺,犹言是止。上言来求,谓讨
　　治之;下言来铺,谓止其地。"

江汉汤汤①,	长江汉水浩荡荡,
武夫洸洸②。	武士威武上战场。
经营四方③,	讨伐四方叛乱国,
告成于王。	成功消息报君王。
四方既平,	四周叛乱既已平,
王国庶定④。	王国可以得稳定。
时靡有争,	此时战争已停止,
王心载宁。	君王内心才安宁。

【注释】

①汤汤(shāng):水势浩大貌。

②洸洸(guāng):威武貌。

③经营:治理。这里指讨伐。

④庶定:差不多可安定。庶,庶几,差不多。定,安定。

江汉之浒①,	在那长江汉水畔,
王命召虎②:	君命召虎为大将:

式辟四方，	开辟四方的土地，
彻我疆土。	整顿我们的界疆。
匪疚匪棘③，	不要伤民不急躁，
王国来极④。	王国利益最重要。
于疆于理，	划定疆界理田地，
至于南海。	直到南海夷狄乡。

【注释】

①浒:水边。

②召虎:召伯,名虎,谥穆公。

③匪:不。疚:病。棘:急。

④来极:是极。极,准则。

王命召虎：	君王命令召公虎：
来旬来宣①。	巡察各地宣王令。
文武受命，	"当初文武受天命，
召公维翰②。	先祖召公为梁栋。
无曰予小子，	你休说我还年轻，
召公是似③。	召公事业你继承。
肇敏戎公④，	努力谋划建大功，
用锡尔祉⑤。	神赐福禄你享用。

【注释】

①旬:巡视。宣:告示于众。以下是宣王册命的内容,这句是要他
  巡视邦国。

②召公：召公奭，文王之子，召虎的先祖。维：是。翰：桢干，栋梁。

③似：通"嗣"，继承。

④肇敏：马瑞辰《毛诗传笺通释》说："肇敏连言，即训肇为敏。"肇敏为复语。谋划之意。戎：大。公：功。

⑤祉：福禄。

釐尔圭瓒①，　　　　　　赐你一把玉柄勺，

秬鬯一卣②。　　　　　　还有美酒一大壶。

告于文人③，　　　　　　祭告文德祖宗前，

锡山土田④。　　　　　　赐你山川和土田。

于周受命⑤，　　　　　　你到周京受册封，

自召祖命⑥。　　　　　　用你先祖的封典。"

虎拜稽首⑦：　　　　　　召虎下拜连叩首：

天子万年！　　　　　　　祝福天子寿万年！

【注释】

①釐：通"赉"，赏赐。圭瓒：玉柄酒勺。

②秬（jù）：黑黍。鬯（chàng）：郁金香草。此指用黑黍与郁金香草酿成的酒。卣（yǒu）：盛酒器，似壶，有曲柄。

③文人：指有文德的先人。或以为指文王。

④锡：赏赐。

⑤周：岐周。一说指王都。指在周祖庙受册命。

⑥自：用。召祖：指召虎祖先召康公。命：册命的典礼。《郑笺》："宣王欲尊显召虎，故入于岐周，使虎受土地山川之赐，命用其祖召康公受封之礼。"

⑦拜稽首：即行跪拜礼。

虎拜稽首：	召虎下拜连叩首：
对扬王休①，	答谢君王的赞赏，
作召公考②，	特意制作簋一方，
天子万寿！	祝福天子寿无疆！
明明天子③，	天子勤勉又清明，
令闻不已。	美好声誉永传扬。
矢其文德④，	施行文明行德政，
洽此四国⑤。	四方国家俱安康。

【注释】

①对扬：答谢、称扬之意。休：美。即美德，美意。

②作召公考：此句是说召虎制作了答谢周王的铜簋。考，郭沫若《青铜器时代·周代彝器进化观》认为"考"为"簋"之假借字。簋，古代食器。

③明明：有道之貌。王念孙以为"勉勉"之音转，即勤勉。

④矢：施，陈。一说"宽缓"。

⑤洽：协和。

常武

【题解】

这是赞美宣王平定徐国叛乱的诗。《毛诗序》："《常武》，召穆公美宣王也。有常德以立武事，因以为戒然。"对于"常武"二字，因诗中未出现，历来解释纷纭，无有定论。方玉润《诗经原始》解释说："周之世，武功最著者二：曰武王，曰宣王。武王克商，乐曰《大武》；宣王中兴，诗曰《常武》，盖诗即乐也。此名'常武'者，其宣王之乐欤？殆将以示后世子孙,不可以武为常,而又不可暂忘武备,必如宣王之武而后为武之常。"
对此说,似也有些牵强。但方氏对此诗内容的概括则简要而确当,他
说:"诗首命将,次置副,三乃亲征,四五则皆临阵指麾,出奇进攻诸事。
盖誓师则必敬必戒,整队则成列成行。循淮而下,直薄徐土。军未行而
先声已震,阵甫列而丑虏成禽。静守则如山之苞,势不可撼;动攻则如
川之流,气莫能当。有猛士尤贵奇谋,故不测而不克;有偏师乃行正道,
故绵绵而翼翼。截彼淮浦,防其逸,尤用击援;濯征徐国,擒渠魁,并剿
余孽。是一篇古战场文字。"这首描写战争的诗,的确出色,如第五章运
用了一系列比喻,"如飞如翰,如江如汉,如山之苞,如川之流",形容南
征部队的迅疾勇猛,坚不可摧,势不可挡,既鲜明又生动。吴闿生《诗意
会通》评论说:"如飞四句,形容军阵,措语之精,振古无伦。"另外,此诗
按照事物顺序来叙述,层次非常清楚。对"震惊徐方"和"徐方震惊"二
句,方玉润评论说:"'徐方'二字回环互用,奇绝快绝! 杜甫'即从巴峡
穿巫峡,便下襄阳向洛阳'之句,有此神理。"这些都可看出诗人高超的
写作技巧。

赫赫明明①,	显赫英明周宣王,
王命卿士②。	命令卿士征徐方。
南仲大祖③,	太祖庙中命南仲,
大师皇父④。	太师皇父也听令。
整我六师⑤,	整顿威武的六军,
以脩我戎⑥。	整好战车箭和弓。
既敬既戒⑦,	提高警惕常戒备,
惠此南国⑧。	施恩南国老百姓。

【注释】

①赫赫：显盛貌。明明：明察貌。

②卿士：西周王朝执政大臣，相当于后世的宰相。

③南仲：人名，宣王大臣。祖：出行时祭祀路神。

④大师：即"太师"，西周时掌军权的大臣。皇父：人名，周宣王大臣。

⑤六师：即六军。《周礼·夏官·司马》："凡制军，万有二千五百人为军，王六军，大国三军，次国二军，小国一军。"

⑥脩：同"修"，整理。戎：兵器。

⑦敬、戒：警戒。

⑧惠：施恩。《郑笺》："谓警戒六军之众，以惠淮浦之旁国，谓敕以无暴也。"

王谓尹氏①，	君王下令给尹氏，
命程伯休父②：	命令程伯为司马。
左右陈行，	全军列为左右阵，
戒我师旅：	告诫将士要出发。
率彼淮浦，	沿着淮河岸边行，
省此徐土③。	要对徐土细巡察。
不留不处④，	莫要久留莫驻扎，
三事就绪⑤。	诸事就绪返回家。

【注释】

①尹氏：即上章所说的皇父。

②程伯休父：封在程地的伯爵，名休父。其地大约在今陕西咸阳东。一说其地在洛阳上程聚，即今河南洛阳、偃师交界处。

③省:省视,视察。徐土:徐国的疆土,地在今安徽泗县北。《郑
　笺》:"省视徐国之土地叛逆者。"

④处:止,居住。

⑤三事:一说指三卿,即安排好三卿官职。一说指三农之事。三说
　指各项事宜,"三"言其多。就绪:就业,指安排妥当。

赫赫业业①,　　　　　　　显赫辉煌气概昂,

有严天子。　　　　　　　神圣威严周宣王。

王舒保作②,　　　　　　　王师徐徐而安行,

匪绍匪游③。　　　　　　　不迟缓也不游逛。

徐方绎骚④,　　　　　　　徐国闻讯乱哄哄,

震惊徐方。　　　　　　　全国上下皆惊恐。

如雷如霆,　　　　　　　如闻惊雷遭霹雳,

徐方震惊。　　　　　　　徐国臣民皆震惊。

【注释】

①业业:威严貌。言天子形象光辉。

②舒:徐缓。保:安。作:行。朱熹《诗集传》:"言王舒徐而安
　行也。"

③绍:迟缓。

④徐方:即徐国。绎骚:骚动。绎,有抽丝之意,引申为动。

王奋厥武,　　　　　　　君王勃然发了威,

如震如怒。　　　　　　　震怒吼声大如雷。

进厥虎臣①,　　　　　　　命令大军齐奋进,

阚如虓虎②。	呐喊声如虎发威。
铺敦淮濆③,	布阵淮水高地上,
仍执丑虏④。	俘获敌虏数不清。
截彼淮浦⑤,	截断淮河敌难逃,
王师之所。	王师在此扎下营。

【注释】

①虎臣:形容将帅之勇猛。一说指先锋部队。

②阚(hǎn)如:阚然,虎哮貌。虓(xiāo)虎:咆哮之虎。

③铺:止,陈。敦:通"屯",屯兵,整顿。濆(fén):河边高地。

④仍:因,就。一说"屡次"。丑虏:对俘虏的蔑称。

⑤截:断绝。

王旅啴啴①,	王师威武人众多,
如飞如翰②,	进军神速如鸟翔。
如江如汉,	如江如汉势汹涌,
如山之苞③,	如山如岳立得定,
如川之流。	有如洪流不可挡。
绵绵翼翼④,	连绵大军阵容整,
不测不克⑤,	难以测度难战胜,
濯征徐国⑥。	大征徐国东南定。

【注释】

①啴啴(tān):众多貌。

②翰:高飞。《郑笺》:"翰,鸟中豪俊也。"

③苞：根本。《郑笺》："山本，以喻不可惊动。"《孔疏》："其固守则不可惊动，如山之基本。"

④绵绵：连绵不断貌。翼翼：壮盛貌。马瑞辰《毛诗传笺通释》："皆状其兵之壮盛耳。"

⑤不测：不可测度。不克：不可战胜。

⑥濯征：大加征讨。濯，大。

王犹允塞①，	君王谋略实周密，
徐方既来。	徐国已来归周廷。
徐方既同②，	徐国既然来朝会，
天子之功。	天子亲征建大功。
四方既平，	四方各国已平定，
徐方来庭③。	徐国君主来朝廷。
徐方不回④，	表示从此不反叛，
王曰还归。	我王命令回京城。

【注释】

①犹：猷，谋划。允塞：确实周密。

②同：会和。指同集于朝。

③来庭：来王廷朝拜天子。

④回：违，背叛。

瞻卬

【题解】

这是一首讽刺周幽王宠信褒姒，起用奸佞，以致天怒人怨，政乱民病,终于导致了西周灭亡的诗。《毛诗序》说:"《瞻卬》,凡伯刺幽王大坏也。"《郑笺》:"凡伯,天子大夫也。"关于幽王宠信褒姒、荒政亡国的事,《史记》《国语》等史书都有记载,可谓实有其事。而诗中反映的事实更为深刻全面。此诗可以说是周朝末年国将灭亡前的全景图。吴闿生《诗经会通》云:"首二章述时政之弊,三四章追咎祸原由于女宠,五六章哀贤人之亡,末章望之改悔,用意深厚。"这说明,诗人对褒姒虽痛恨非常,但指责的重点还是幽王。《序》说作者为凡伯,这个凡伯,可能是周厉王时作《板》诗的凡伯的后人,但其人已难以考证。可以肯定的是,他是上层人物,对幽王及朝中事务比较了解,对于他们的行事又深恶痛绝,所以才能写出具有如此深刻批判意义的诗篇。

瞻卬昊天①,	仰望苍天高又远,
则不我惠②。	不肯施惠我人间。
孔填不宁③,	天下久久不安宁,
降此大厉④。	降下巨灾和大难。
邦靡有定,	国家没有安定时,
士民其瘵⑤。	士民大众受苦难。
蟊贼蟊疾⑥,	蟊贼残害众生灵,
靡有夷届⑦。	痛苦接连没个完。
罪罟不收⑧,	罪犯歹徒不逮捕,
靡有夷瘳⑨。	百姓生活不平安。

【注释】

①瞻卬:仰望。卬,"仰"的假借字。昊天:皇天。喻周幽王。

②惠:爱。

③孔填(chén):很久。《毛传》:"填,久。"

诗经

④厉:祸患。

⑤士民:士卒百姓。瘵(zhài):病,指忧患。

⑥蟊贼:吃庄稼的害虫。蟊疾:啃吃庄稼。此言蟊贼为害。

⑦夷:平。届:终极。

⑧罪罟(gǔ):即有罪之人。收:收敛。

⑨瘳(chōu):病愈。此指停歇。

人有土田,	别人拥有好土田,
女反有之①。	你却夺取为己有。
人有民人②,	别人拥有的奴仆,
女覆夺之③。	你反掠夺在己手。
此宜无罪,	这些本是无罪人,
女反收之④。	你却把他当罪囚。
彼宜有罪,	那些有罪应严惩,
女覆说之⑤。	你反让他获自由。

【注释】

①女:汝,指周王。有:占有。

②民人:人民。一说指奴隶。

③覆:反而。

④收:拘捕。

⑤说:通"脱",开脱,赦免。

| 哲夫成城①, | 聪明男人建都城, |
| 哲妇倾城②。 | 聪明女人害国精。 |

懿厥哲妇③，	可叹此女太聪明，
为枭为鸱④。	凶恶犹如猫头鹰。
妇有长舌⑤，	搬弄是非靠长舌，
维厉之阶⑥。	造祸生事她本领。
乱匪降自天⑦，	祸乱不是从天降，
生自妇人。	邪恶缘自妇人生。
匪教匪诲⑧，	没人教唆王为恶，
时维妇寺⑨。	女人宦官他信听。

【注释】

①哲夫：多谋略之士。城：指国家。

②哲妇：多谋的妇人。此指幽王宠妃褒姒。倾城：倾败国家。陈奂
《诗毛氏传疏》："倾城，喻乱国也。"

③懿：通"噫"，叹词。《郑笺》："懿，有所伤痛之声。"厥：其。

④枭：传说吃母的恶鸟。《说文》："枭，不孝鸟也。"鸱：猫头鹰。古
人也以为不祥之鸟。

⑤长舌：《郑笺》："喻多言语。"

⑥厉：灾祸。

⑦匪：非，不是。

⑧匪教匪诲：《郑笺》："非有人教王为乱，语王为恶者，是惟爱近妇
人，用其言故也。"

⑨妇：指褒姒。寺：宦官。一说指亲近的人。寺，为"侍"的假借。

鞫人忮忒，	诬人伎俩花样多，
谮始竟背①。	前言后语不符合。
岂曰不极②？	怎说没有到极点？

伊胡为慝③！ 　　　　怎能说我是作恶！

如贾三倍④， 　　　　商人买卖要获利，

君子是识⑤。 　　　　君子从政是为国。

妇无公事⑥， 　　　　女人不要预国事，

休其蚕织⑦。 　　　　哪能不蚕又不织。

【注释】

①鞫人忮(zhì)忒，谮(zèn)始竟背：《毛传》曰："忮，害。忒，变。"《郑
笺》："鞫，穷也。谮，不信也。妇人之长舌者多谋虑，好穷屈人之
语，忮害转化，其言无常，始于不信，终于背违。"鞫，告。忮，害。
忒，变。谮，毁。竟，最终。背，违背。

②岂曰不极：朱熹《诗集传》"自谓其言之放恣无所极已。"意为：难
道自认为她对别人的危害还没有达到极点吗？极，已。

③伊胡为慝(tè)：朱熹《诗集传》："而反曰是何足为慝乎。"意为：怎
么能造成危害呢？伊，发语词。胡为，为什么。慝，恶。

④贾(gǔ)：买卖。一说商人。三倍：三倍之利，指得利润之多。

⑤君子：谓从政者。识：通"职"，主持。

⑥妇无公事：此句是说妇人不要参与政事。《毛传》："妇人无与外
政，虽王后犹以蚕织为事。"无，不要。公事，政事。

⑦休：停止。蚕织：养蚕纺织之事。

天何以刺①？ 　　　　上天为何惩罚我？

何神不富②？ 　　　　神灵为何不赐福？

舍尔介狄③， 　　　　舍弃元凶和大恶，

维予胥忌④！ 　　　　对我忠言猜忌多。

不吊不祥⑤， 　　　　天降灾祸不体恤，

威仪不类⑥。　　　　礼节失态不像样。

人之云亡⑦，　　　　贤人忠臣都跑光，

邦国殄瘁⑧。　　　　国家困顿将灭亡。

【注释】

①刺：责罚。

②富：通"福"，赐福。

③舍：舍弃不顾。介狄：元恶。介，大。狄，淫辟。

④胥：相。忌：怨，忌恨。

⑤吊：慰问抚恤。《诗集传》："吊，闵也。"

⑥威仪：礼节。类：善。

⑦云：语助词。亡：逃亡。

⑧殄(tiǎn)瘁：困病。马瑞辰《毛诗传笺通释》："殄瘁二字平列，与
尽瘁、憔悴之同为劳病正同。"

天之降罔①，　　　　上天降下弥天祸，

维其优矣②。　　　　遭灾之人实在多。

人之云亡，　　　　贤人个个都远走，

心之忧矣。　　　　心中忧伤找谁说？

天之降罔，　　　　上天降下普天灾，

维其几矣③。　　　　国家危难人心寒。

人之云亡，　　　　贤人个个都远走，

心之悲矣！　　　　心中悲伤难排遣！

【注释】

①罔：同"网"，指加人罪名。

②忧：多。

③几：危殆。

觱沸槛泉^①，	泉水喷涌水花溅，
维其深矣。	清澈深幽底难见。
心之忧矣，	心中无限忧和怨，
宁自今矣^②？	难道今天才出现？
不自我先，	灾难不在我生前，
不自我后。	也不推迟我死后。
藐藐昊天^③，	上天渺茫高又远，
无不克巩^④。	都应敬畏那苍天。
无忝皇祖^⑤，	不要辱没你祖先，
式救尔后^⑥。	救你子孙万代传。

【注释】

①觱（bì）沸：泉水涌出貌。槛泉：此指泛滥的泉水。槛，通"滥"，泛滥。

②宁自今矣：言何自今日开始。宁，何。

③藐藐：通"邈邈"，旷远貌。

④无不克巩：上天降罪无不是可畏的。克，可。巩，"恐"的假借，畏惧。

⑤忝：辱没。一说有愧于。皇祖：祖先。

⑥式救尔后：以救你的子孙。式，用，以。后，后代。

召旻

【题解】

这是一位老臣讽刺幽王任用小人，以致朝政混乱、灾荒频仍、国土日削、国家将亡的诗。此诗与前一首都是斥责幽王的，上首斥责女宠干政，此诗斥责小人乱政。国家衰败至极，诗人对此痛心疾首，无可奈何，写下这首诗。第一章形象地描述了当时天降灾祸，饥馑遍野，百姓流亡的可怕情景。二、三、四章揭露小人当道，纲纪败坏，相互倾轧，昏乱邪僻的混乱状态。后三章主要怀念从前，痛心当今，并分析原因，希望能任用贤臣，改变现状。《毛诗序》说："《召旻》，凡伯刺幽王大坏也。旻，闵也，闵天下无如召公也。"认为此诗也是凡伯所作，难以考定，但肯定是一位不满现实的贤臣。

旻天疾威^①，	上天暴虐又疯狂，
天笃降丧^②。	降下巨大的灾殃。
瘨我饥馑^③，	遭受饥饿和痛苦，
民卒流亡^④。	百姓都已尽逃亡。
我居圉卒荒^⑤。	居住之处俱荒凉。

【注释】

①旻天：上天。疾威：暴虐。

②笃：厚，严重。丧：丧乱。

③瘨（diān）：害，降灾。饥：谷不熟。馑：蔬不熟。

④卒：尽，全。

⑤居圉（yǔ）：言所处之国。一说圉指边陲。卒荒：尽皆荒芜。

天降罪罟^①,	上天降下了法网,
蟊贼内讧^②。	蟊贼内讧闹嚷嚷。
昏椓靡共^③,	互相谮毁不恭敬,
溃溃回遹^④,	昏庸邪僻没人样,
实靖夷我邦^⑤。	此人怎能理周邦。

【注释】

①罪罟:法网。

②蟊贼:吃庄稼的害虫。此处喻贪污的权臣。内讧(hòng):内部自相争斗。

③昏:昏乱,胡乱。椓:通"诼",意为谮毁,即捏造事实,说人坏话。靡共:不恭敬。共,恭。一说不供其职。

④溃溃:昏乱貌。回遹(yù):邪僻。

⑤靖:治。夷:平。

皋皋訿訿^①,	千方百计谤别人,
曾不知其玷^②。	不知自己有污点。
兢兢业业,	君子兢兢又业业,
孔填不宁^③,	不敢休息不苟安,
我位孔贬^④。	职位一再被黜贬。

【注释】

①皋皋訿訿(zǐ):诽谤诋毁人之状。

②玷:玉上的斑点,比喻人的污点。

③孔填(chén):很久。

④贬：降免。

如彼岁旱，　　　　　　　如今就像天大旱，
草不溃茂①，　　　　　　地里野草不丰茂，
如彼栖苴②。　　　　　　像那枯草倒地边。
我相此邦③，　　　　　　仔细观察这国家，
无不溃止④。　　　　　　崩溃倾倒在眼前。

【注释】

①溃茂：丰茂。《郑笺》："'溃茂'之溃当作'彚'。彚，茂貌。"
②栖：栖息。苴（chá）：枯草。马瑞辰《毛诗传笺通释》："盖谓枯草偃卧有似栖息也。"
③相：看，观察。
④溃：崩溃。止：之。

维昔之富不如时①，　　　从前富裕今天穷，
维今之疚不如兹②。　　　现今苦难到顶峰。
彼疏斯粺③，　　　　　　把菜当米肚里空，
胡不自替？　　　　　　　何不引咎回家中？
职兄斯引④。　　　　　　乱局越来越严重。

【注释】

①时：是，此，指今时。
②疚：贫病。兹：此，指此时此地。
③疏：当即"蔬"，古所谓的"疏食""粗食"，实际上也是以蔬菜居多

的饭食。粺（bài）：精米。张次仲《待轩诗记》："彼时之疏，斯时直以为粺。即粗粝之食亦不可得，荒乱之象如此。"

④胡不自替？职兄斯引：《郑笺》曰："女小人耳，何不自废退，使贤者得进？乃兹复主长此为乱之事乎？"替，废。言小人何不自己引退。职，主，专。兄，同"况"，情况。斯，其。引，长。

池之竭矣①，	池中之水逐渐干，
不云自频②。	没有流水注里边。
泉之竭矣，	喷泉之水逐渐枯，
不云自中③。	泉眼里面源头断，
溥斯害矣④，	灾害已经遍全国，
职兄斯弘⑤，	灾情还要大扩展，
不烖我躬⑥？	不怕自身遭灾难？

【注释】

①竭：干涸。

②频：当从《鲁诗》作"滨"，水边。

③中：指泉水的中间。朱熹《诗集传》："池之竭由外之不入，泉之竭由内之不出，言祸乱有所从起。"

④溥：普遍。言普遍受害。

⑤弘：广大，发展。

⑥不烖我躬：是说难道不会灾及我身？烖，同"灾"。

昔先王受命①，	从前先王受天命，
有如召公②。	众多贤臣如召公。
日辟国百里，	每日辟土上百里，

今也日蹙国百里③。　　　而今每日减百里，

於乎哀哉！　　　　　　令人伤心令人痛！

维今之人，　　　　　　看看当今执政者，

不尚有旧④。　　　　　　没有一个有德行。

【注释】

①先王：指文王、武王。受命：受天命为天子。

②召公：指召康公，文王、武王、成王时大臣。

③蹙：缩小。指犬戎入侵，诸侯叛离，国土日削。

④旧：旧德之臣。《诗集传》："今世虽乱，岂不犹有旧德可用之人

　哉？言有之而不用耳。"

颂

《毛诗序》说:"颂者,美盛德之形容,以其成功告于神明者也。"这说明它是宗庙祭祀的乐歌。《颂》诗不但用来演奏,还可以且歌且舞,进行表演。其声音缓慢,有的无韵,不分章。

周颂

《周颂》计三十一篇,是周朝的颂歌,主要用于宗庙祭祀,全都是西周时期的作品,其产生地是西周的都城镐京。

清庙

【题解】

这是周王祭祀周文王的一首乐歌。《毛诗序》说:"《清庙》,祀文王也。周公既成洛邑,朝诸侯,率以祀文王焉。"《郑笺》:"清庙者,祭有清明之德之宫也,祭文王也。天德清明,文王象焉,故祭之而歌此诗也。'庙'之言'貌'也,死者精神不可得而见,但以生时之居立宫室,象貌为之耳。成洛邑,居摄五年时。"据此,知此诗作于周公摄政五年。全诗仅八句,将整个祭祀过程完整地描述出来。诗一开始就展现出一座庄严清静的宗庙,然后说助祭者身份的尊贵显赫和态度的严肃雍容,又说参祭人士的众多。接着说祭祀之人都秉持了文王的德行,文王的神灵已飞升天上,人们向空遥拜,还在建有文王神位的庙里奔走祭拜。最后赞颂文王的美德光耀四方,延续后世,人们对他的仰慕之情永无止尽。以此可见人们态度的虔诚,场面的庄严紧张。此诗不押韵,采用平铺直叙的手法。因内容原因,诗句没有《风》《雅》诗的婉约多姿、富有情致,但言简意深,典雅庄重,别有风味。

於穆清庙①,	美哉清静宗庙中,
肃雍显相②。	助祭高贵又雍容。
济济多士③,	众士祭祀排成行,
秉文之德④。	文王美德记心中。
对越在天⑤,	遥对文王在天灵,
骏奔走在庙⑥。	在庙奔走步不停。
不显不承⑦,	光辉显耀后人承,
无射于人斯⑧。	仰慕之情永无穷。

【注释】

①於(wū):赞叹词。穆:美。清庙:肃然清静之庙。

②肃雍(yōng):态度严肃雍容。显相:高贵显赫的助祭者。

③济济:多而整齐的样子。

④秉:怀着。

⑤越:于。

⑥骏:迅速。

⑦不:通"丕",发语词。显:光明。承:继承。

⑧无射(yì):不厌,没有厌弃。射,同"致",厌弃。

维天之命

【题解】

　　这也是周王祭祀周文王的诗。《毛诗序》说:"《维天之命》,太平告文王也。"《郑笺》:"告太平者,居摄五年之末也。文王受命,不卒而崩。今天下太平,故承其意而告之,明六年制礼作乐。"周文王是周朝的奠基人,他推行仁政,开拓疆土,国势渐强,为灭殷打下了基础,是周人最崇拜的祖先,所以《周颂》中有很多篇都是歌颂他的。据《郑笺》,文王去世时还未成就灭殷大业,所以说"不卒而崩"。文王死后四年,武王攻陷朝歌,建立了周王朝。此诗当作于周公摄政六年。诗的前四句盛赞文王之德,能上配于天。下四句言子孙要勉力保守家业,忠诚地遵循文王的旨意。语言简洁,条理分明。

维天之命①,	想那天道的运行,
於穆不已②。	美好肃穆永不停。
於乎不显③,	多么辉煌多光明,
文王之德之纯④!	文王之德多纯净!
假以溢我⑤,	嘉美之德使我慎,
我其收之⑥。	我们永远要继承。
骏惠我文王⑦,	顺从我祖文王道,
曾孙笃之⑧。	子子孙孙永力行。

【注释】

①维:语助词。一说"思念"。

②於(wū):赞叹词。穆:肃穆。不已:不止。指天道运行无止。

③不:通"丕",发语词。显:光明。

④德之纯:言德之美。纯,大,美。

⑤假以溢我:是说以嘉美之道戒慎于我。假,嘉,美。溢,陈奂《诗
　毛氏传疏》:"溢,慎。"

⑥收:受,接受。

⑦骏惠:顺从的意思。

⑧曾孙:后代子孙。自孙之子以下皆称曾孙。笃:厚,忠实。

维清

【题解】

　　这也是周王祭祀周文王的诗。《毛诗序》:"《维清》,奏《象舞》也。"
《郑笺》:"《象舞》,象用兵时刺伐之舞,武王制焉。"这是表演《象舞》时的
乐歌。象舞,就是舞者动作如打仗时击打刺杀之状,以显示文王的战
功。此篇既赞扬了文王的德政,又歌颂了文王的武功,文短而意旨
深远。

维清缉熙①,	我周政教清又明,
文王之典②。	文王典章指路灯。
肇禋③,	伟功开始于西土,
迄用有成④。	最终基业开创成。
维周之祯⑤。	这是周家的祥祯。

【注释】

①维:思,想。清:清明。缉熙:光明的样子。

②典:典章制度。

③肇(zhào):开始。禋:祭天的仪式。古代只有有国者才祭天,文

王时还未建国,故不可能祭天。"肇禋"实际上指开辟国土。高
亨认为:"禋"当作"西土",乃西土二字误合为"覀",后人又加示
旁。周在西方,所以称西土。

④迄:至,终。用:犹"于"。成:成功。

⑤祯:吉祥。

烈文

【题解】

　　这是成王即位祭祀祖先时,戒勉助祭诸侯的诗。劝戒公卿诸侯不
要忘记前辈君王的功绩德行,向文、武二王学习,要修德用贤,以永保福
禄。《毛诗序》说:"《烈文》,成王即政,诸侯助祭也。"《郑笺》:"新王即
政,必以朝享之礼祭于祖考,告嗣位也。"武王崩,成王即位。由于成王
年幼,由叔父周公摄政。成王七年,周公归政于成王。成王掌政,祭祀
祖先,诸侯都来助祭,因赋此诗。诗的作者可能是成王或周公,也可能
是史官。

烈文辟公①,	有功有德众诸侯,
锡兹祉福②,	天赐你们莫大福,
惠我无疆③,	给我恩惠也无量,
子孙保之。	子孙长保此福祥。
无封靡于尔邦④,	莫在你国铸大错,
维王其崇之⑤。	一心尊崇周君王。
念兹戎功⑥,	感念你们立大功,
继序其皇之⑦。	继续立功又弘扬。
无竞维人⑧,	国强莫过有贤才,

四方其训之⑨。	四方才会来归降。
不显维德，	先祖伟大在美德，
百辟其刑之⑩。	诸君应当为榜样。
於乎前王不忘！	啊，先王典范永不忘！

【注释】

①烈：武功。文：文德。辟公：指助祭诸侯。与下文"百辟"同。

②锡(cì)：赐予。兹：此。祉：福。

③惠：爱。一说"顺"。无疆：无穷。

④封：大。靡：累。大累，即大罪。一说"封"指专利敛财，"靡"指奢侈。

⑤崇：立。一说"崇"，尊尚也。

⑥戎功：大功。

⑦继序：指继承祖业。皇：光大。

⑧竞：强。

⑨训：服从。一说训"效"。

⑩刑：通"型"，模范。

天作

【题解】

　　这是周人祭祀岐山的乐歌。周的祖先公刘原居于豳地，到古公亶父时，由于受到戎狄的侵扰，便率领族人迁居到岐山之下的周原，筑城郭宫室，定居下来，形成周国。周朝的王业实自太王古公亶父居岐始。这首祭祀岐山的乐歌，实际也是歌颂太王古公亶父和文王业绩的乐歌。《毛诗序》说："《天作》，祀先王、先公也。"《郑笺》："先王，谓大王以下。

先公，诸盩（公刘后人）至不窋（后稷子）。"也有道理。

天作高山①，	上天造就岐山高，
大王荒之②。	太王垦田除荒草。
彼作矣③，	百姓在此盖新房，
文王康之④。	文王让民享安康。
彼徂矣岐⑤，	民众奔往岐山旁，
有夷之行⑥。	岐山大道坦荡荡。
子孙保之。	子孙永保此地方。

【注释】

①作：生，造就。高山：指岐山。在今陕西岐山东北。周自文王之
　祖古公亶父由豳迁于岐山之下，才开始强大起来。

②大王：即文王之祖古公亶父，武王时，追尊为"大（太）王"。荒：开
　荒垦田。

③作：始。

④康：安康。

⑤徂：往，指百姓来归附。

⑥夷：平坦。行：道路。

昊天有成命

【题解】

　　这是一首祭祀成王的颂诗。诗中只用七句话，简洁地叙述了周初
三王对周王朝做出的贡献，重点称赞了成王为完成先王事业所作的努
力。贾谊《新书》解释此诗说："二后，文王、武王也。文王有大德而功未

就,武王有大功而治未成,及成王承嗣,仁以莅民,故称'昊天'焉。"表现了周人敬天的同时,更重视人为的努力。

昊天有成命①,	昭昭上天有指令,
二后受之②。	文王、武王受成命。
成王不敢康③,	成王不敢享安康,
夙夜基命宥密④。	日夜安民顺天命。
於缉熙⑤!	啊,多么光明多辉煌!
单厥心⑥,	竭力尽心保天命,
肆其靖之⑦。	国家太平民安宁。

【注释】

①昊天:皇天。成命:定命。

②二后:指文王和武王。受之:指承受天命。

③成王:武王之子,名诵,继武王为天子。康:安逸。

④夙夜基命宥密:《郑笺》:"早夜始信天命,不敢解倦,行宽仁安静之政,以定天下。"基,其。命,天命。宥,通"有"。密,通"勉"。

⑤於:叹美之声。缉熙:光明。

⑥单:通"殚",尽。

⑦肆:故。靖:安。

我将

【题解】

这是周王祭天而以文王配享的诗。《毛诗序》说:"《我将》,祀文王于明堂也。"方玉润认为此说不够准确,应改为"祀帝于明堂,而以文王配之也"。并解析说:"首三句祀天,中四句祀文王,末三句则祭者本旨,宾主次序井然。"(《诗经原始》)对此说,多为认同。

我将我享①,　　　　　奉上祭品献神灵,
维羊维牛,　　　　　　祭品有牛还有羊,
维天其右之②。　　　　祈求上天佑周邦。
仪式刑文王之典③,　　效法文王的典章,
日靖四方④。　　　　　日日谋求安四方。
伊嘏文王⑤,　　　　　伟大文王英名扬,
既右飨之⑥。　　　　　配祀上帝祭品享。
我其夙夜⑦,　　　　　我们早晚勤努力,
畏天之威,　　　　　　遵循天道畏天威,
于时保之⑧。　　　　　才能保有我周邦。

【注释】

①将:奉上。享:祭献。

②右:佑,保佑。

③仪式刑:三字平列,都是效法的意思。典:典章制度。

④靖:平定,治理。

⑤伊:发语词。嘏(jiǎ):通"假",伟大。

⑥右:佑助。飨:受食。此是说文王配上帝飨食。

⑦夙夜:早晚,指勤政。

⑧于时:于是。

时迈

【题解】

　　这是周武王灭商后，巡行诸侯各邦，祭祀苍天和山川诸神的诗。《毛诗序》:"《时迈》，巡守告祭柴（烧柴祭天）望（祭山川）也。"《郑笺》:"巡守告祭者，天子巡行邦国，至于方岳之下而封禅也。《书》曰:'岁二月，东巡守，至于岱宗，望秩于山川，遍于群臣。'"《国语》说此诗为周公所作。明朝孙矿评论说:"首二句甚壮甚快，俨然坐明堂、朝万国气象。下分两节:一宣威，一布德，皆以'有周'起，'允王'结，整然有度。遣词最古而腴。""宣威""布德"四字准确地概括了此诗主旨。

时迈其邦①，	武王各邦去巡视，
昊天其子之②。	皇天视他是其子。
实右序有周③，	佑我大周国兴旺，
薄言震之④，	让我发兵讨纣王，
莫不震叠⑤。	天下四方皆惊慌。
怀柔百神⑥，	安抚众神需祭祀，
及河乔岳⑦。	山川百神都来享。
允王维后⑧!	万国主宰是武王!
明昭有周⑨，	无比荣光周大邦，
式序在位⑩。	按照次序来封赏。
载戢干戈⑪，	收起干戈和兵甲，
载櫜弓矢⑫。	强弓利箭装入囊。
我求懿德⑬，	讲求美好的道德，
肆于时夏⑭。	遍施中国各地方。

　　　允王保之！　　　　　　　　周王永保国兴旺！

【注释】

①时：是。迈，行。指巡守。邦：诸侯之国。

②子：儿子。一说：子，爱也。

③右：佑。序：同"叙"，有顺助之意。

④薄言：语助词。薄，有开始之意。震：震动。指以武力震动威胁。

⑤震叠：震惊。叠：通"慑"，恐惧。

⑥怀柔：安抚。

⑦河：黄河。乔岳：高山。

⑧允：确实。《毛传》："允，信也。"维：是。后：君主。

⑨明昭：光明貌。一说明智洞察。

⑩式：发语词。序：顺序。在位：安排在适当职位上。

⑪戢（jí）：收藏兵器。干戈：泛指兵器。

⑫櫜（gāo）：盛衣甲、弓矢的袋子。《郑笺》："王巡守而天下咸服，兵不复用，此又著震叠之效也。"

⑬懿德：美德。

⑭肆：施行。时：是，此。夏：中国。朱熹《诗集传》："夏，中国也。言求懿美之德以布陈于中国。"

执竞

【题解】

　　这是一首祭祀周武王、成王、康王三王的乐歌。《毛诗序》："《执竞》，祀武王也。"欧阳修、朱熹、姚际恒等皆怀疑此说。朱熹说："此祭武王、成王、康王之诗。"将诗中"成康"二字解作成王和康王。细读此诗，

觉得朱熹说得很有道理。武王得天下，成王、康王致盛世，所以首先称
颂武王的武功，其次歌颂成、康拥有了天下四方，合情合理。

执竞武王①，　　　　　　征服殷商的武王，

无竞维烈②。　　　　　　无人武功比他强。

不显成康③，　　　　　　明君成王和康王，

上帝是皇④。　　　　　　上帝对其也赞扬。

自彼成康，　　　　　　　从那成王和康王，

奄有四方⑤，　　　　　　周邦统一有四方，

斤斤其明⑥。　　　　　　政教清明坐朝堂。

钟鼓喤喤⑦，　　　　　　钟鼓喤喤已奏响，

磬筦将将⑧，　　　　　　悬磬管乐也锵锵，

降福穰穰⑨。　　　　　　上天降福丰穰穰。

降福简简⑩，　　　　　　神灵降下大吉祥，

威仪反反⑪。　　　　　　祭礼隆重又周详。

既醉既饱，　　　　　　　神灵喝醉又吃饱，

福禄来反⑫！　　　　　　福禄不断赐周邦。

【注释】

①执竞：即制服强者。竞，强。

②无竞：无比。烈：武功，指克商之功。

③不：通"丕"，语助词。显：光明。成康：指成王和康王。

④皇：美也。

⑤奄有：尽有。奄，覆盖。

⑥斤斤：明察貌。《郑笺》："明察之君，斤斤如也。"

⑦喤喤：钟鼓洪亮之声。喤，"锽"的假借字。

⑧磬：一种石或玉制成的打击乐器。筦："管"的异体字，竹制的管乐器。将将（qiāng）：同"锵锵"。

⑨穰穰（rǎng）：众多貌。

⑩简简：盛大貌。《毛传》："简简，大也。"

⑪威仪：举止礼节。反反：谓容止安详而有节度。

⑫反：反报。

思文

【题解】

这是祭祀周族祖先后稷以配天的乐歌。《毛诗序》说："《思文》，后稷配天也。"姚际恒《诗经通论》说："此郊祀后稷以配天之乐歌，周公作也。按《孝经》云'昔者周公郊祀后稷以配天'，指此也。《国语》云'周文公之为《颂》曰"思文后稷，克配彼天"'，故知周公作也。郊祀有二：一冬至之郊，一祈谷之郊，此祈谷之郊也。"据此，此颂歌为周公所作。周自后稷发明播种百谷，公刘和古公亶父都是以农建国，其后人祭祀后稷是很自然的事。这首诗主在歌颂后稷养民之功，但语言极其简练，和《大雅·生民》对后稷的描述比较一下，《生民》述事词详而文直，《思文》颂德语简而旨深。《雅》《颂》的不同在此。

思文后稷①，	文德无比后稷王，
克配彼天②。	功德可以配上苍。
立我烝民③，	安定天下众百姓，
莫匪尔极④。	无人不受你恩赏。
贻我来牟⑤，	你把麦种赐我们，

帝命率育⑥。	帝命用它来供养。
无此疆尔界⑦，	不分彼此和疆界，
陈常于时夏⑧。	遍及中国都推广。

【注释】

①思文："思"为语助词，一说为"思念"。文，指文德。后稷：周人的始祖，发明播种百谷。

②克：能。

③立："粒"之省字，养育。《郑笺》："当作粒。昔尧遭洪水，黎民阻饥，后稷播殖百谷，烝民乃粒，万邦作乂。"烝民：众民。

④极：最。一说：极，至也。

⑤贻：遗留。来牟：亦作"秣麰"，小麦。一说"来"是小麦，"牟"是大麦。

⑥率育：普遍养育。

⑦疆、界：都是指疆域。

⑧陈：布陈。常：常法，常规。指种植农作物的方法。时夏：此夏。夏，中国。

臣工

【题解】

这是周王耕种籍田并劝诫农官的诗。古代帝王于春耕前亲耕农田，以奉祀宗庙，且寓劝农之意。方玉润《诗经原始》说："《臣工》，王耕籍田以敕农官也。"此诗前四句是周王告诫臣工的话，其下四句是告诫保介的话，九至十二句是周王祈求上帝赐予丰年之词，最后三句是命令农夫做好收割的准备。

嗟嗟臣工①，　　　　　群臣百官听我说，

敬尔在公②。　　　　　对待公事要谨慎。

王釐尔成③，　　　　　君王奖赏你的功，

来咨来茹④。　　　　　来此慰劳并查询。

嗟嗟保介⑤，　　　　　农官你们也听令，

维莫之春⑥，　　　　　正是暮春的节令，

亦又何求，　　　　　有何要求说来听，

如何新畬⑦。　　　　　新田旧田如何种。

於皇来牟⑧，　　　　　大麦小麦长得好，

将受厥明⑨。　　　　　秋天将有好收成。

明昭上帝⑩，　　　　　光明无比的上帝，

迄用康年⑪。　　　　　赐我丰收好年景。

命我众人⑫：　　　　　命令那些农夫们：

庤乃钱镈⑬，　　　　　备好锄铲等农具，

奄观铚艾⑭。　　　　　同看收割的情景。

【注释】

①嗟嗟：叹词，犹"唉唉"。臣工：群臣百官。

②敬：慎重。公：公家，指王朝之事。

③釐：嘉奖。

④咨：谋。茹：慰。

⑤保介：据郭沫若《由周代农事诗论到周代社会》："介者，界之省，保介者，保护田界之人。"当指田官，亦称田畯。一说指在国君身边保护安全的兵士。

⑥莫之春：即"暮春"。莫，即"暮"的本字。

⑦新畬(yú)：已开垦的熟田。新，指耕二年的田。畬，指耕三年的田。毛传："田二岁曰新，三岁曰畬。"

⑧於皇：叹美之辞。来牟：小麦大麦。

⑨厥：其。明：成，指收成。

⑩明昭：光明貌。

⑪迄：至，致。用：以。康年：丰年。

⑫众人：指农夫。

⑬庤(zhì)：具，准备。乃：你。钱(jiǎn)：铲子类的农具。镈(bó)：锄类农具。

⑭奄：同。铚艾(zhì yì)：两种镰刀。此指收割。

噫嘻

【题解】

这是一首春天祈谷的诗。《毛诗序》："《噫嘻》，春夏祈谷于上帝也。"诗中叙述康王祭祀成王后，即令田官带领农夫播种百谷，并描述了大规模劳动的景象。

噫嘻成王①，	噫嘻，成王多保佑，
既昭假尔②。	我们至诚达天庭。
率时农夫③，	带领农夫下田去，
播厥百谷④。	各种庄稼快播种。
骏发尔私⑤，	赶快拿起你农具，
终三十里⑥，	面前田地快耕耘。
亦服尔耕⑦，	你们耕作须仔细，
十千维耦⑧。	万人耦耕齐努力。

【注释】

①噫嘻:赞叹之词。一说祝神之声。成王:指周成王。

②昭假:人的至诚上达于神。昭,明。假,"格"的假借字,至,达于。
　尔:语气词。

③率:帅,带领。时:是,这些。

④播:播种。厥:其。

⑤骏:疾,迅速。发:启动。尔:你。私:当为"耜",耜是耕地的工
　具。旧以为私田。

⑥终:尽。三十里:《毛传》:"终三十里,言各极其望也。"是说人目
　之所见,最远达三十里。只是夸张之词,非实数。

⑦亦:发语词。服:从事。尔:指农夫。

⑧十千:为万,此言人之多。耦(ǒu):两人并耜而耕。

振鹭

【题解】

《毛诗序》说:"《振鹭》,二王之后来助祭也。"《郑笺》:"二王,夏、殷
也。其后,杞也,宋也。"杞、宋是夏、殷的后代,这是一篇招待杞、宋两国
国君来京城助祭的歌。周王以客礼相待,希望他们能够永远臣服周廷。
也有学者认为这是周成王时,殷人后代微子来助祭,周人作此诗美之。

振鹭于飞①,　　　　　　　　白鹭振翅空中翔,

于彼西雍②。　　　　　　　　落在西边大泽上。

我客戾止③,　　　　　　　　我有客人前来访,

亦有斯容④。　　　　　　　　也穿高洁白衣裳。

在彼无恶,　　　　　　　　　他在封国无人怨,

在此无致⑤。　　　　　　在此也受人赞赏。

庶几夙夜⑥，　　　　　　愿能勤勉理朝政，

以永终誉⑦。　　　　　　永保美名四处扬。

【注释】

①振：鸟群飞貌。鹭：白鹭，水鸟，白色，故又谓之白鸟。好群飞而
　鸣。马瑞辰认为，振鹭指羽舞，即持鹭羽而舞。

②雍（yōng）：泽。《毛传》："雍，泽也。"一说雍为辟雍。辟雍四周有
　水，白鹭降此。

③客：指夏、商二王之后。周王以客待之，而不敢以为臣，故称
　"客"。戾：至。止：语气词。

④斯容：此容，指白鹭高洁的仪容。这是说来客仪容像白鸟一样的
　高洁。

⑤无致（yì）：不厌弃。

⑥庶几：差不多，表示希望之意。夙夜：指早起晚睡，勤于政事。

⑦永：长。终誉：即"盛誉"。终，与"众"古通，盛也。

丰年

【题解】

　　《毛诗序》说："《丰年》，秋冬报也。"每一年的秋冬，周王朝都要举行
对祖先的"报祭"，既报答祖先的保佑之恩，也祈求来年的好收成。这首
诗就是"报祭"的颂辞。诗中首先报告丰收的情形，并表明献上的美酒
就是用这粮食酿造的，以示对祖先的报答，并希望多多降福。

丰年多黍多稌①，　　　　　丰年黍子稻子多，

亦有高廪② 。	高大谷仓一座座。
万亿及秭③ ,	储存亿万新稻粱，
为酒为醴④ ,	酿成美酒甜又香，
烝畀祖妣⑤ 。	献给祖先来品尝。
以洽百礼⑥ ,	配合祭礼很适当，
降福孔皆⑦ 。	遍降福禄多吉祥。

【注释】

①丰年：丰收之年。黍、稌(tú)：黍子与稻子。

②高廪：高大的粮仓。

③万亿及秭(zǐ)：周代十千为万，十万为亿，十亿为秭。此极言收获
　之多。

④醴(lǐ)：甜酒。此是指用收获的稻黍酿造成清酒与甜酒。

⑤烝：献。畀：给予。祖妣：指男女祖先。

⑥洽：配合。百礼：指各种祭礼。

⑦孔：很，甚。皆：普遍。

有瞽

【题解】

这是周王在宗庙祭祀先祖的一首乐歌。《毛序》说："《有瞽》，始作
乐而合乎祖也。"即各种乐器相配合在祖庙中演奏。诗中详细描述了乐
队的组成，乐器的安放，乐声的悠扬。可见仪式的隆重，场面的盛大。

有瞽有瞽① ,	盲人乐师排成行，

在周之庭②。　　　　　聚集周庙前庭上。

设业设虡③，　　　　　钟架鼓架摆设好，

崇牙树羽④。　　　　　五色羽毛架上装。

应田县鼓⑤，　　　　　既有小鼓和大鼓，

鞉磬柷圉⑥。　　　　　鞉磬柷敔列停当。

既备乃奏，　　　　　　乐器齐备就演奏，

箫管备举⑦。　　　　　箫管一齐都奏响。

喤喤厥声⑧，　　　　　乐声满耳真嘹亮，

肃雍和鸣⑨，　　　　　肃穆和谐声悠扬，

先祖是听。　　　　　　祖先神灵来欣赏。

我客戾止⑩，　　　　　客人全部都来到，

永观厥成⑪。　　　　　乐曲奏完齐赞赏。

【注释】

①瞽(gǔ)：盲人。古代常以盲人充任乐师。

②庭：指宗庙的前庭。

③业：悬鼓的木架。虡(jù)：悬编钟编磬的木架。

④崇牙：古代乐器架横木上刻的锯齿，用以悬挂乐器。树羽：在崇
　牙上装饰上五彩鸟羽。树，插。

⑤应：小鼓，因其与大鼓之声相应，故名“应”。田：大鼓。一说小
　鼓。县鼓：悬挂的鼓。县，即“悬”。

⑥鞉(táo)：摇鼓。鼓旁有两耳系两硬物，下有手持木柄，一摇动，
　所系硬物击打鼓面发出声音。磬：玉或石制成的打击乐器。柷
　(zhù)：乐器名，呈方斗形，中有椎柄，用手扳动，椎柄则晃动击打
　两边，发出声音，作为开始奏乐的一种信号。圉(yǔ)：通“敔”，乐
　器名，木制，形似伏虎，背上有二十七锯齿，以木划之出声，演奏

将终时奏之以止乐。

⑦箫：古箫如今之排箫，是以小竹管排编成的。管：管乐，即笛子之类的乐器。

⑧喤喤(huáng)：乐声洪亮。

⑨肃雍：乐声和谐舒缓。

⑩戾止：到来。

⑪永：终，一直。成：指乐曲终了。或解为乐之一阕。一说此指祭礼完毕。

潜

【题解】

　　这首诗是向宗庙献鱼祭祀的乐歌。《毛诗序》云："《潜》，冬季荐鱼，春献鲔也。"方玉润《诗经原始》解释说："冬令鱼潜不行而肥美，凡鱼皆可荐之时也。故总举六鱼，随荐皆可，用以为乐。若季春，鲔始出而浮，阳鱼之先至者也，故单荐鲔。"

猗与漆沮①，	啊，美好漆水和沮水，
潜有多鱼②。	多种鱼类在栖息。
有鳣有鲔③，	有那鳣鱼和鲟鱼，
鲦鲿鰋鲤④。	还有鲦鲿和鰋鲤。
以享以祀⑤，	用来祭祀献祖先，
以介景福⑥。	求得福祉永无边。

【注释】

①猗与：赞叹词。漆沮：周二水名，在陕西渭河以北。

②潜：当从《韩诗》和《鲁诗》作"涔(cén)"，木柴放入水中供鱼栖息叫"涔"。也称鱼池。

③鳣(zhān)：大鲤鱼。一说鳇鱼、蜡鱼。无鳞，肉黄，大者可达二、三丈长。鲔(wěi)：鲟鱼，长一、二丈。

④鲦(tiáo)：鱼名，又叫白鲦。长仅数寸，状如柳叶，鳞细而白。鲿：又名黄鲿鱼、黄颊鱼。尾微黄。鰋：又名鲶鱼，无鳞。

⑤享：祭献。

⑥以介景福：以求大福。介，祈求。景，大。

雍

【题解】

《毛诗序》："《雍》，禘太祖也。"太祖即后稷。朱熹《诗序辩说》不认同此说，他说："此但为武王祭文王而彻俎之诗，而后通用于他庙耳。"古代祭祀活动完毕，在撤去祭品时(古称"彻")，要演奏一段乐曲。这首诗就是周王在祭祀父母后，彻祭时所唱的乐歌。《后汉书·刘向传》有一段记载："文王既没，武王、周公继政，朝臣和于内，万国驩于外，故尽得其驩心，以事其先祖。其诗曰：'有来雍雍，至止肃肃。相维辟公，天子穆穆。'言四方皆以和来也。"所引之诗即《雍》的前四句。可见刘向也认为此诗作于武王时。此诗虽不长，因运用了对偶和排比的句式，读来朗朗上口，加强了诗的表现力。

有来雍雍①，　　　　　来的时候很从容，
至止肃肃②。　　　　　来到庙堂肃又恭。
相维辟公③，　　　　　助祭都是公和侯，
天子穆穆④。　　　　　主祭天子诚又敬。

於荐广牡⑤，　　　　　进献一头大公牛，
相予肆祀⑥。　　　　　帮我摆好献神灵。
假哉皇考⑦，　　　　　伟大光明的父王，
绥予孝子⑧。　　　　　安抚孝子的心灵。
宣哲维人⑨，　　　　　臣子个个明道理，
文武维后⑩。　　　　　君王文武全能行。
燕及皇天⑪，　　　　　上帝安宁又快乐，
克昌厥后⑫。　　　　　能让子孙都昌盛。
绥我眉寿⑬，　　　　　祈求赐予我长寿，
介以繁祉⑭。　　　　　保佑多福有吉庆。
既右烈考⑮，　　　　　已劝父王来歆享，
亦右文母⑯。　　　　　再劝母后也来尝。

【注释】

①来：指前来祭祀的人。雍雍：和谐貌。

②至止：到达。肃肃：严肃恭敬貌。

③相：助，这里指助祭。辟公：指诸侯。

④穆穆：容止端庄肃穆貌。

⑤於：赞叹词，犹"呜呼""啊"之类。荐：进献。广牡：指大公牛等祭牲。

⑥相予：助我。肆祀：陈列祭品而祭祀。肆，陈列。

⑦假哉：即"大哉""美哉"之意。皇考：对已死去的父亲的美称。

⑧绥：安抚。予孝子：主祭者自称。

⑨宣哲：明达聪智。人："臣"也。

⑩后：君。

⑪燕：安。指周国治民安，上天无灾异降临。

⑫克：能。昌：兴盛。厥后：其后，指后代子孙。

⑬绥：安。一说通"赉"，赐予。眉寿：长寿。

⑭介：助，佑。繁祉：多福。

⑮右：通"侑"，劝酒食之意。或以为佑助。烈考：对已故父亲的美
　　称。烈，言其功。一说光明。

⑯文母：指有文德的母亲。旧以为指文王之妃太姒。

载见

【题解】

　　这是写成王新即位，率领前来朝见的诸侯拜谒武王庙，并祭祀求福
的诗。《毛诗序》说："《载见》，诸侯始见乎武王庙也。"《孔疏》："《载见》
诗者，诸侯始见武王庙之乐歌也。谓周公居摄七年而归政成王，成王即
位，诸侯来朝，于是率之以祭武王之庙，诗人述其事而为此歌焉。"诗中
主要写诸侯朝拜武王庙，参加助祭的事。

载见辟王①，	诸侯初次朝周王，
曰求厥章②。	求赐新朝的典章。
龙旂阳阳③，	蛟龙旗帜随风扬，
和铃央央④。	车上和铃响叮当。
鞗革有鸧⑤，	马缰铜饰光灿灿，
休有烈光⑥。	美丽饰物闪光芒。
率见昭考⑦，	相率拜祭先王灵，
以孝以享⑧，	孝敬祭品请神享。
以介眉寿⑨，	祈请神明赐长寿，

永言保之⑩，	保佑日子永安康，
思皇多祜⑪。	赐予幸福无穷量。
烈文辟公⑫，	文武兼备诸侯公，
绥以多福⑬，	先王赐予你多福，
俾缉熙于纯嘏⑭。	使你事业永辉煌。

【注释】

①载：始。辟王：君王，指成王。

②曰：同"聿"，发语词。厥章：其章。章，典章制度。指车服礼仪之文章制度。《郑笺》："诸侯始见君王，谓见成王也。曰求其章者，求车服礼仪之文章制度也。"

③龙旂：有蛟龙图案的旗帜。阳阳：当读为"扬扬"，旗飘动飞扬之貌。

④和：挂在车轼上的铃称"和"。铃：挂在车衡上的铃称"铃"。央央：铃声。

⑤鞗（tiáo）革：马缰头的铜饰。有鸧（qiāng）：即"鸧鸧"，铜饰美盛貌。一说铜饰相击之声。《郑笺》："鞗革，辔首也。鸧，金饰貌。"

⑥休：美。《郑笺》："休者，休然盛壮。"有：又。烈光：光亮。

⑦率：带领。昭考：皇考。指武王。

⑧孝：与"享"同，都是献祭的意思。

⑨介：通"匄"，求。

⑩永言：永焉，长久貌。言，助词。

⑪思：发语词。皇：大。祜：福。

⑫烈：有武功。文：有文德。辟公：指诸侯公卿。

⑬绥：安抚。一说赐也。

⑭俾：使。缉熙：光明，显耀。纯嘏：大福，美福。

有客

【题解】

这首诗是周王为客饯行时唱的乐歌,表现了周王对来客热情招待的情形,也委婉地暗示了周王对客人的希望。《毛诗序》:"《有客》,微子来见祖庙也。"微子是纣的同母庶兄,成王杀武庚以后,封微子于宋,为宋公,代殷后,承汤祀。《郑笺》:"成王既黜殷,命杀武庚,命微子代殷后,既受命来朝而见也。"诗中描写了客人的贤良,主人的盛情,叙述朴实无华,情感真切热情,洋溢着浓厚的生活气息,读来如身临其境。

有客有客①,	远方客人来造访,
亦白其马②。	驾车白马真健壮。
有萋有且③,	随从人员多又多,
敦琢其旅④。	个个品德都贤良。
有客宿宿⑤,	客人已经住两天,
有客信信⑥。	多住几天也无妨。
言授之絷⑦,	给他拿条绊马索,
以絷其马。	绊住马儿不得行。
薄言追之⑧,	客人走时远远送,
左右绥之⑨。	左右大臣皆热情。
既有淫威⑩,	既用大德来待客,
降福孔夷⑪。	上天降福大又多。

【注释】

①客:指宋微子。朱熹《诗集传》:"周既灭商,封微子于宋,以祀其

先王。而以客礼待之,不敢臣也。"

②亦白其马:亦,语助词。白为纯洁之色,故以白马为美。《诗集传》曰:"殷尚白,修其礼物,仍殷之旧也。"白马,一说客人所乘之马,朱熹认为是客人带来的礼物。

③有萋有且(jū):形容随从众多的样子。马瑞辰《毛诗传笺通释》:"萋、且双声词,皆以状从者之盛。"

④敦琢:即"雕琢",雕琢本为治玉之名,这里形容其随从众臣皆为贤者。

⑤宿宿:住一夜谓之"宿",宿而又宿,则是两夜。

⑥信信:住两夜(再宿)谓之"信"。宿宿、信信,在此意思是相同的,都是指连续住几天的意思。《毛诗传笺通释》:"特心欲留客,致殷勤之词。"

⑦絷(zhí):马索。此句中用作名词,下句中用作动词。是说给他绳索,绊住马足,表示要留住客人。

⑧薄言:发语词。追:送。《孔疏》:"追谓已发上道,逐而送之,故以追为送客。"

⑨左右:天子左右重臣。绥之:安抚客人。《孔疏》:"左右之诸臣又从而安乐之,与之欢燕,以安乐其心,是厚之无已。"

⑩淠威:犹云"大德"。淠,大。威,德。

⑪夷:大。《毛诗传笺通释》:"按《说文》'夷'从大从弓,古夷字必有'大'训。"

武

【题解】

　　这首诗是武王克商后所作的《大武》乐章中的一章。歌颂武王以武功定天下的功劳,特别表现了武王偃武修文的思想。《毛诗序》说:

"《武》,奏《大武》也。"《郑笺》:"《大武》,周公作乐,所为舞也。"《左传·宣公十二年》记载:"武王克商,作《武》,其卒章曰'耆定尔功'。"就是指此诗。据《礼记·乐记》说,"《武》乐六成",成,就是章或篇。其中的五篇《武》《酌》《赉》《般》《桓》,俱见于《周颂》。《左传》说的这篇,即为《大武》乐的第六章,《礼记·乐记》则以为是第二章,何楷、魏源、龚澄等,皆以为是第一章。内容是颂武王之武功,但意在"胜殷遏刘",即举兵伐殷,是为了制止天下暴虐而杀人的人,表现仁政思想,具有进步意义。

於皇武王①,	啊,我们伟大的武王,
无竞维烈②。	宏伟功业世无双。
允文文王③,	是那有德的文王,
克开厥后④。	大周业绩首开创。
嗣武受之⑤,	武王继承其基业,
胜殷遏刘⑥,	战胜殷纣止屠杀,
耆定尔功⑦。	终成大功绩辉煌。

【注释】

①於:赞叹词。皇:美,大。

②无:莫。竞:强,争。烈:功绩。言没有比他功绩更大的了。

③允:发声助词,与上"於"字意相当。文:文章,亦即文德。

④克:能。开:开创。厥:其。

⑤嗣武受之:言嗣子武王继承文王之业。

⑥胜殷遏刘:此指战胜殷人,停止了厮杀。遏刘,遏止屠杀。刘,杀。

⑦耆(zhī)定尔功:致定其功。耆,致使。定,成。尔功,其功。

闵予小子

【题解】

这是写成王除武王之丧,将要执政时,朝拜于祖庙,祭告其父王武王和祖父文王的诗。诗中,成王首先诉说孤独无依的处境,接着追念先王先祖的功德,最后表示自己要日夜勤劳,继承王业。《毛诗传》说:"《闵予小子》,嗣王朝于庙也。"《郑笺》:"嗣王者,谓成王也。除武王之丧,将始即政,朝于庙也。"

闵予小子①,	可怜嗣位年纪轻,
遭家不造②,	家中遭难真不幸,
嬛嬛在疚③。	孤独忧伤又悲痛。
於乎皇考④,	啊,我父武王多英明,
永世克孝⑤。	终身能够孝祖宗。
念兹皇祖⑥,	想我伟大的祖父,
陟降庭止⑦。	事天治国直道行。
维予小子,	我这年幼的小子,
夙夜敬止⑧。	定要日夜勤理政。
於乎皇王⑨,	啊,伟大先祖和先王,
继序思不忘⑩。	我将永继大业不敢忘。

【注释】

①闵:可怜,可悯。《郑笺》:"悼伤之言也。"予小子:成王自称。小子,年少。对先祖也可自称"小子"。

②不造:不幸,不善。此指遭武王之丧。

③嬛嬛(qióng)：孤独忧伤、无所依靠貌。疚：忧患痛苦。

④皇考：对已故父亲的美称，这里指武王。

⑤永世：终身。

⑥兹：此。皇祖：对已故祖父的美称。此指文王。

⑦陟(zhì)降：上下。庭：直。《郑笺》："兹，此也。陟降，上下也。……念此君祖文王，上以直道事天，下以直道治民。言无私枉。"

⑧敬：谨慎。止：语助词。

⑨皇王：这里指先代君王。兼指文王、武王。

⑩序：通"绪"，事业。思：语助词。忘：忘记。

访落

【题解】

这是成王朝武王庙，于群臣商议国事的诗。《毛诗序》说："《访落》，嗣王谋于庙也。"《郑笺》："谋者，谋政事也。"诗中写的是成王刚执政，到武王庙祈祷，并希望群臣能够帮助他。诗的前二句说明拜谒武庙的宗旨。中间六句表白自己心迹，望群臣帮助。最后四句祈祷武王神灵保佑。短短的十二句颂词，"多少婉转曲折"（姚际恒语），既生动地表现出年幼成王诚惶诚恐的心理，也看出他想治理好国家的强烈愿望。

访予落止①，	我刚即位须咨议，
率时昭考②。	效法先王志不移。
於乎悠哉③，	叹我内心多忧虑，
朕未有艾④。	年幼即位少阅历。
将予就之⑤，	众臣扶我依法行，

继犹判涣⑥。　　　　继续祖业志不移。

维予小子，　　　　　我这年幼小孩子，

未堪家多难⑦。　　　家中多难担不起。

绍庭上下⑧，　　　　继承父祖治国道，

陟降厥家⑨。　　　　任用群臣依次序。

休矣皇考⑩，　　　　英明伟大之父王，

以保明其身⑪。　　　保佑我身永安祺。

【注释】

①访：咨询，商议。予：我。成王自称。落：始。指开始执政。止：
　之。一说语气词。《毛传》："访，谋。落，始。"

②率：遵循。时：是，此。昭考：犹"皇考"，指武王。

③悠：忧。一说远也。

④朕：我。未有艾：指心中无数。艾，数。

⑤将：扶助。就：因。《郑笺》："扶将我就其典法而行之。"

⑥继：接着。犹：图也。判涣：分散。朱熹说："犹恐其判涣而不
　合也。"

⑦家多难：指国家多灾难。

⑧绍：继承。指继承文武之道。

⑨陟降：升降，上下。指群臣任免。厥家：指群臣。《郑笺》："厥家，
　谓群臣也。继文王陟降庭止之道，上下群臣之职以次序者。"

⑩休：美。

⑪保：保佑。明：勉励。

敬之

【题解】

这是周王自我警戒的诗。《毛诗序》说："《敬之》，群臣进戒嗣王也。"方玉润不同意群臣进戒周王的说法，他说："盖此诗乃一呼一应，如自问自答之意，并非两人语也。一起直呼'敬之敬之'，至'日监在兹'，先立一案。……故'维予小子'以下，亦即紧承上文，相应而下，机神一片，何容分作两截，并谓二人语耶？"方氏说得很有道理。

敬之敬之①，	要警惕呀要警惕，
天维显思②，	上天明察不可欺，
命不易哉③。	赢得天命实不易。
无曰高高在上，	莫说上天很高远，
陟降厥士④，	上下行事很迅疾，
日监在兹⑤。	天天监视我和你。
维予小子，	我这幼稚的小子，
不聪敬止⑥。	应当聪明又警惕。
日就月将⑦，	日有所成月月进，
学有缉熙于光明⑧。	学习积累渐明晰。
佛时仔肩⑨，	重大责任我担负，
示我显德行⑩。	明示美德我牢记。

【注释】

①敬：通"警"，警戒。之：语气词。

②维：是。显：明察。思：语气词。

③命：天命。不易：指天命不容易获得。

④陟降厥士：此句是说上天往来天地之间。陟降，升降。厥，其。
　士，事。或以为"士"当作"土"。

⑤日：天天。监：监视。兹：此，指人间。

⑥不聪敬止：此句意为听从而警戒。不，语助词。聪，聪明。此处
　意为听从。敬，警戒。止，语助词。

⑦日就月将：日有所得，月有所进。就，成就。将，进。

⑧缉熙：积渐以至于光明。后以缉熙谓光明。

⑨佛：通"弼"，辅助。时：是。仔肩：责任。

⑩示我显德行：言指示我以显明的德行。

小毖

【题解】

　　这是成王在诛管、蔡，灭武庚之后，表示自我惩戒并请求群臣辅助
的诗篇。《毛诗序》说："《小毖》，嗣王求助也。"《郑笺》："毖，慎也。天下
之事，当慎其小，小时而不慎，后为祸大。故成王求忠臣辅助己为政，以
救患难。"正确说明了诗的主旨。诗中以小桃虫会变成大鸟比喻小事不
注意就会酿成大祸，以喻管、蔡、武庚之祸由小变大，悔恨之情溢于言
表。方玉润《诗经原始》说："此诗名虽小毖，意实大戒，盖深自惩
也。……自《闵予小子》至此，凡四章，皆成王自作。若他人，则不能如
是之亲切有味矣。"

予其惩而毖后患①，　　　　　　　我铭记前非为防后患，
莫予荓蜂，　　　　　　　　　　　没人让毒蜂蜇我，
自求辛螫②。　　　　　　　　　　是自己招来祸患。

肇允彼桃虫,	现在才相信小小鹪鹩,
拚飞维鸟③。	长大竟是展翅大鸟。
未堪家多难,	本承受不起家国多难,
予又集于蓼④。	于今又陷入如此之辛酸。

【注释】

①予:成王自称。其:语助词。惩而毖后患:警戒前失而慎防后患。胡承珙《毛诗后笺》以为当断为"予其惩而,毖彼后患。"惩,警戒。毖,谨慎。

②莫予荓(pīng)蜂,自求辛螫(shì):没有人使蜂螫我,是我自讨苦吃。荓,使。蜂,蜇人的小蜂。朱熹《诗集传》:"蜂,小物而有毒。"辛,酸痛。螫,蜂伤人叫螫。或以为辛苦。

③肇允彼桃虫,拚(fān)飞维鸟:言鹪鹩虽小,终会长成大鸟。肇,始。允,信。桃虫,即鹪鹩,一种小鸟。拚飞,即"翻飞",上下飞翔。

④蓼(liǎo):草本植物。味辛,故古人常以蓼喻辛苦。此喻自己又陷入困境。

载芟

【题解】

这是周王春天籍田时祭祀社稷的乐歌。《毛诗序》:"《载芟》,春籍田而祈社稷也。"《郑笺》:"籍田,甸师氏所掌,王载耒耜所耕之田,天子千亩,诸侯百亩。'籍'之言'借'也,借民力治之,故谓之'籍田'。"古代"籍田",是天子亲耕的仪式,既向祖宗和天地百神祈求丰年,也表示对农耕的重视。《孔疏》:"《载芟》诗者,春籍田而祈社稷之乐歌也。"但诗中并没有籍田场面的描写。孔颖达解释说:《毛序》说的是丰收的缘由,而诗只说年丰,所以"经、序有异"。孔说可参考。从内容上看,此诗叙述了从耕耘到收获的全过程。对农事的描写非常生动,孙鑛说:"语不多而意状飞动。"读来确有此感。这也和诗中多用叠词很有关系,如泽泽、驿驿、厌厌、绵绵及有喷、有依、有略、有厌、有实的运用,不仅读来朗朗上口,在形象上也增加了想象的余地,给人以美的享受。

载芟载柞①,	拔掉野草除树根,
其耕泽泽②。	田地耕过土色新。
千耦其耘③,	千人并肩齐耕耘,
徂隰徂畛④。	新田直到旧田畛。
侯主侯伯⑤,	家长带着大儿子,
侯亚侯旅⑥,	叔伯晚辈也出动,
侯彊侯以⑦。	壮汉短工都出勤。
有喷其馌⑧,	野地吃饭声音响,
思媚其妇,	丈夫夸妻饭菜香,
有依其士⑨。	妻爱其夫有依傍。
有略其耜⑩,	犁头锋利犹如刀,
俶载南亩⑪。	向阳田里耕种忙。
播厥百谷,	各类谷种播入土,
实函斯活⑫。	粒粒种子生机昂。
驿驿其达⑬,	幼苗不断破土出,
有厌有杰⑭。	壮苗先出头先扬。
厌厌其苗⑮,	禾苗整齐又茂密,
绵绵其麃⑯。	禾穗绵绵把头低。
载获济济⑰,	收获季节人济济,

有实其积⑱，   仓院谷物堆满地，
万亿及秭⑲。   粮食亿万无法计。
为酒为醴，   清酒甜酒一坛坛，
烝畀祖妣⑳，   丰收美酒献祖先，
以洽百礼。   百礼合洽都圆满。
有飶其香㉑，   美味佳肴散芳香，
邦家之光㉒。   呈现国家很兴旺。
有椒其馨㉓，   醉人香气满屋飘，
胡考之宁㉔。   老人安宁心情好。
匪且有且，   此事不独此地有，
匪今斯今㉕，   非独今年庆丰年，
振古如兹㉖。   从古至今都这般。

【注释】

①载：开始。芟(shān)：除草。柞(zé)：砍伐树木。

②泽泽(shì)：土松散润泽貌。

③千耦其耘：两人并耕叫"耦"，千耦言其多。耘，除草。

④隰(xí)：新开垦的低洼之地。畛(zhěn)：田间小路。此指田间有
小路的旧田。

⑤侯：发语词，犹"维"。主：家长。伯：长子。《毛传》："主，家长也。
伯，长子也。"

⑥亚：仲叔。旅：众子弟。指晚辈。

⑦强：身体强壮有余力的人。以：雇佣的劳动者。《毛传》："以，谓
闲民，今时傭赁也。"

⑧喷(tǎn)：众人吃饭的声音。朱熹《诗集传》："喷，众饮食声也。"馌

(yè)：送到地头的饭菜。

⑨思媚其妇，有依其士：《诗集传》说："言饷妇与耕夫相慰劳也。"
　　思，发语词。媚，赞美，喜悦。依，爱。一说倚靠。士，丈夫。

⑩略：形容犁头锋利。耜：犁头。

⑪俶：始。载：事，这里指耕作。一说：俶，指起土。载，指翻草。南
　　亩：向阳地。

⑫实：种子。函：含，被泥土覆盖。斯：语助词。活：生气貌。

⑬驿驿：苗接连不断出土貌。达：指禾苗破土而出。

⑭厌：形容苗之苗壮。杰：特出，指最先长出的苗。

⑮厌厌：禾苗整齐茂盛貌。

⑯绵绵：茂密貌。麃（biāo）：《鲁诗》作"穮"，指禾穗上的芒。实指
　　禾穗。

⑰载获：开始收获。济济：人众多貌。

⑱有实：即"实实"，广大貌。此指庄稼收获多，场上到处堆满了禾
　　物。一说充实貌。积：露天堆积。

⑲万亿及秭：形容多，不是实指。万亿，十万为亿。秭，十亿为秭。

⑳烝：进献。畀（bì）：给予。

㉑饎（bì）：食物香气。

㉒光：荣光。

㉓椒：香气浓厚。三家《诗》作"馥"。馨：香气传得远。《说文》：
　　"馨，香之远闻也。"这里指酒味醇香。

㉔胡考：高寿，这里指老人。

㉕匪且有且，匪今斯今：《诗集传》解曰："言非独此处有此稼穑之
　　事，非独今时有今丰年之庆。"

㉖振古：自古。

良耜

【题解】

　　这是秋收后周王祭祀土神和谷神的乐歌。《毛诗序》说："《良耜》，秋报社稷也。"《周礼·春官》："祭祀有二时，春祈、秋报。报者，报其成熟之功。"此诗与《载芟》为姊妹篇，前篇写春季祭祀社稷神，此篇则写秋季报答社稷神；前篇写春种，此篇写秋收。诗中用简洁通俗的语言写出农家耕种、送饭、除草、施肥、丰收、纳仓、祭祀的情景，再现了当时农村的生活。

畟畟良耜①，	锋利犁头插入土，
俶载南亩②。	向阳地里始耕田。
播厥百谷，	春季开始播百谷，
实函斯活。	粒粒种子生机现。
或来瞻女③，	有人田里来观看，
载筐及筥④，	手里提着装饭篮，
其饟伊黍⑤。	里面装着黍米饭。
其笠伊纠⑥，	头戴编织圆草帽，
其镈斯赵⑦，	拿起锄头就除草，
以薅荼蓼⑧。	荼蓼杂草全锄掉。
荼蓼朽止⑨，	荼蓼腐烂做肥料，
黍稷茂止。	庄稼茂盛长得好。
获之挃挃⑩，	割禾声音唰唰响，
积之栗栗⑪。	庄稼收完堆满场。
其崇如墉⑫，	高高谷堆像城墙，

其比如栉⑬，　　　　　栉比鳞次篦齿样。
以开百室⑭。　　　　　打开家家储粮仓，
百室盈止，　　　　　　粮仓装得满当当，
妇子宁止⑮。　　　　　妇女孩子心安详。
杀时犉牡⑯，　　　　　杀了那条大公牛，
有捄其角⑰。　　　　　一双牛角弯又长。
以似以续⑱，　　　　　祭祀之礼年年有，
续古之人⑲。　　　　　祖先传统得久长。

【注释】

①畟畟（cè）：耜入土深耕貌。耜：犁头。

②俶载南亩：以下三句见前篇《载芟》注。

③或：有人。指农夫的老婆孩子。

④载：背，持。筐、筥（jǔ）：两种竹制盛物器，筐形方，筥形圆。

⑤饟：同"饷"，送来的食物。《说文》："周人谓饷曰饟。"伊：是。黍：
　糜子，指小米饭。

⑥笠：笠帽。纠：编织。

⑦镈（bó）：锄类农具。赵：刺，铲除。

⑧薅（hāo）：除去田草。荼蓼（liǎo）：两种草。荼，为旱田长的草。
　蓼，为水田长的草。

⑨朽：腐烂。止：语气词。

⑩挃挃（zhì）：收割时割断禾穗的声音。《毛传》："挃挃，获声耶"

⑪栗栗：众多貌。

⑫崇：高。墉：城墙。指粮食堆积如城墙之高。

⑬比：密排。栉：梳子。指粮垛密集。

⑭百室：指家家户户的仓库。

⑮妇子：妇女孩子。

⑯时：是，此。犉(rún)牡：黄色黑唇的大公牛，用以祭祀。

⑰捄(qiú)：兽角弯曲貌。

⑱似、续：继续。似，为"嗣"的假借字，与"续"义同。《毛传》："嗣前岁，续往事也。"

⑲古之人：指祖先。

丝衣

【题解】

《毛诗序》说："《丝衣》，绎宾尸也。高子曰：'灵星之尸也。'""绎"即"绎祭"。周代的祭祀有时进行两天，首日是正祭，次日即绎祭，也就是《穀梁传》所说的"绎者，祭之旦日之享宾也"。据此有人认为此诗就是讲"绎祭"的。而朱熹《诗集传》说："此亦祭祀而饮酒之诗。"还有些研究者，对此诗不能作出确解，因而说"且阙疑"。从内容看，这大概是一首周王祭祀和燕饮宾客的乐歌。诗共九句，前五句写祀典之盛，后四句写祭祀燕饮的气氛合乎礼仪。

丝衣其纾①，	丝绸祭服白又净，
载弁俅俅②。	头戴皮帽端端正。
自堂徂基③，	从那庙堂到门槛，
自羊徂牛。	从羊到牛皆丰盛。
鼐鼎及鼒④，	大鼎小鼎食物满，
兕觥其觩⑤。	弯角酒杯都摆定，
旨酒思柔⑥。	美酒味道醇又正。
不吴不敖⑦，	话语温和面无骄，

胡考之休^⑧。　　　　　　人人长寿美善行。

【注释】

①丝衣:神尸所穿的丝质白色祭服。纻(fóu):洁白鲜明貌。

②载:通"戴"。弁:古代贵族戴的皮帽子,以鹿皮为之。俅俅:恭顺
　貌。一说冠饰貌。

③堂:庙堂,或以为即明堂。徂:往。基:通"畿",指门槛。

④鼐(nài)鼎及鼒(zī):言用大鼎小鼎盛祭品供神享用。鼐,大鼎。
　鼒,小鼎。

⑤兕觥(sì gōng):犀牛角做的酒杯。觩(qiú):兽角弯曲貌。

⑥思柔:即"柔柔",指酒口感柔绵。

⑦吴:喧哗。《毛传》:"吴,哗也。"敖:傲。

⑧胡考:长寿。休:美善。一说"休"指福禄。

酌

【题解】

　　这是写武王战胜殷商,建立丰功伟业的赞歌,大约作于周初。是成
王时的《大武》乐中的一章。武王克商后作《武》。《毛诗序》说:"《酌》,
告成《大武》也。言能酌先祖之道以养天下也。"《郑笺》:"周公居摄六
年,制礼作乐,归政成王,乃后祭于庙而奏之。其始成,告之而已。"朱熹
对此诗有不同理解,在其《诗集传》中说:"此亦颂武王之诗,言其初有於
铄之师而不用,退自循养,与时皆晦,既纯光矣,然后一戎衣而天下大
定。后人于是宠而受此蹻蹻然王者之功,其所以嗣之者,亦维武王之事
是师尔。"其于《大武》乐中的位置,有认为是第一章,也有以为是第二章
或第三章的。

於铄王师①，   啊，英勇威武的王师，

遵养时晦②。   挥兵东征灭殷商。

时纯熙矣③，   周道光明形势好，

是用大介④。   故有死士助周王。

我龙受之⑤。   有幸承受天之宠。

蹻蹻王之造⑥。   勇武之士投武王。

载用有嗣⑦，   武王用他去伐商，

实维尔公允师⑧，   为国立功美名扬。

【注释】

①於(wū)：叹词。此表赞美。铄(shuò)：通"烁"，光明辉煌。

②遵：率。养：攻取。《毛传》："养，取。"时：是。晦：昧。指昏君殷纣。

③纯：大。熙：兴，明。《孔疏》："由既诛纣，故于是令周道大明盛矣。"

④是用：是以，因此。介：助。《郑笺》："是周道大兴，而天下归往矣，故有致死之士助之。"

⑤龙：宠。《郑笺》："龙，宠也。来助我者，我宠而受用之。"

⑥蹻蹻(jiǎo)：勇武。造：诣。《郑笺》："蹻蹻之士皆争来造王，王则用之。"

⑦载用：始用。有嗣：《郑笺》："传相致。"《孔疏》："蹻蹻之士皆争来造王，而王又用之，则其余嗣续而至。""言从周之士有先后而至也"。

⑧尔：指武王。公：通"功"，事业。允：信。师：武王之师。

桓

【题解】

　　这是歌颂武王灭商、安定万邦的赞歌。据《左传·宣公十二年》,此是《大武》乐的第六章。诗一开始便说天下一派太平盛世的景象,然后讲武王克商,天下安定,王朝稳固,所以孙𬬱说:"陡起甚奇。天命以下,似是说'绥'、'丰'所由,此盖类所谓倒插者然。"《毛诗序》说:"《桓》,讲武类祃也。桓,武志也。"《郑笺》:"娄也,祃也,皆师祭也。"方玉润《诗经原始》:"《小序》谓'讲武类祃',亦未尽非,但不若邹肇敏云'祀武王于明堂'之说为较切耳。"

绥万邦①,	安定天下诸侯国,
娄丰年②,	连年丰收好景象,
天命匪解③。	上天不懈怀周邦。
桓桓武王④,	威武显赫是武王,
保有厥士⑤,	保有原来的国土,
于以四方⑥,	拥有天下遍四方,
克定厥家⑦。	真正安定周家邦。
於昭于天⑧,	功德辉煌耀上天,
皇以间之⑨。	代替殷纣为君王。

【注释】

①绥:安定,平定。

②娄:通"屡",屡次,连连。

③匪解:不懈息。解,同"懈"。

④桓桓:威武貌。

⑤士:疑为"土"之误。马瑞辰《毛诗传笺通释》:"士与土形近,古多
  互讹。保土,犹言保邦也。作'士'者,盖以形近而讹。"此句意为
  保有既有国土。

⑥于以:乃有。

⑦克定厥家:能够奠定国家基础。克,能。

⑧昭:明,显耀。

⑨皇以间之:指武王代殷。皇,君。间,代。

赉

【题解】

　　这是武王伐纣还都,祭祀文王大封功臣的乐歌。据《左传》所载,这
是《大武》乐的第三章,文辞简古质朴,是典型的周初风格。孙铋说:"古
淡无比,以'於,绎思'三字以叹勉,含味最长。"《毛诗序》说:"《赉》,大封
于庙也。赉,予也,言所以赐予善人也。"《郑笺》:"大封,武王伐纣时封
诸臣有功者。"

文王既勤止①,	文王创业多勤劳,
我应受之②,	我当继承治国道。
敷时绎思③,	扩展基业永不停,
我徂维求定④。	我去伐商求安定。
时周之命⑤,	周邦承受上天命,
於,绎思⑥!	继承伟业永不停!

【注释】

①勤:勤苦,辛劳。止:语气词。

②我:武王自称。应:通"膺",犹今之言"当"。

③敷:布,铺展。时:是。绎:续。连绵不断之意。

④徂:往,指往征商纣。定:共定天下。

⑤时:是。马瑞辰以为通"承"。马瑞辰《毛诗传笺通释》:"时与承一声之转,古亦通用。"

⑥於:叹美词。

般

【题解】

　　这是周王巡守祭祀山川的乐歌。据学者们考证,这也是《大武》舞曲中的一章。《毛诗序》:"《般》,巡守而祀四岳河海也。般,乐也。"诗中表现了巡守、封禅、祭祀山川之事,描写了山川景象,写出天下归服于周是天命所定,所以答谢山川神灵之助。

於皇时周①,	啊,光明壮美我周邦,
陟其高山②,	登上巍巍高山上,
嶞山乔岳③,	高山小丘相连绵,
允犹翕河④。	千支万流入河淌。
敷天之下⑤,	普天之下众神灵,
裒时之对⑥,	聚合这里享祭祀,
时周之命。	大周受命永久长。

【注释】

①於:赞美词。皇:美。时:是,这。

②陟:登。

③隋(duò)山:小山。隋,山之小者。一说狭长的山。乔岳:高大的山。朱熹《诗集传》:"高山,泛言山耳。隋,则其狭而长者。乔,高也。岳,则其高而大者。"

④允:信,实。犹:又。或以为顺着。翕(xī):合,汇合。河:黄河。

⑤敷:同"普"。

⑥裒(póu):聚集此地。时:是,这。对:配合。

鲁颂

　　鲁是周公长子伯禽的封国，封地在今山东曲阜一带。成王因周公有大功于天下，故赐伯禽以天子之礼乐。鲁国于是有了《颂》诗，作为庙堂的乐歌。《鲁颂》共四篇，都是春秋时代作品。产生地是春秋鲁国的国都(今山东曲阜)。

驹

【题解】

　　这是《鲁颂》的第一篇，是一首咏马诗。诗中对马的描写生动而细致，写出了各种各样的马，写它们的毛色多种多样，身体矫健勇猛，气势雄壮奋发，可以胜任各种任务。马匹繁多是国力强盛的一个重要标志，通过写马的蕃盛，也歌颂了鲁国的富强。也有人认为这是以马比喻贤才的。《毛诗序》认为是歌颂鲁僖公的："《驹》，颂僖公也。僖公能遵伯禽之法，俭以足用，宽以爱民，务农重谷，牧于坰野，鲁人尊之。于是季孙行父请命于周，而史克作是颂。"《郑笺》："季孙行父，季文子也。史克，鲁史也。"此说诗的作者为鲁国史官史克，据王先谦考证，作者当为奚斯。《驹》诗为我国咏马诗之祖，开后世咏马寓志诗的先河。

骊骊牡马①，   群马高大又健壮，

在坰之野②。   放牧广阔草场上。

薄言骊者③，   说起这些雄健马，

有骄有皇④，   毛带白色有骄皇，

有骊有黄⑤，   毛色相杂有骊黄，

以车彭彭⑥。   驾起车来奔前方。

思无疆⑦，   跑起路来远又长，

思马斯臧⑧。   马儿骏美膘肥壮。

【注释】

①骊骊(jiōng)：马肥壮的样子。牡马：雄马。泛指健壮的群马。

②坰(jiōng)：遥远。

③薄言：发语词。

④骄(yù)：黑马白胯。皇：《鲁诗》作"騜"，黄白色的马。

⑤骊(lì)：纯黑色的马。黄：黄赤色的马。

⑥以车：驾车。彭彭：马强壮有力的样子。

⑦思：句首语气词。下句"思"字同。

⑧斯：其，那样。臧：善。

骊骊牡马，   群马高大又健壮，

在坰之野。   放牧广阔草场上。

薄言骊者，   说起这些雄健马，

有骓有骈①，   灰白为骓黄白骈，

有骍有骐②，   赤红为骍青黑骐，

以车伾伾③。   驾起战车上战场。

思无期④，　　　　　雄壮力大难估量，
思马斯才⑤。　　　　马儿骏美力又强。

【注释】

①雅（zhuī）：毛色苍白相杂的马。駓（pī）：毛色黄白相杂的马。

②骍（xīng）：毛色赤红的马。骐：青黑色相间的马。

③伾伾（pī）：有力的样子。

④无期：无有期限。

⑤才：才力。

骄骄牡马，　　　　　群马高大又健壮，
在坰之野。　　　　　放牧广阔草场上。
薄言骄者，　　　　　说起这些雄健马，
有骍有骆①，　　　　骍马青色骆马白，
有骝有雒②，　　　　骝马火赤雒马黑，
以车绎绎③。　　　　驾着车子快如飞。
思无斁④，　　　　　精力无穷没限量，
思马斯作⑤。　　　　马儿腾跃膘肥壮。

【注释】

①骍（tuó）：青黑色而有白鳞花纹的马。骆：白色黑鬣的马。

②骝（liú）：赤身黑鬣的马。雒（luò）：黑身白鬣的马。

③绎绎：跑得快的样子。

④无斁（yì）：无厌倦。

⑤作：奋起，腾跃。

駉駉牡马，　　　　　　　群马高大又健壮，
在坰之野。　　　　　　　放牧广阔草场上。
薄言駉者，　　　　　　　说起这些雄健马，
有駰有騢①，　　　　　　灰白为駰红白騢，
有驒有鱼②，　　　　　　黄背为驒白眼鱼，
以车祛祛③。　　　　　　驾着车儿气势昂。
思无邪，　　　　　　　　沿着大道不偏斜，
思马斯徂④。　　　　　　马儿如飞奔驰忙。

【注释】

①駰(yīn)：浅黑和白色相杂的马。騢(xiá)：赤白色杂毛的马。

②驒(diàn)：黑色黄背的马。鱼：眼眶有白圈的马。

③祛祛(qū)：强健的样子。

④徂：行。

有驳

【题解】

　　这是祝颂鲁公和群臣宴饮欢乐的乐歌。《毛诗序》说："《有驳》，颂僖公君臣之有道也。"据史书记载，鲁国多年饥荒，到僖公时重视农业，宽以爱民，战胜灾害，获得丰收。朱熹《诗序辩说》："此但燕饮之诗，未见君臣有道之意。"很是。诗中多为叙述丰收宴饮、君臣欢乐醉舞的情景。

　　有驳有驳①，　　　　　　马儿骏健又强壮，

驷彼乘黄② 。	骏健马儿是四黄。
夙夜在公③ ,	早起晚睡办公事,
在公明明④ 。	勤勉努力为公忙。
振振鹭⑤ ,	手持鹭羽同起舞,
鹭于下⑥ 。	有如白鹭向下翔。
鼓咽咽⑦ ,	鼓声咚咚响不停,
醉言舞⑧ 。	酒醉舞姿踉跄跄。
于胥乐兮⑨ !	人人快乐喜洋洋!

【注释】

①有驷(bì):即"驷驷",马肥壮有力貌。

②乘(shèng)黄:古代一车四马,这里指驾车的四匹黄马。

③夙夜在公:指早晚为公家之事奔忙。

④明明:即"勉勉",勤勉之貌。马瑞辰《毛诗传笺通释》:"明,勉一声之转,明明即勉勉之假借,谓其在公尽力也。"

⑤振振:鸟群飞貌。鹭:亦名鹭鸶。古人用它的羽毛作舞具。

⑥鹭于下:鹭飞而下。一说描写舞者表演鹭飞翔而下的舞姿。

⑦咽咽:鼓声。

⑧醉言舞:犹"醉而舞"。言,犹"而"。

⑨于胥乐兮:言一起欢乐。于,吁。胥,皆,相。朱熹《诗集传》:"胥,相也。醉而起舞,以相乐也。"

有驷有驷,	马儿骏健又强壮,
驷彼乘牡① 。	四匹雄马气昂昂。
夙夜在公,	早起晚睡办公事,

在公饮酒。	今日饮酒在公堂。
振振鹭，	手持鹭羽同起舞，
鹭于飞②。	如同白鹭空中翔。
鼓咽咽，	鼓声咚咚响不停，
醉言归。	醉后归家步踉跄。
于胥乐兮！	人人快乐喜洋洋！

【注释】

①乘牡：驾在车中的四匹雄马。

②鹭于飞：形容舞姿如鸟飞。朱熹《诗集传》："舞者振作鹭羽如飞也。"

有驳有驳，	马儿骏健又强壮，
驳彼乘骃①。	四匹青马气昂扬。
夙夜在公，	早起晚睡办公事，
在公载燕②。	今日宴饮在公堂。
自今以始，	自今开始到永远，
岁其有③。	岁岁丰收好景象。
君子有穀④，	国君为民做好事，
诒孙子⑤。	留给子孙万年康。
于胥乐兮！	人人快乐喜洋洋！

【注释】

①骃(xuān)：铁青色的马，又名铁骢。

②载燕：则宴。燕，通"宴"，指宴饮。

③有:有年,丰年。

④穀:善。一说福禄。

⑤诒:遗留,留给。孙子:即"子孙"。

泮水

【题解】

　　这是赞美鲁公战胜淮夷以后,在泮宫庆功,宴请宾客的诗。《毛诗序》说:"《泮水》,颂僖公能修泮宫也。"诗中除了修泮宫之事,还叙述了鲁公继承祖先事业,以及征服淮夷的战功。其实僖公并无平淮夷之事,只是几次曾为淮夷之事会过诸侯。所以此颂有些言过其实,有夸张溢美之嫌。但此诗气魄宏大,叙事条理,描写细微,有较强的抒情意味。孙𬭤称赞说:"大体宏赡,然造语却入细,叙事甚精核有致。前三章近《风》,后五章近《雅》。"(《批评诗经》)较为符合实际。

思乐泮水①,	人人喜爱泮水边,
薄采其芹②。	有人岸边采水芹。
鲁侯戾止③,	鲁侯大驾将光临,
言观其旂④。	已见大旗绣龙纹。
其旂茷茷⑤,	他的龙旗随风扬,
鸾声哕哕⑥。	马头铃声响叮当。
无小无大⑦,	官员不分大和小,
从公于迈⑧。	都随鲁侯来会场。

【注释】

①思:发语词。泮(pàn)水:旧以为周代诸侯的学宫叫泮宫,泮宫外

围的水叫泮水。戴侗、杨慎、戴震都认为"泮"是鲁国水名,因作
宫其畔,所以叫泮宫。

②薄:语助词。芹:水芹菜。

③鲁侯:鲁国诸侯。一说指周公子伯禽,一说指僖公。当以僖公为
是。戾:来。止:语气词。

④言:语助词。旂:画有龙纹的旗帜。

⑤茷茷(pèi):同"旆旆",旗帜飘扬貌。

⑥鸾:系在马口衔两边的小铃。哕哕(huì):鸾铃声,同"嘒嘒"。

⑦无小无大:指随从官员职位不分大小尊卑。

⑧于迈:以行。言随从鲁侯出行。

思乐泮水,　　　　　人人喜爱泮水边,
薄采其藻①。　　　　有人水边采水藻。
鲁侯戾止,　　　　　鲁侯大驾已来到,
其马蹻蹻②。　　　　驾车马儿壮又高。
其马蹻蹻,　　　　　他的马儿高又壮,
其音昭昭③。　　　　他的声音真洪亮。
载色载笑④,　　　　面色温和脸带笑,
匪怒伊教⑤。　　　　从不发怒只教导。

【注释】

①藻:水藻,可做菜。

②蹻蹻(jiǎo):马强壮貌。

③其音:指鲁侯的说话声。昭昭:明快响亮貌。

④载色载笑:又高兴又谈笑。载,乃,又。色,和颜悦色。

⑤匪怒伊教:不是怒颜对人,而是温和地教导臣下。伊,是。

思乐泮水，　　　　　　　　人人喜爱泮水边，
薄采其茆①。　　　　　　　有人水边采莼菜。
鲁侯戾止，　　　　　　　　鲁侯已经到这里，
在泮饮酒。　　　　　　　　在这泮宫酒筵摆。
既饮旨酒，　　　　　　　　畅饮美酒心畅快，
永锡难老②。　　　　　　　永赐不老春长在。
顺彼长道③，　　　　　　　沿着长长的大道，
屈此群丑④。　　　　　　　征服叛贼除灾害。

【注释】

①茆(mǎo)：又叫凫葵。今名莼菜。

②永：长。锡：即"赐"。难老：不易老。长寿之意。

③长道：远道。指征伐淮夷之道。

④屈：治服。群丑：众丑，对淮夷的蔑称。

穆穆鲁侯①，　　　　　　　容止端庄的鲁侯，
敬明其德②。　　　　　　　谨慎修明其德行。
敬慎威仪③，　　　　　　　举止严肃又小心，
维民之则④。　　　　　　　足称百姓的典型。
允文允武⑤，　　　　　　　他有文德和武功，
昭假烈祖⑥。　　　　　　　功德可追众先灵。
靡有不孝⑦，　　　　　　　事事效仿他先祖，
自求伊祜⑧。　　　　　　　自己求得福无穷。

【注释】

①穆穆：举止端庄貌。

②敬明其德：恭敬谨慎地显现其美德。一说谨慎修勉其德行。此指内心的美德。

③敬慎威仪：谨慎仪容礼节。此指外在的仪容礼节。

④则：法则。

⑤允：信，确实。文、武：指文德、武功。

⑥昭：明。假：格，至。这里指英明追得上光荣的先祖。烈祖：指鲁国有功的祖先。

⑦孝：通"效"，效法。

⑧伊：是。祜：福。

明明鲁侯①，	勤勉不懈的鲁侯，
克明其德。	修明他的好品行。
既作泮宫②，	泮宫已经修筑成，
淮夷攸服③。	淮夷归顺已投诚。
矫矫虎臣④，	勇猛如虎众将军，
在泮献馘⑤。	泮宫献馘报成功。
淑问如皋陶⑥，	法官善问如皋陶，
在泮献囚⑦。	泮宫献俘庆大功。

【注释】

①明明：勉勉。

②作：建筑。

③淮夷：古淮河下游一带地方的夷人。攸：语助词。服：归服。

④矫矫：勇武貌。虎臣：指猛将，言其如虎之猛。

⑤馘（guó）：古代战时割下敌尸的左耳以计功叫"馘"。

⑥淑问：善于审问。皋陶：尧舜时掌刑狱的官，以善于断案闻名。

⑦囚：指俘虏。

济济多士①，	鲁国聚集众贤人，
克广德心②。	光大鲁侯仁德心。
桓桓于征③，	威武勇敢去征讨，
狄彼东南④。	清除叛狄东南滨。
烝烝皇皇⑤，	盛大军容壮无比，
不吴不扬⑥。	没有喧哗没声音，
不告于訩⑦，	不告劳也不争讼，
在泮献功。	泮宫献上杀敌功。

【注释】

①济济：众多貌。多士：指众贤士。

②克广德心：推广其德心。

③桓桓：威武貌。

④狄：通"剔"，治，除掉。东南：指在东南的淮夷。

⑤烝烝：兴盛貌。皇皇：通"旺旺"，美盛貌。

⑥不吴：不大声喧哗。不扬：不大声。

⑦不告于訩：朱熹《诗集传》："师克而和，不争功也。"訩，讼，争讼。

角弓其觩①，	角弓松弛弦不张，
束矢其搜②。	箭支成束堆一旁。
戎车孔博③，	战车辆辆排成行，

徒御无致④。　　　　　　步兵御手不再忙。

既克淮夷，　　　　　　淮夷已经被征服，

孔淑不逆⑤。　　　　　　俯首听命不反抗。

式固尔犹⑥，　　　　　　坚定遵循鲁侯谋，

淮夷卒获⑦。　　　　　　淮夷最终全投降。

【注释】

①角弓：用牛角装饰两头的弓。觩：角弓弯曲松弛貌。

②束矢：捆束成捆的箭，古五十矢为一束。搜：众。

③戎车：兵车。博：众。

④徒御：指步卒与御车者。无致(yì)：不疲倦。指胜利归来的将士，
　无厌倦之意。

⑤淑：善。逆：违叛。

⑥式：用，因。固：坚固，这里有坚持的意思。犹：通"猷"，计谋
　战略。

⑦卒获：终于获胜。

翩彼飞鸮①，　　　　　　翩翩飞翔猫头鹰，

集于泮林②。　　　　　　落在泮岸树林上。

食我桑黮③，　　　　　　食我桑树的桑葚，

怀我好音④。　　　　　　回报妙音耳边响。

憬彼淮夷⑤，　　　　　　淮夷觉悟表忏悔，

来献其琛⑥。　　　　　　特来进献其宝藏。

元龟象齿⑦，　　　　　　稀见大龟和象牙，

大赂南金⑧。　　　　　　宝玉南金都献上。

【注释】

①翩:鸟飞翔貌。鸮(xiāo):猫头鹰。

②泮林:泮水旁的树林。

③桑黮(shèn):桑树的果实。黮,亦作"葚"。

④怀:归,赠送。好音:好听的声音。以上以鸮喻淮夷。

⑤憬:觉悟貌。

⑥琛:珍宝。

⑦元龟:大龟。象齿:象牙。

⑧大赂:即"大璐",大块的玉。南金:南方出产的黄金。

闷宫

【题解】

　　这是歌颂鲁僖公能兴祖业、复疆土、建新庙的诗。《毛诗序》说:"《闷宫》,颂僖公能复周公之宇也。"朱熹《诗序辩说》曰:"为僖公修庙之诗也。"指出了诗的重点是修庙。但此说不够全面。全诗九章,一百二十句,是《诗经》中最长的一首。诗中只有首章前两句和最后一章是说修庙之事,其余都是歌颂周的始祖及历代君王功绩及祝颂之词,对后代一些歌功颂德的诗文碑铭产生过很大影响。

闷宫有侐①,	闷宫肃穆又清净,
实实枚枚②。	宏深坚固少人踪。
赫赫姜嫄③,	显赫光辉的姜嫄,
其德不回④。	德行光明又纯正。
上帝是依⑤,	上帝依凭她身上,
无灾无害⑥。	怀孕生子无灾病。

弥月不迟⑦，　　　　怀胎十月按期生，

是生后稷。　　　　　生下后稷很聪明。

降之百福：　　　　　上天赐他百种福：

黍稷重穋⑧，　　　　黍稷要分早晚熟，

稙稚菽麦⑨。　　　　豆麦还分早晚种。

奄有下国⑩，　　　　后稷在那普天下，

俾民稼穑⑪。　　　　教导百姓学农耕。

有稷有黍，　　　　　种下高粱和小米，

有稻有秬⑫。　　　　还有稻谷黑黍等。

奄有下土⑬，　　　　四海都归后稷有，

缵禹之绪⑭。　　　　继承大禹的伟功。

【注释】

①闷(bì)官：神官。这里指后稷之母姜嫄的庙。闷，闭门也。有侐(xù)：即"侐侐"，清净貌。

②实实：广大貌。枚枚：《释文》："枚枚，闲暇无人之貌也。"

③赫赫：显耀貌。姜嫄：周的女始祖，后稷的母亲。

④不回：指姜嫄品德端正。回，违邪，不正。

⑤依：凭依。指姜嫄履上帝足迹生子之事。

⑥无灾无害：指后稷出生顺利。

⑦弥月：满月。指十月怀胎期满而生子。

⑧黍：小米。稷：高粱。重(tóng)：先种后熟的谷。穋(lù)：后种早熟的谷。

⑨稙稚(zhí zhì)：《毛传》："先种曰稙，后种曰稚。"《韩诗》："稙，长稼也；稚，幼稼也。"菽麦：大豆和麦子。

⑩奄有下国：遍有天下。奄，尽，遍。

⑪俾：使。稼穑：稼是种，穑是收。这里指种植庄稼。

⑫秬（jù）：黑黍。

⑬下土：与"下国"同义。

⑭缵禹之绪：此句是说禹有平水土之业，后稷继起，教民稼穑，禹之
业由后稷以缵成之。缵，继承。绪，事业。

后稷之孙，　　　　　　　后稷子孙真兴旺，
实为大王①。　　　　　　最为勤奋是太王。
居岐之阳②，　　　　　　迁居岐山南坡下，
实始翦商③。　　　　　　开始准备伐殷商。
至于文武，　　　　　　　传到文王和武王，
缵大王之绪。　　　　　　继承太王的理想。
致天之届④，　　　　　　遵行天命诛有罪，
于牧之野⑤。　　　　　　牧野誓师去伐商。
无贰无虞⑥，　　　　　　莫怀二心莫欺诳，
上帝临女⑦。　　　　　　上帝就在天上望。
敦商之旅⑧，　　　　　　聚集伐商众大军，
克咸厥功⑨。　　　　　　完成大业功无上。
王曰叔父⑩，　　　　　　成王开口称叔父，
建尔元子⑪，　　　　　　封你长子为侯王，
俾侯于鲁⑫。　　　　　　做那鲁国的君长。
大启尔宇⑬，　　　　　　开辟广阔的疆土，
为周室辅。　　　　　　　辅助周室为屏障。

【注释】

①大王：即"太王"，即文王的祖父古公亶父。

②岐：岐山。阳：山的南面。

③翦：断，灭。有铲除意。

④致：奉行。届：通"殛"，诛罚。

⑤牧之野：即"牧野"，在商都朝歌的郊外，即今河南淇县西南。

⑥贰：指二心。虞：欺骗。

⑦临：照临，保佑。这两句是武王在牧野誓师对将士的训话。

⑧敦：同"屯"，聚集。

⑨克：能。咸：成。

⑩王：指成王。叔父：指周公。周公是成王的叔父。

⑪建：立。元子：长子，指周公长子伯禽。

⑫俾：使。侯：为侯。

⑬启：开辟。宇：居。这里指疆域、领土。

乃命鲁公①，　　　　　任命伯禽为鲁公，

俾侯于东②。　　　　　建立侯国在周东。

锡之山川③，　　　　　赐给山川和土地，

土田附庸④。　　　　　还有小国作附庸。

周公之孙，　　　　　　周公之孙鲁僖公，

庄公之子⑤。　　　　　庄公之子兴祖功。

龙旂承祀⑥，　　　　　蛟龙旗下行祭礼，

六辔耳耳⑦。　　　　　六缰马车缓缓行。

春秋匪解⑧，　　　　　春秋祭祀不懈怠，

享祀不忒⑨。　　　　　四季祀礼按时供。

皇皇后帝⑩，　　　　　祭祀光明的上帝，

皇祖后稷⑪。　　　　　配祀伟大的后稷。

享以骍牺⑫，　　　　　献上赤色的牲牛，

是飨是宜⑬。　　　　　敬请诸神享为宜。

降福孔多，　　　　　　请神多多降洪福，

周公皇祖，　　　　　　伟大祖先周公旦，

亦其福女⑭。　　　　　也将赐福保佑你。

【注释】

①鲁公：鲁国的君王，指伯禽。

②东：指东方的鲁国。因在周之东，故称"东"。

③锡：即"赐"。

④附庸：陈子展说："附庸有三义：《王制》，附于诸侯曰附庸。一也。

　仆佣，二也。土田周遭附有之城垣，三也。"此指附属于诸侯的小

　国。一说指土田周遭附有之城垣。

⑤庄公之子：指鲁僖公。

⑥龙旂：画有蛟龙的旗，古代诸侯之旗。承祀：继承祭礼之礼。

⑦辔：马缰绳。古代战车，一车四马六辔。耳耳：华丽貌。

⑧匪解：不懈。指春秋大祭不敢懈怠。

⑨忒(tè)：差错。

⑩皇皇：犹"煌煌"，光明貌。后帝：指上帝。

⑪皇祖：犹言伟大的先祖。指后稷。

⑫骍牺：赤色的牛为牺牲。骍，牲赤色。

⑬飨：用饮食祭神。宜：旧多训"安"。马瑞辰以为祭祀，"凡神歆其

　祀，通谓之宜"。

⑭女：汝，指僖公。

秋而载尝①，　　　　　　秋天举行尝祭礼，
夏而楅衡②。　　　　　　牲牛设栏来饲养。
白牡骍刚③，　　　　　　白猪红牛作祭品，
牺尊将将④。　　　　　　牛形酒樽叮当响。
毛炰胾羹⑤，　　　　　　去毛烤猪肉羹汤，
笾豆大房⑥。　　　　　　装满笾豆都摆上。
万舞洋洋⑦，　　　　　　场面盛大跳万舞，
孝孙有庆⑧。　　　　　　孝孙神佑有吉祥。
俾尔炽而昌⑨，　　　　　让你国家旺而昌，
俾尔寿而臧⑩。　　　　　让你长寿且安康。
保彼东方，　　　　　　　神灵保你有东方，
鲁邦是常⑪。　　　　　　鲁国基业常兴旺。
不亏不崩，　　　　　　　像那山岳不崩颓，
不震不腾。　　　　　　　像那水流不震荡。
三寿作朋⑫，　　　　　　君侯寿命百年长，
如冈如陵。　　　　　　　像那山陵和山冈。

【注释】

①载：始。尝：秋祭名。

②楅（fú）衡：缚在牛角上的横木。古代祭祀，选好牲牛后，即在两角上缚一横木，以防牛触物把角损伤。朱熹《诗集传》："楅衡，施于牛角，所以止触也。"一说指牛栏。

③白牡：白色的公猪。骍刚：赤黄色的公牛。

④牺尊：牛形尊。将将（qiāng）：即"锵锵"，器物相碰的声音。

⑤毛炰（páo）：去毛烧烤动物，这里指烧熟的小猪。胾（zì）羹：肉

片汤。

⑥笾豆:古代盛食物的器具。大房:盛大块肉的食器,形似堂房。

⑦万舞:周天子宗庙舞名。是一种大规模的舞蹈,分文舞和武舞。
洋洋:场面盛大貌。

⑧孝孙:指僖公。

⑨尔:指僖公。炽:盛。昌:兴旺。

⑩臧:善,安好。

⑪常:恒定不变,即永守之意。

⑫三寿:古代九十岁为上寿,八十岁为中寿,七十岁为下寿。《诗集
传》:"或曰,愿公寿与冈陵等而为三也。"一说犹如言"与天地同
寿"。

公车千乘,	鲁公战车有千辆,
朱英绿縢①,	矛缠绿丝缀红缨,
二矛重弓②。	备有双矛和双弓。
公徒三万,	鲁公步兵三万整,
贝胄朱绶③,	贝饰甲胄缀红绳,
烝徒增增④。	士兵列队一层层。
戎狄是膺⑤,	戎狄进犯要痛击,
荆舒是惩⑥,	荆舒入侵必遭惩,
则莫我敢承⑦。	没人敢于来逞能。
俾尔昌而炽,	让你国家永昌盛,
俾尔寿而富。	让你长寿且年丰。
黄发台背⑧,	黄发黑背寿无比,
寿胥与试⑨。	高寿之人相比并。

俾尔昌而大，　　　　让你国家盛又大，
俾尔耆而艾⑩。　　　　让你耆艾无止境。
万有千岁，　　　　　　你将享受万千岁，
眉寿无有害。　　　　　健康长寿无灾病。

【注释】

①朱英：指矛头上的红缨。绿縢(téng)：指扎在弓套的绿色丝绳。

②二矛：指战车所插的双矛。重(chóng)弓：每人带两张弓，其中一张为备用。

③贝胄：贝壳装饰的头盔。朱绠(qīn)：红线。指头盔上缀贝壳的红线。

④烝徒：众步卒。烝，众。增增：同"层层"，众多貌。

⑤戎狄：西戎和北狄，都是古代北方的少数民族。膺："应"的假借，阻击。

⑥荆：楚的别名。舒：国名，楚的属国。惩：惩治。

⑦承：抵挡。《郑笺》："僖公与齐桓举义兵北当戎与狄，南艾荆及群舒，天下莫敢御也。"

⑧黄发台背：指高寿老人。人老头发会变黄，背会驼。台，同"鲐"，鲐鱼背是驼形的。

⑨胥：相。试：比。马瑞辰《毛诗传笺通释》："试犹式也。字通作视，《广雅》：'视，比也。'比之言比儗也。'寿胥与试'承'黄发台背'言，犹云寿相与比也。"

⑩耆：老，七十岁以上的人称"耆"，这里指长寿。艾：老。

泰山岩岩①，　　　　泰山高峻又雄伟，
鲁邦所詹②。　　　　鲁人对它最尊崇。

奄有龟蒙③，	尽有龟山和蒙山，
遂荒大东④。	国疆直达地极东。
至于海邦，	至于沿海的小国，
淮夷来同。	淮夷一齐来会同。
莫不率从，	无不诚心来归顺，
鲁侯之功。	都是鲁侯建大功。

【注释】

①岩岩：高峻貌。

②詹：通"瞻"，瞻仰。

③奄：覆盖，包括。龟：龟山，在今山东新泰西南四十里。蒙：蒙山，在今山东蒙阴南。

④荒：有。《毛传》："荒，有也。"大东：极东。指鲁极东的边境。

保有凫绎①，	保有凫绎两山头，
遂荒徐宅②。	徐人居地也拥有。
至于海邦，	一直抵达东海岸，
淮夷蛮貊③。	淮夷蛮貊齐俯首。
及彼南夷，	至于南方各夷族，
莫不率从。	莫不相继来归附。
莫敢不诺④，	没人敢于不服从，
鲁侯是若⑤。	鲁侯号令皆遵守。

【注释】

①凫：凫山，在今山东邹城西南。绎：绎山，亦作峄山，在今山东邹

城东南。

②徐宅：徐人所居，即徐国。在今江苏徐州。

③蛮貊(mò)：泛指东南部的少数民族。

④诺：应声词，这里有听从的意思。

⑤若：顺从。

天锡公纯嘏①，	天赐鲁公巨大福，
眉寿保鲁。	让他长寿保东鲁。
居常与许②，	居有常邑和许城，
复周公之宇③。	恢复周公旧疆土。
鲁侯燕喜④，	鲁侯欣喜来设宴，
令妻寿母⑤。	他有贤妻和寿母。
宜大夫庶士⑥，	大夫众臣皆和睦，
邦国是有⑦。	拥有自己的国土。
既多受祉，	既已承受诸多福，
黄发儿齿⑧。	黄发再生齿再出。

【注释】

①纯嘏：大福。《郑笺》："纯，大也。受福曰嘏。"

②常：鲁国地名，即今山东薛城南，微山湖北。曾被齐国侵占，到鲁庄公时归还鲁国。许：即许田，在今河南许昌东。曾被郑国所侵占，僖公时，归还与鲁。

③宇：居，指疆域。

④燕喜：即喜宴。

⑤令妻：贤妻。寿母：长寿的母亲。

⑥宜：善，相宜。庶士：诸士。

⑦有：保有。

⑧儿："齯(ní)"之借字。老人牙齿落尽后更生的细齿。《释文》："儿齿，齿落更生细者也。"这是长寿之像。

徂来之松^①，	徂徕山上有长松，

徂来之松①，　　　　徂徕山上有长松，

新甫之柏②，　　　　新甫山上柏青青，

是断是度③，　　　　树木砍下锯开来，

是寻是尺④。　　　　按照尺寸做椽梁。

松桷有舄⑤，　　　　松木方椽粗又长，

路寝孔硕⑥，　　　　宫室气派又宽敞，

新庙奕奕⑦。　　　　新庙雄伟紧依傍。

奚斯所作⑧，　　　　公子奚斯作此诗，

孔曼且硕⑨，　　　　长篇巨制气势壮，

万民是若⑩。　　　　万民赞赏好文章。

【注释】

①徂来：山名，亦作徂徕，在今山东泰安东南四十里。

②新甫：山名，又名梁父，在泰山旁。

③度：通"剫"，砍，劈开。

④寻：八尺为寻。在这里"寻"与"尺"都作动词。

⑤桷(jué)：方形屋椽。有舄(xì)：即"舄舄"，粗大貌。《毛传》："舄，大貌。"

⑥路寝：正室。古代君王处理政事的宫室。孔硕：很大。

⑦奕奕：高大貌。一说相连貌。

⑧奚斯所作：《毛诗》以为大夫奚斯主持建造新庙。三家《诗》则以为指奚斯作此诗。奚斯，名公子鱼，官大夫，和僖公是同时人。

　　其名见于《左传·鲁闵公二年》。

⑨曼：长。硕：大。称赞奚斯所作诗篇幅长意义大。古以大为美，
　　故亦有美意。

⑩若：顺。言此顺万民之意。

商颂

《商颂》即"宋颂"。武王灭商后,封纣庶兄微子启于宋,修其礼乐以奉商后。《商颂》共五篇,是春秋时代的作品,产生于春秋时宋都河南商丘地带。

那

【题解】

这是殷商后代宋国祭祀其先祖的乐歌。《毛诗序》说:"《那》,祀成汤也。微子至于戴公,其间礼乐废坏,有正考父(宋国大夫)得《商颂》十二篇于周之大师,以《那》为首。"此首描绘了祭祀时盛大而热烈的乐舞场景,通过对鼓乐和舞蹈绘声绘色的描写,反映出了商代文化艺术的状况,很具史料价值。

猗与那与^①,	多么美好盛大啊,
置我鞉鼓^②。	竖起我们的摇鼓。
奏鼓简简^③,	鼓儿敲起咚咚响,

衎我烈祖④。	以此娱乐我先祖。
汤孙奏假⑤，	汤孙祷告祈神明，
绥我思成⑥。	赐我顺利又成功。
鞉鼓渊渊⑦，	摇鼓敲起渊渊响，
嘒嘒管声⑧。	笙管吹起嘒嘒声。
既和且平，	曲调协调又和平，
依我磬声⑨。	按照磬声奏与停。
於赫汤孙⑩！	啊！显赫商汤的子孙，
穆穆厥声⑪。	祭祀乐声真动听。
庸鼓有斁⑫，	大钟大鼓声音洪，
万舞有奕⑬。	众人齐舞态从容。
我有嘉客，	我们请来众嘉宾，
亦不夷怿⑭。	人人喜悦笑脸盈。
自古在昔，	就在往昔远古时，
先民有作⑮。	先民已把祭礼定。
温恭朝夕⑯，	朝夕温和又恭敬，
执事有恪⑰。	祭时虔诚又敬谨。
顾予烝尝⑱，	秋祭冬祭请光临，
汤孙之将⑲。	汤孙诚恳表衷情。

【注释】

①猗(ē)、那(nuó)：形容乐队美盛的样子。与(yú)：叹美词。

②置：通"植"，竖立。鞉(táo)鼓：有柄的摇鼓，似今拨浪鼓。

③简简：鼓声。

④衎(kàn)：欢乐。烈祖：功业显赫的先祖，指成汤。

⑤汤孙：成汤的子孙。奏假：进言祷告。

⑥绥：赠予。思：句中语助词。成：指生长、成功的地方。

⑦渊渊：鼓声。

⑧嘒嘒(huì)：乐声。

⑨依我磬声：指鼓声、管乐声都按照磬声来演奏。

⑩於(wū)：叹美词。赫：显赫。

⑪穆穆：美好的样子。

⑫庸：同"镛"，大钟。致(yì)：盛大。

⑬万舞：舞名。有奕：形容舞态从容的样子。

⑭不：通"丕"，大。夷怿：喜悦。

⑮有斁：有所作为。

⑯温恭：温文恭敬。

⑰有恪(kè)：即"恪恪"，恭敬的样子。

⑱顾：光顾。烝尝：祭名，冬祭曰"烝"，秋祭曰"尝"。

⑲将：奉献。

烈祖

【题解】

《毛诗序》："《烈祖》，祀中宗也。"朱熹《诗序辩说》云："详此诗，未见其为祀中宗，而末言汤孙，则也祭成汤之诗耳。"方玉润《诗经原始》引辅广曰："《那》与《烈祖》皆祀成汤之乐，然《那》诗则专言乐声，至《烈祖》则及于酒馔焉。"即此诗主要是写献祭食品的。

嗟嗟烈祖①，	赞叹先祖功无量，
有秩斯祜②。	留下巨大的福祥。

申锡无疆③，　　　　　赐福重重无有疆，
及尔斯所④。　　　　　直到后裔当今王。
既载清酤⑤，　　　　　清冽美酒供你享，
赉我思成⑥。　　　　　赐予我们福绵长。
亦有和羹⑦，　　　　　还有调和的肉汤，
既戒既平⑧。　　　　　五味平正味道香。
鬷假无言⑨，　　　　　默默祷告寂无声，
时靡有争⑩。　　　　　乐声暂停很安静。
绥我眉寿⑪，　　　　　愿神赐我以长寿，
黄耇无疆⑫。　　　　　黄发鲐背寿无疆。
约軧错衡⑬，　　　　　错金衡木皮包毂，
八鸾鸧鸧⑭。　　　　　八只鸾铃响叮当。
以假以享⑮，　　　　　诸侯赴庙来致祭，
我受命溥将⑯。　　　　　受周之命封地广。
自天降康⑰，　　　　　安乐康宁自天降，
丰年穰穰⑱。　　　　　丰收年景粮满仓。
来假来飨⑲，　　　　　神灵降临享祭品，
降福无疆。　　　　　赐我幸福永无疆。
顾予烝尝，　　　　　秋冬祭祀请神享，
汤孙之将。　　　　　商汤子孙礼献上。

【注释】

①嗟嗟：赞叹词。烈祖：有功业的先祖。
②有秩：犹"秩秩"，大貌。斯：语助词。祜：福。
③申锡：一再赐予。申，重。

④斯所:此处,此地。指烈祖赐福无限,直到当今之王。

⑤载:设置。一说盛酒于杯。清酤:清酒。

⑥赉(lài):赏赐。思:句中语助词。成:福。

⑦和羹:调好的汤。

⑧戒:完备。平:成。指准备完毕。一说和平也。此指和羹必备五味。

⑨鬷(zōng)假:同"奏假",祈祷。无言:不出声。此指默默祷告。

⑩靡、争:指祭时肃静没有争吵喧闹之声。

⑪绥:赐。眉寿:长寿。

⑫黄耇(gǒu):指长寿之福。

⑬约:缠束。軝(qí):车毂。即车轴两头伸出轮外的部分。错:涂金的花纹。衡:车辕前驾马的横木。

⑭鸾:马辔头两边挂的小铃。鸧鸧(qiāng):铃铛作响。以上二句指前来助祭的诸侯。

⑮假:通"格",迎神。

⑯溥将:大而长。

⑰康:安乐。

⑱穰穰(ráng):粮食盛多貌。

⑲飨:接受酒食。指祖宗神灵来吃所献的祭品。

玄鸟

【题解】

《毛诗序》曰:"《玄鸟》,祀高宗也。"《郑笺》:"祀当为'祫',祫,合也。高宗,殷王武丁,中宗玄孙之孙也,有雊雉之异,又惧而修德,殷道复兴,故亦表显之,号为高宗云。崩而始合祭于契之庙,歌是诗焉。古者君丧,三年既毕,祫于其庙,而后祫祭于太祖。明年春,禘于群庙。自此之后,五年而再殷祭。一禘一祫,《春秋》谓之大事。"这首诗当是祭祀殷高宗武丁的诗。相传,高宗在位五十九年,用傅说为相,政治贤明,是成汤之后最具雄才大略的国君。诗的前七句从始祖说起,追述商朝开国历史,从契传十四代到成汤,说明商王朝的建立完全是天帝的意志,具有不可动摇的权威。诗的后半部分全力歌颂武丁的功绩,他能恪尽职守,完成先王的遗业,使百姓安居,诸侯来朝,国家繁荣昌盛。此首祭歌篇幅虽短,但用韵铿锵雄壮,感情纯真,让人感动。

天命玄鸟①,	天命玄鸟降人间,
降而生商②,	简狄生契商祖先,
宅殷土芒芒③。	殷商土地广无边。
古帝命武汤④,	古帝授命成汤王,
正域彼四方⑤。	征服天下有四方。
方命厥后⑥,	行使政令于诸侯,
奄有九有⑦。	拥有九州入封疆。
商之先后⑧,	商代先君和先王,
受命不殆⑨,	承受天命不懈怠,
在武丁孙子⑩。	尤其武丁这贤王。
武丁孙子,	这位孙子是武丁,
武王靡不胜⑪。	无往不胜业辉煌。
龙旂十乘⑫,	十辆大车插龙旗,
大糦是承⑬。	丰盛食物来祭享。
邦畿千里⑭,	国土疆域上千里,
维民所止⑮。	百姓安居这地方。
肇域彼四海⑯,	开拓疆域达四海,

四海来假⑰，　　　　　诸侯都来朝商王，
来假祁祁⑱。　　　　　归附诸侯熙攘攘。
景员维河⑲，　　　　　景山四周黄河绕，
殷受命咸宜⑳，　　　　殷王受命皆顺当，
百禄是何㉑。　　　　　承天福禄永受享。

【注释】

①玄鸟：燕子。色黑，故名玄鸟。《列女传》说："契母简狄者，有娀氏之长女也。当尧之时，与其姐妹浴于玄邱之水，有玄鸟衔卵过而坠之，五色甚好。简狄得而含之，误而吞之，遂生契焉。"

②商：指商的始祖契。契建国于商，在今河南商丘。

③宅：居，住。殷土：指商的土地。殷在盘庚迁殷以后国号为殷，盘庚以前称商。

④古帝：天帝。武汤：即成汤，因其有武德，故名武汤。《史记·殷本纪》："汤曰：吾甚武，号曰武王。"

⑤正域彼四方：此句指征服了四方国家。正域，征服拥有。正，通"征"。域，有。一说指疆域。

⑥方：通"旁"，广也。厥：其。后：君，指诸侯。

⑦九有：九域，九州。

⑧先后：指先君、先王。

⑨殆：通"怠"，懈怠。一说危殆。

⑩武丁：汤的九世孙盘庚之弟小乙的儿子，商朝后期的一名卓有功绩的国王。《孟子》说："武丁朝诸侯，有天下，犹运之掌也。"

⑪武丁孙子，武王靡不胜：此句应作"武王孙子，武丁靡不胜"，意思是说武王的孙子武丁对于国事没有不能胜任的。

⑫龙旂：画着蛟龙的旗。此指商王载旗驱车来祭祀祖先。

⑬大糦(chì)：指盛大祭祀用的酒食。故《韩诗》说："大糦，大祭也。"糦，黍稷。一说通"饎"。《说文》："饎，酒食也。"承：供奉。

⑭邦畿：疆界。一说邦通"封"。畿，边境。

⑮止：居住。

⑯肇域：旧以为：肇通"兆"，兆域，即疆域。

⑰假(gé)：通"格"，至。指四海诸侯都来朝见。

⑱祁祁：众多貌。

⑲景：山名。员：幅员，四周。维：是。河：黄河。朱熹《诗集传》："景，山名，商所都也。《春秋传》亦曰：'商汤有景亳之命'是也。员，与下章'幅陨'义同，盖言周也。河，大河也。言景山四周皆大河也。"

⑳受命：指接受天命为王。咸宜：都很合适。

㉑百禄：多福。何(hè)：即"荷"之本字，"承受"之意。

长发

【题解】

《毛诗序》："《长发》，大禘也。"《郑笺》："大禘，郊祭天也。《礼记》曰：'王者禘其祖之所自出，以其祖配之。'是谓也。"这是说，大禘，就是国君祭天，以自己的祖先陪享的一种仪式。此诗大约就是商代举行这种祭礼时所奏的颂歌。诗中主要歌颂了商王朝的创建者汤的业绩，但因商族历史悠久，始祖契(xiè)是尧舜时的司徒，为著名贤臣，商族追封他为"玄王"。据传说汤是契的第十三代孙。契有孙子叫相土，也对商族的兴盛做出过贡献，所以诗中也称颂了他们的功绩。全诗共七章，第一章写商族的起源，写契母有娀氏女吞燕卵而生契的神话。第二章写契和相土的功业。第三章写汤的出生和品德。第四、五两章叙述汤征服周围各族，置于汤的统治之下。第六章写汤征服夏族的过程。第七章歌颂汤及其辅佐伊尹的功绩。诗的内容非常丰富,可说是一篇商人的开国史诗。

濬哲维商①,	大哲睿智是我商,
长发其祥②。	长久兴旺永吉祥。
洪水芒芒,	洪水茫茫岁月长,
禹敷下土方③。	大禹治理定四方。
外大国是疆④,	远方大国成边疆,
幅陨既长⑤。	幅员从此宽又广。
有娀方将⑥,	有娀氏女正少壮,
帝立子生商⑦。	上帝立子创殷商。

【注释】

①濬(ruì)哲:明智。濬,为"睿"的假借。

②长:久。发:兴发。祥:福祥。

③敷:布,治。下土:天下的土地。方:四方。

④外大国:指商国之外大国,古称"诸夏"。《毛传》曰:"诸夏为外。"陈奂《诗毛氏传疏》:"禹有天下曰夏,故畿内为夏,畿外为诸夏也。"疆:疆界,此处作动词。

⑤幅陨:即"幅员",疆域。

⑥有娀(sōng):国名。《殷本纪正义》:"《记》云:桀败于有娀之墟。有娀当在蒲州。"这里指契母有娀氏之女。方:正。将:大。

⑦帝:上帝。立子生商:立其子而有商。有娀氏生契,尧封契于商,之后汤称王,以商为国号。

玄王桓拨①,　　　　　始祖玄王真英明,

受小国是达②，   小国归附令能行，

受大国是达。   大国归附也听令。

率履不越③，   遵循礼俗不越轨，

遂视既发④。   遍地巡视以理政。

相土烈烈⑤，   先祖相土功显赫，

海外有截⑥。   海外诸侯都听命。

【注释】

①玄王：殷商后代对始祖契的尊称。桓拨：英明。拨，《韩诗》作发。王先谦《诗三家义集疏》："桓拨二字平列，训桓为武，训发为明，言玄王有英明之姿。"

②受：接受。达：通达，顺利。

③率履：循礼。不越：不超越礼的规定，不越轨。

④遂：乃，于是。视：省视，视察。既：犹"而"。发：通"拨"，治也。

⑤相土：契的孙子。《史记·殷本纪》："契卒，子昭明立。昭明卒，子相土立。"烈烈：威武貌。

⑥海外：指四海之外。截：治理，指治理海外之地。一说有截同截截，整齐貌。《郑笺》："四海之外率服，截而整齐。"

帝命不违，   祖先从不违天命，

至于汤齐①。   传到成汤王业成。

汤降不迟②，   汤王降生正当时，

圣敬日跻③。   明智谨慎与日增。

昭假迟迟④，   召请神灵来保佑，

上帝是祗⑤，   对待上帝恭谨诚，

帝命式于九围^⑥。　　　　　　上帝命他作典型。

【注释】

①齐:同,一致。马瑞辰《毛诗传笺通释》:"诗总括相土以下诸君,
　谓商先君之不违天命,至汤皆齐一。"

②降:降生。

③圣敬:指明智恭敬之德行。跻:上升,提高。

④昭假(gé):虔诚祈祷。迟迟:久久不息之意。

⑤祗(zhī):敬畏。

⑥式:法式,楷模。九围:九州。

受小球大球^①,　　　　　　接受上天大小法,

为下国缀旒^②,　　　　　　作为诸侯的典范,

何天之休^③。　　　　　　　受天之赐美名传。

不竞不绿^④,　　　　　　　不用竞争不急求,

不刚不柔,　　　　　　　　　不必刚硬不必柔,

敷政优优^⑤,　　　　　　　政令施行很宽优,

百禄是遒^⑥。　　　　　　　福禄聚集如山丘。

【注释】

①受:通"授",授予。球:圆玉。此言汤授予诸侯瑞玉以作信物。

②下国:指诸侯。缀旒(liú):《毛传》:"缀,表。旒,章也。"即一种标
　志。言汤授予诸侯大球小球,为诸侯的表章。

③何:"荷"的本字,承受。休:美福。

④绿(qiú):《毛传》:"绿,急也。"一说,求也。

⑤敷政:施政。优优:宽和貌。

⑥逌:聚集。

受小共大共①，	接受上天大小法，
为下国骏厖②，	各国诸侯受庇蒙，
何天之龙③。	蒙天恩赐我荣宠。
敷奏其勇④，	施展神威奏战功，
不震不动，	从不震惊不摇动，
不戁不竦⑤，	不胆怯也不慌恐，
百禄是总。	无穷福禄都聚拢。

【注释】

①共：《毛传》："共，法。"指图法。

②骏厖：《鲁诗》作"骏蒙"，《齐诗》作"恂蒙"，庇荫。马瑞辰以为当
从《齐诗》作"恂蒙"，"为下国恂蒙，犹云为下国庇覆耳"。

③龙：通"宠"，荣宠。

④敷奏：施展。陈奂以为此句当在"不戁不竦"句下。据上章句式，
陈说是。

⑤戁(nǎn)、竦：恐惧。

武王载斾①，	汤王发兵伐夏桀，
有虔秉钺②。	手持大斧勇如虎。
如火烈烈，	军威好像烈火烧，
则莫我敢曷③。	没人敢于去拦阻。
苞有三蘖④，	一棵树根三个杈，
莫遂莫达⑤。	不能让他再长大。

九有有截⑥，　　　　　　　九州从此成一统，

韦顾既伐⑦，　　　　　　　韦国顾国既讨伐，

昆吾夏桀⑧。　　　　　　　昆吾夏桀皆拿下。

【注释】

①武王：指成汤。载旆：开始起兵出发。载，始。旆，当从《鲁诗》
　《韩诗》为"发"，谓起师伐桀。

②有虔：即"虔虔"，此形容将士强武如虎之貌。《说文》："虔，虎行
　貌。"钺（yuè）：古兵器名。大斧。

③曷：通"遏"，阻挡。

④苞：树之根本。蘖（niè）：树木被砍后复生出的新枝条，此喻韦、
　顾、昆吾，皆桀之党。

⑤遂：生。达：长。

⑥九有：九域，九州。截：整齐。

⑦韦：豕韦，古国名，彭姓。顾：古国名，己姓。皆为商汤所灭。

⑧昆吾：古国名，己姓。为商汤所灭。《郡国志》说："河东安邑县有
　昆吾亭，汤伐桀战处。"夏桀：夏代最后一位君主。

昔在中叶①，　　　　　　　在昔成汤的中叶，

有震且业②。　　　　　　　国家强大事业兴。

允也天子③，　　　　　　　汤为天子诚又信，

降予卿士④。　　　　　　　上天赐予贤明卿。

实维阿衡⑤，　　　　　　　贤明卿士是阿衡，

实左右商王⑥。　　　　　　辅助汤王立伟功。

【注释】

①中叶：中世，指成汤时。

②震：当读为"振"，言振兴。业：强大。《尔雅·释诂》："业，大也。"

③允：确实。

④卿士：执政大臣。这里指伊尹。

⑤阿衡：即伊尹，名挚，伊尹为官名。帮助汤灭了夏桀。

⑥左右：即辅助之意。

殷武

【题解】

《毛诗序》："《殷武》，祀高宗也。"是说祭祀商高宗武丁的颂歌。《孔疏》："高宗前世，殷道中衰，宫室不修，荆楚背叛。高宗有德，中兴殷道，伐荆楚，修宫室。既崩之后，子孙美之，追述其功，而歌此诗也。"一说这是春秋时宋襄公伐楚时，赞美其父宋桓公的乐歌。宋是商王朝的后裔，故列于《商颂》。但历史上没有宋桓公伐楚得胜的记载，此称颂就不合实际了。方玉润《诗经原始》认为这是祭祀商高宗的乐歌，并叙述每章大意。他说："首章称高宗伐楚为中兴显烈，二章则述戒楚之词，三章诸侯来朝，四章所受命中兴之故，五章极言其盛，六章乃作庙以安其灵。然则此固高宗百世不迁之庙耳。"

挞彼殷武①，	殷王武丁真威武，
奋伐荆楚②。	奋力讨伐悍荆楚。
罙入其阻③，	深入楚国险阻地，
裒荆之旅④。	楚国军队全被俘。
有截其所⑤，	统治楚国的疆土，

汤孙之绪⑥。　　　　　　　成汤之孙功卓著。

【注释】

①挞：勇武貌。殷武：《毛传》："殷王武丁也。"

②荆楚：即楚国。

③罙：同"深"。阻：险阻。

④裒（póu）："捊"的别体，引申为"俘"，即俘虏。《郑笺》："俘虏其士众。"旅：师旅。

⑤有截：即"截截"，齐一貌。其所：其地，指荆楚。

⑥之绪：是绪。绪，功业。朱熹《诗集传》："盖自盘庚而殷道衰，楚人叛之，高宗挞然用武以伐其国，入其险阻，以致其众，尽平其地，使截然齐一，皆高宗之功也。"

维女荆楚①，　　　　　　　是你荆楚这小邦，

居国南乡②。　　　　　　　居住我国的南乡。

昔有成汤③，　　　　　　　昔我远祖号成汤，

自彼氐羌④，　　　　　　　就算强悍的氐羌，

莫敢不来享⑤，　　　　　　不敢不进贡我王，

莫敢不来王⑥，　　　　　　不敢不朝拜我王，

曰商是常⑦。　　　　　　　天下崇尚是殷商。

【注释】

①女：同"汝"，你。

②南乡：南方。

③成汤：汤号。马瑞辰《毛诗传笺通释》："成汤仍当为生时之号，《史记》：'汤曰，吾甚武，号为武王。'或始以武为号，及武功既成

之后,又号为成耳。"

④氐羌:古代西部的两个游牧部落。

⑤享:献,指进贡。

⑥王:指朝见。

⑦常:通"尚",尊敬,崇尚。

天命多辟①,	上天命令各诸侯,
设都于禹之绩②。	禹治水处建都城。
岁事来辟,	每年朝拜我商王,
勿予祸适③,	不受责备免祸殃,
稼穑匪解④。	勤恳耕种切勿忘。

【注释】

①天:指商王。多辟:指诸侯。辟,王先谦《诗三家义集疏》:"天谓
   王也。"辟,君。

②禹之绩:指经大禹治理过的九州。绩,迹,地。

③岁事来辟,勿予祸适:此二句是说每年都来见王,以致不受王的
   谴责。岁事,指诸侯每年朝见之事。来辟,来朝。予,施。祸适,
   过责。祸,通"过"。适,通"谪",皆责意。

④稼穑:耕种。解:通"懈"。

天命降监①,	上天命他降人间,
下民有严②。	下民敬畏他威严。
不僭不滥③,	不敢越礼不放纵,
不敢怠遑④。	不敢懈怠不偷闲。
命于下国⑤,	殷王命令天下国,

封建厥福⑥。　　　　　　　各守封疆福无边。

【注释】

①降监：下察人民。降，下。监，监察。

②下民：天下的人民。有严：即"严严"，守法谨严貌。

③僭：越礼。滥：放纵，恣意妄为。

④怠遑：懒惰偷闲。

⑤命于下国：马瑞辰按："命谓教令也。谓施其教令于下国也。"下
　国，指各诸侯国。

⑥封建：一说分封立国。封，大。《毛传》："封，大也。"建，立。《郑
　笺》："大立其福。"

商邑翼翼①，　　　　　　　商都严整又繁盛，
四方之极②。　　　　　　　四方诸侯好典型。
赫赫厥声③，　　　　　　　赫赫声名天下闻，
濯濯厥灵④。　　　　　　　耀耀光明显威灵。
寿考且宁，　　　　　　　　神灵赐予寿且宁，
以保我后生⑤。　　　　　　保佑后代永昌盛。

【注释】

①商邑：商之都城。《毛传》："商邑，京师也。"三家《诗》作"京邑"。
　翼翼：严整繁盛貌。

②四方：指四方诸侯国。极：准则，法则。

③赫赫：显盛貌。声：指高宗名声显著。

④濯濯：光明貌。灵：威灵，神灵。指高宗神灵光明。

⑤后生：后世子孙。

陟彼景山①,　　　　　　登上高高景山顶,

松柏丸丸②。　　　　　　松柏挺直又茂盛。

是断是迁③,　　　　　　砍下运回到京城,

方斲是虔④。　　　　　　斫削成材宜于用。

松桷有梴⑤,　　　　　　松木方椽直又长,

旅楹有闲⑥,　　　　　　排排柱子粗且壮,

寝成孔安⑦。　　　　　　寝庙筑成神安享。

【注释】

①陟:登。景山:大山。一说山名。

②丸丸:圆而直貌。

③断:砍断。迁:搬运。

④方斲是虔:此句指将木料用刀斧处理成适用的材料。方,是,乃。
　一说正也。斲,砍,用斧来砍。虔,马瑞辰以为"削"。此指用刀
　削木。

⑤桷(jué):方的椽子。梴(chān):木长貌。

⑥旅楹:排列的楹柱。有闲:即"闲闲",指屋柱子粗壮。

⑦寝:寝庙。